2021
中医药发展报告

主编
沈建忠　张伯礼

上海科学技术出版社

内 容 提 要

本书由中国生物技术发展中心牵头，组织全国多个高等院校及科研院所专家共同编撰。全书系统回顾了2021年我国中医药事业发展现状及突出成绩。总结了推动中医药传承创新发展的相关制度改革和政策，概述了中医药年度科研成果，分析了中医临床服务、中药新药研发、大健康产业发展等情况，对中医药进出口、国际注册、国内外专利及标准工作进行了介绍。

本书是2021年度中医药传承创新发展的总结，有利于读者了解中医药行业年度状况和发展趋势。可供相关政府决策部门、中医药院校、中药生产企业、中药相关研究机构及中医医疗机构阅读。

图书在版编目（CIP）数据

2021中医药发展报告 / 沈建忠, 张伯礼主编. -- 上海 : 上海科学技术出版社, 2022.11
ISBN 978-7-5478-5993-3

Ⅰ. ①2… Ⅱ. ①沈… ②张… Ⅲ. ①中国医药学－产业发展－研究报告－中国－2021 Ⅳ. ①F426.77

中国版本图书馆CIP数据核字(2022)第209880号

2021 中医药发展报告
主编　沈建忠　张伯礼

上海世纪出版(集团)有限公司
上 海 科 学 技 术 出 版 社　出版、发行
(上海市闵行区号景路159弄A座9F－10F)
邮政编码 201101　www.sstp.cn
山东韵杰文化科技有限公司印刷
开本 787×1092　1/16　印张 13.75
字数 200 千字
2022年11月第1版　2022年11月第1次印刷
ISBN 978－7－5478－5993－3/R・2655
定价：198.00 元

编委会

主编

沈建忠　张伯礼

副主编

程翔林　唐旭东　陈立典　彭　成　程海波　杨洪军　张俊华

编委

（按姓氏笔画排序）

于志斌　王　辉　王跃飞　方子寒　方南元　尹军祥　田金徽
乔延江　刘　颖　刘二伟　刘张林　刘岱琳　刘春香　李　正
李　耿　李　琳　李　霄　李冬雪　杨　阳　杨丰文　吴函蓉
吴婉莹　何　蕊　何俗非　宋新波　张　彤　张　晗　张一平
张静泽　陈　琪　国锦琳　季昭臣　金鑫瑶　庞　博　庞稳泰
郑文科　郑艳超　孟庆田　赵　亮　赵大庆　荆志伟　柳维林
徐　冰　高　杉　郭兰萍　曹　芹　曹璐佳　龚行楚　铖恒昌
屠鹏飞　董　华　程露影　温川飙　熊　亮　濮　润

前　言

中医药学是中国古代科学的瑰宝，也是打开中华文明宝库的钥匙。千百年来，在与疾病斗争的过程中，发展形成了中医药学独特的理论体系和防病治病的方法，为中华民族繁衍昌盛做出了不可替代的贡献。应对新型冠状病毒肺炎这一新发突发传染病，中医药全方位、全过程参与防治，在阻断疫情蔓延、救治患者生命、促进康复等方面均发挥了重要作用，也为世界疫情防控贡献了中国方案和中国智慧，中医药的优势和价值再一次得到弘扬和发展。

党的十八大以来，习近平总书记高度重视中医药工作，提出了一系列新论断新要求，为中医药传承创新发展指明了方向。2019 年 10 月，《中共中央 国务院关于促进中医药传承创新发展的意见》发布，对促进中医药传承创新发展作出全面部署。国家相关部委、各级党委和政府积极贯彻落实习近平总书记的重要指示精神和党中央决策部署，积极出台促进中医药传承创新发展的改革举措，形成了全国上下同步推进中医药事业发展的大好局面。

十多年来，中医药发展是全方位的，医疗、教育、科研、产业、监管等各个方面均取得了长足的进步和突出成绩，中医药学与现代科技的结合日益紧密。目前已经建成 14 个国家重点实验室、2 个中医类国家临床医学研究中心、5 个国家工程技术研究中心、5 个国家工程研究中心、6 个国家工程实验室，建设 40 个国家中医临床研究基地，创新驱动中医药高质量发展的动力显著增强。

为了更好地总结中医药发展取得的成果，研究发展现状和趋势，由中国生物技术发展中心牵头，组织全国多个高等院校和科研院所的专家编写《2021 中医药发展报告》。全书共分六个章节：第一章为总论，对中医药年度发展成果进行概述，并对年度发展特征和发展趋势进行分析介绍；第二章对国家和地方出台的中医药相关政策进行梳理，总结推动中医药传承创新发展的相关制度改革和政策；第三章总结了中医药科学研究进展，从年度科研成果和高质量论文等方面对中医药研究发展概貌进行描述，突出点面结合；第四章介绍中药产业年度发展状况，用数据描述国内中医临床服务、中药新药研发、大健康产业发展等情况；第五章介绍中医药国际化发展信息，重点描述中药进出口和国际注册情况；第六章介绍中药专利和标准化工作进展。附录部分对中医药年度发展大事件、获奖情况、人才称号等信息进行列表汇总。

本书重点围绕中医药现代化、产业化和国际化发展情况进行总结和梳理，相关数据有利于读者了解中医药行业年度状况和发展趋势，也可以为相关部门政策修订提供参考，持续推动中医药实现高质量发展。由于多个地区、不同部门的数据来源和可及性不同，本书内容的整体性和内容间的协同性存在一些不足，希望相关部门、同行专家、广大读者提出宝贵意见和建议。

最后，对推动中医药传承创新发展的相关部委、专家学者、各界人士表示衷心感谢！

编者

2022 年 9 月

目 录

第一章
总　论

2021年极不平凡。完成了包括隆重庆祝中国共产党成立一百周年，中国共产党第十九届六中全会通过了党的第三个历史决议，北京冬奥会、冬残奥会胜利召开等党和国家历史上具有里程碑意义的大事，“两个一百年”奋斗目标历史交汇，开启了全面建设社会主义现代化国家新征程。

2021年，习近平总书记就中医药发展作出重要指示。3月6日，习近平总书记看望全国政协十三届四次会议医药卫生界、教育界委员并参加联组会时发表了重要讲话，指出“要科学总结和评估中西药在治疗新冠肺炎方面的效果，用科学的方法说明中药在治疗新冠肺炎中的疗效”。5月12日，习近平总书记到河南省南阳市考察时指出，“我们要发展中医药，注重用现代科学解读中医药学原理，走中西医结合的道路”。习近平总书记的重要讲话，充分肯定中医药历史贡献和在抗击新冠肺炎疫情中发挥的重要作用，强调中医药发展需要与现代科技结合，为中医药高质量发展提出了战略指引。

2021年是“十四五”开局之年，中医药在服务疫情防控和促进经济社会发展中发挥了重要作用。在这个过程中，支持中医药发展的相关政策逐步实施，推进中医药事业发展进入新的阶段，在科学研究、成果转化、产业发展、人才队伍等多个方面取得系列标志性成果，为逐步实现中医药高质量发展奠定基础。

第一节
中医药传承创新发展概况

一、 国家层面中医药发展政策

2021 年 2 月，国务院办公厅印发《关于加快中医药特色发展若干政策措施》，旨在进一步落实《中共中央 国务院关于促进中医药传承创新发展的意见》和全国中医药大会部署，遵循中医药发展规律，认真总结中医药防治新冠肺炎经验做法，破解存在的问题，更好发挥中医药特色优势，推动中医药和西医药相互补充、协调发展。文件包括夯实中医药人才基础、提高中药产业发展活力、增强中医药发展动力、完善中西医结合制度、实施中医药发展重大工程、提高中医药发展效益、营造中医药发展良好环境等七个方面，共 28 条具体措施；在人才队伍建设、资源保障措施、中药审评审批管理、创新能力建设、医保制度等政策方面的改革，有利于突破束缚中医药发展的诸多障碍，释放出新的发展动力，特别是明确各项任务的负责部门，将有力推动各项政策落实到位。多个国家部委的具体落实文件先后出台，有的已经进入实施过程，为中医药传承创新发展提供政策保障。

二、 疫情防控取得系列标志性成果

2021 年，中医药防治新冠肺炎疫情进入常态化阶段，在科学研究和产品研发方面取得了系列标志性成果。2021 年 3 月 2 日，国家药品监督管理局通过特别审批程序应急批准清肺排毒颗粒、化湿败毒颗粒、宣肺败毒颗粒上市，为新冠肺炎治疗提供了有效药品。2021 年 12 月，化湿败毒颗粒和宣肺败毒颗粒纳入《国家基本医疗保险、工伤保险和生育保险药品目录(2021 年)》(简称“《国家医保目录》”)。一批中医药治疗新冠肺炎的临床和基础研究发表，证明中医药在减轻患者症状、缩短核酸转阴时间、减少重症率等方面的临床价值。基础研究陆续开展，从抑制病毒复制、调节免疫和抗炎等方面初步揭示中医药治疗新冠肺炎的作用机制。

三、科学研究成果与能力建设

在研究论文方面，2021 年发表中文论文约 9 万篇，英文 6 000 余篇。其中包括在 *Nature*、*Nature Communications*、*JAMA Oncology*、*Annals of Internal Medicine* 等国际知名期刊发表高水平论文 80 余篇（IF＞10），主要分布在药理学研究、中药资源、制剂及相关研究，针灸相关研究，太极和中药临床疗效评价研究。高水平研究论文主要在中医药作用机制研究方面，围绕某些中药成分研究为主，复方研究较少；中药纳米制剂和中药基因组学研究成为一个高产领域；中医针灸临床和基础研究成效突出，成为一个热点研究领域。研究团队呈现出中医药和多学科交叉融合、国内外并进协同的特点。

在国家级中医药科研平台方面，2021 年科技部批准了 3 个省部共建国家重点实验室。道地药材国家重点实验室属于科技部与国家中医药管理局共建，实验室依托单位是中国中医科学院中药资源中心；西南特色中药资源重点实验室是科技部与四川省人民政府共建，以成都中医药大学为依托单位；中医湿证国家重点实验室是科技部与广东省人民政府共建，实验室依托单位是广州中医药大学，具体承建单位为广东省中医院。加上 2020 年科技部和天津市人民政府共建的组分中药国家重点实验室，中医药系统一共有 4 个省部共建国家重点实验。国家药品监督管理局公布了第二批共 72 个重点实验室，其中包括 14 家中医药重点实验室，体现出对中医药领域的重视和支持。

国家科技部重点研发计划围绕中医药防治新冠肺炎关键技术及经典名方作用解析研究、骨退行性病变中医药治疗方案的优选及临床评价研究等方面进行立项支持。国家自然科学基金委设立“基于中医临床常用‘有毒’中药减毒配伍研究”重大项目，“器官免疫损伤机制及中西医结合诊疗学基础研究”和“中医药防治病毒性肺炎基础研究”专项项目，推动用现代科技解读中医药学科学原理。国家中医药管理局启动中医药创新团队及人才支持计划项目遴选，并发布了多学科交叉创新团队“揭榜挂帅”榜单——中医药治疗新冠肺炎临床疗效评价和机理研究，最终遴选出 10 支国家中医药多学科交叉创新团队（包括 2 个新冠肺炎研究团队）和 10 支国家中医药传承创新团队。

四、中药产业发展呈现良好态势

2021 年，我国共有中成药生产企业 2 225 家，包括 71 家上市公司，中药营收与利润双增长，呈现触底反弹趋势。2021 年中药工业年营业收入 6 919 亿元，同比 2020 年 6 156 亿元增长 12.39%。其中，中成药主营业收入 4 862 亿元，同比 2020 年 4 347 亿元增长 11.85%，中药饮片主营业收入 2 057 亿元，同比增长 13.68%；配方颗粒市场规模达到 252.45 亿元，同比增长 32.87%，成为中药饮片市场的新增长点。国家药品监督管理局、国家中医药管理局、国家卫生健康委员会、国家医疗保障局共同发布《关于结束中药配方颗粒试点工作的公告》，将进一步扩大中药配方颗粒市场份额。

2021 年，国家药品监督管理局受理中药注册申请共 1 375 件，完成审评的中药注册申请共 1 354 件。批准上市的中药新药共计 12 个，批准 34 个中药临床试验，中药新药获批数量首次突破两位数，是近 5 年获批中药新药上市和临床试验数量最多的 1 年。2021 年获批的 12 个中药新药，均是由“方”变“药”：3 个来源于古代经典名方化裁，即由在抗击新冠肺炎疫情中发挥重要作用的“三方”成果转化的清肺排毒颗粒、化湿败毒颗粒、宣肺败毒颗粒；8 个是在临床经验方基础上研制而成，包括益肾养心安神片、益气通窍丸、银翘清热片、玄七健骨片、芪蛭益肾胶囊、坤心宁颗粒、虎贞清风胶、解郁除烦胶囊；还有 1 个是在医疗机构制剂基础上研制而成的七蕊胃舒胶囊。

五、 国际化发展稳中有进

据海关统计数据，2021 年我国中药贸易总额 77.41 亿美元，同比增长 19.1%。其中，出口额为 50.01 亿美元，同比增长 16.5%；进口额为 27.4 亿美元，同比增长 24.1%。从产品类别看，植物提取物出口 30.29 亿美元，同比增长 23.9%；中药材及饮片出口总额 13.53 亿美元，同比增长 2.3%；中成药出口额 3.07 亿美元，同比增长 17.9%；保健品出口额 3.12 亿美元，同比增长 18.2%。疫情常态化后，海外供给恢复，中药类商品进口强市反弹，植物提取物、中药材及饮片、中成药、保健品等进口额分别为 9.63 亿美元、5.40 亿美元、1.33 亿美元和 8.8 亿美元。

2021 年中药产品海外注册增速显著。抗击新冠肺炎中成药，包括连花清瘟胶囊、宣肺败毒颗粒、化湿败毒颗粒已经在多个国家获得注册批文和进口许可；天士力医药集团生产的逍遥片通过荷兰药品审评委员会的药品注册审批，取得欧盟传统植物药上市许可。国际标准化组织(ISO)正式发布了《中医药-诊断词汇-第一部分：舌象》《中医药-诊断词汇-第二部分：脉象》2 项中医诊断名词术语的国际标准，产生重要示范意义。

第二节
中医药发展特征与趋势分析

一、中医药产业发展年度特征

中医药事业发展得到党中央、国务院的高度重视和大力支持，2019 年 12 月《中共中央 国务院关于促进中医药传承创新发展的意见》发布，标志着中医药事业发展上升为国家战略。此后国家部委及各级政府部门陆续出台了支持中医药发展的具体措施，为中医药事业发展提供了强大政策支持和制度保障；在抗击新冠肺炎疫情的斗争中，中医药发挥了重要的作用，中医药的价值得到了人民群众的广泛认可和国际社会的关注，形成了推动中医药发展的良好环境和内生动力；加上临床服务能力提升和科技创新的推动，形成了 2021 年度中医药发展的显著特征。

（一）符合中医药特点的管理办法发布，政策红利开始释放

2021 年有 12 个中药新药获批上市，是中药审评审批政策改革产生的成果。2020 年 12 月，国家药品监督管理局印发《关于促进中药传承创新发展的实施意见》，改革中药注册分类，根据中药注册产品特性、创新程度和研制实践情况，改革中药注册分类，不再仅以物质基础作为划分注册类别的依据，开辟具有中医药特色的注册申报路径；构建“三结合”审评证据体系，进一步重视人用经验对中药安全性、有效性的支持作用，加大对来源于古代经典名方、名老中医验方、医疗机构制剂等具有人用经验的中药新药转化支持，优化审评审批流程；对突发重大公共卫生事件中应急所需的已上市中药增加功能主治实施特别审批等。中药审评审批政策的改革取得成效，中药新药获批数量显著增长，将成为拉动中药产业发展的新动能。

2021 年 2 月国家药品监督管理局、国家中医药管理局、国家卫生健康委员会、国家医疗

保障局共同发布《关于结束中药配方颗粒试点工作的公告》，中药配方颗粒品种不实施批准文号管理，在上市前由生产企业报所在地省级药品监督管理部门备案，该项政策已于2021年11月1日起正式实施，标志着20年的中药配方颗粒试点工作结束。国家药品监督管理局在前期工作的基础上，组织国家药典委员会按照《中药配方颗粒质量控制与标准制定技术要求》和国家药品标准制定相关程序，开展中药配方颗粒国家标准制定工作，2021年先后颁布两批中药配方颗粒国家药品标准（共196个），标志着中药配方颗粒正式步入规范化开放发展阶段，也给产业发展带来新机遇。

2021年12月，国家医疗保障局和国家中医药管理局发布《关于医保支持中医药传承创新发展的指导意见》，在加强中医药服务价格管理，将适宜的中药和中医医疗服务项目纳入医保支付范围，完善适合中医药特点的支付政策等方面有明确的规定，充分考虑了中医药诊疗服务的特殊性，体现了对中医药传承创新发展的政策倾斜，保障中医药事业能健康可持续发展。

在科技平台方面，3个省部共建国家重点实验室获批建设，国家药品监督管理局批准14个中医药重点实验室建设；在人才团队方面，启动了国医大师、全国名中医、岐黄学者、青年岐黄学者等中医药高端人才的遴选，批准建设10支国家中医药多学科交叉创新团队和10支国家中医药传承创新团队。院士遴选制度不断完善，中国工程院率先支持在院士评选中单独设中医药组、单列计划，2021年有3位中医药专家当选中国工程院院士。

（二）抗击新冠肺炎疫情彰显了中医药价值，临床需求成为内生动力

新冠肺炎疫情的暴发流行，给人类生命健康和全球经济社会发展带来巨大冲击。由于病毒的高度变异性，导致抗病毒药物及疫苗存在滞后性难题，而中医药基于几千年抗疫经验、采用辨证论治方法可以第一时间形成有效治疗方案，彰显了中医药有效性、主动性和可及性优势，成为维护人民生命健康和国家安全的重要医疗资源。

中医药抗疫成果包括“三药三方”的转化带来的临床和产业效应，更大的是中医药优势彰显带来的连锁效应，广大人民群众更加认可中医药、更加主动选择中医药服务，形成了推动中医药发展的良好氛围和群众基础，体现在年度中药工业产值和利润的增长。同时，中药抗疫成果得到了全球广泛关注，推动中医药走出去，2021年中药类产品出口额超过50亿美元，以“三药三方”为代表的一批中药在多个国家或地区注册上市。

（三）用现代科技解读中医药科学原理，多学科融合推动守正创新

国家科技部批准3个省部共建国家重点实验室，国家药品监督管理局批准14个中医药重点实验室建设，国家科技部、国家自然科学基金委员会、国家中医药管理局均设置了中医

药防治新冠肺炎科研项目，这是年度科学研究平台和项目设置的一个特点。

在高水平论文发表方面，呈现出多学科技术交叉应用，国内外、中西医研究团队协同攻关的特点；从发文量上看，揭示中药物质作用原理仍然是中药（中药药理、本草基因组、纳米制剂）相关研究的主体，中医基础和临床研究呈现良好发展趋势，特别是 *Nature* 发表了国内外联合研究成果，揭示了电针驱动迷走-肾上腺轴抗炎的神经解剖学机制，这是近些年中医针灸基础研究的一个重大成果，也入选了 2021 年度中华中医药学会十大学术进展。

二、中医药高质量发展趋势与方向

2021 年度，中医药现代化、产业化和国际化发展均取得了较好的成绩，得益于中医药相关政策红利释放和抗疫贡献带来的良好环境。今后的发展，需要从中医药临床价值定位出发，继续用好相关政策，依靠创新驱动，不断推进中医药高质量发展取得新成果。

（一）把握新发展阶段，用好政策制度

为落实党中央、国务院关于促进中医药传承创新发展的相关文件要求，国家部委和各级政府加快推进政策改革，陆续出台相应的管理办法，在临床诊疗能力提升、药品注册审评制度、医保制度、科技创新及人才队伍建设等方面都有具体的支持政策。因此，中医药相关企事业单位应加强对相关政策的理解，加强对药品注册管理、配方颗粒、医保支付、中成药集采等政策的研究，适应新管理办法带来的利好或挑战，加快优化研究领域和产品研发方向，推进新业态的成长，形成新的发展动能。

（二）贯彻新发展理念，突出临床价值

临床疗效是中医药传承创新发展的根本，也是实现新时代高质量发展的基本条件。因此，中医药事业发展需要深入贯彻新发展理念，遵循中医药自身的特点和发展规律，在保障和提高中医药临床疗效方面下功夫。有丰富古代医案数据和现代临床人用经验数据是中药产品研发的优势，基于经典名方、名中医经验方和院内制剂，采用“三结合”模式研发中药新药，已经有成功的案例。但在产品研发之初，要重视对临床需求的研判，突出中药临床价值定位，弥补当前治疗方案的不足，使中医药更好为人民健康服务。

（三）构建新发展格局，强化创新驱动

随着国内外对高质量中医药需求的不断增长和相关管理办法的变化，需要加强对中医药发展的策略和布局的谋划。在国内市场，需要从预防、治疗、康复等全过程发掘中医药防治疾病的价值，同时要重视养生保健、“治未病”的巨大市场需求，不仅重视中药新药的研发，也要重视大健康产品的研发，以服务不同健康问题的需要；在国际市场，要重视“一带一路”

沿线国家和地区的中医药市场开发，以不同的产品类型实现在海外注册上市，同步推进国际标准研究。构建国内外中医药高质量发展的格局，需要强化创新驱动：一方面要加强高质量的临床研究，不断发展适合中医药特点的临床疗效循证评价方法，产出更多高质量证据，为临床合理使用和国际化发展提供证据基础；另一方面要加强高质量的基础研究，推动多学科交叉创新，用现代科技解读中医药学原理，把中医药防治疾病的优势说明白、讲清楚。

第二章
中医药相关政策与部署

本章重点介绍支持中医药传承创新发展的国家部委及地方政府出台的部分相关政策，同时对2021年一些科技计划部署情况进行了介绍。相关信息有利于系统了解中医药发展年度政策情况。

第一节
政策汇总

中医药学是中华民族的伟大创造，是中国古代科学的瑰宝，为中华民族繁衍昌盛做出了巨大贡献。党和政府高度重视中医药工作，特别是党的十八大以来，以习近平同志为核心的党中央把中医药工作摆在更加突出的位置。习近平总书记对做好中医药工作多次做出重要指示和批示，为中医药传承创新发展提供基本遵循，指明了工作方向和重点任务。

要做好中医药守正创新、传承发展工作，建立符合中医药特点的服务体系、服务模式、管理模式、人才培养模式，使传统中医药发扬光大。要科学总结和评估中西药在治疗新冠肺炎方面的效果，用科学的方法说明中药在治疗新冠肺炎中的疗效。

——2021 年 3 月 6 日，习近平在看望参加全国政协十三届四次会议的医药卫生界、教育界委员并参加联组会时的讲话

过去，中华民族几千年都是靠中医药治病救人。特别是经过抗击新冠肺炎疫情、“非典”等重大传染病之后，我们对中医药的作用有了更深的认识。我们要发展中医药，注重用现代科学解读中医药学原理，走中西医结合的道路。

——2021 年 5 月 12 日，习近平在河南省南阳市考察调研时的讲话

要把优秀传统理念同现代生物技术结合起来，中西医结合、中西药并用，集成推广生物防治、绿色防控技术和模式，协同规范抗菌药物使用，促进人与自然和谐共生。

——2021 年 9 月 29 日，习近平在中共中央政治局第三十三次集体学习讲话

一、 国家政策

为贯彻落实习近平总书记关于中医药工作的重要批示指示精神、《中共中央 国务院关于促进中医药传承创新发展的意见》，国务院办公厅出台了《关于加快中医药特色发展的若

干政策措施》的通知，提出要遵循中医药发展规律，更好发挥中医药特色和比较优势，推动中医药和西医药相互补充、协调发展，强调要夯实中医药人才基础、提高中药产业发展活力、增强中医药发展动力、完善中西医结合制度、实施中医药发展重大工程、提高中医药发展效益和营造中医药发展良好环境，见图 2-1。

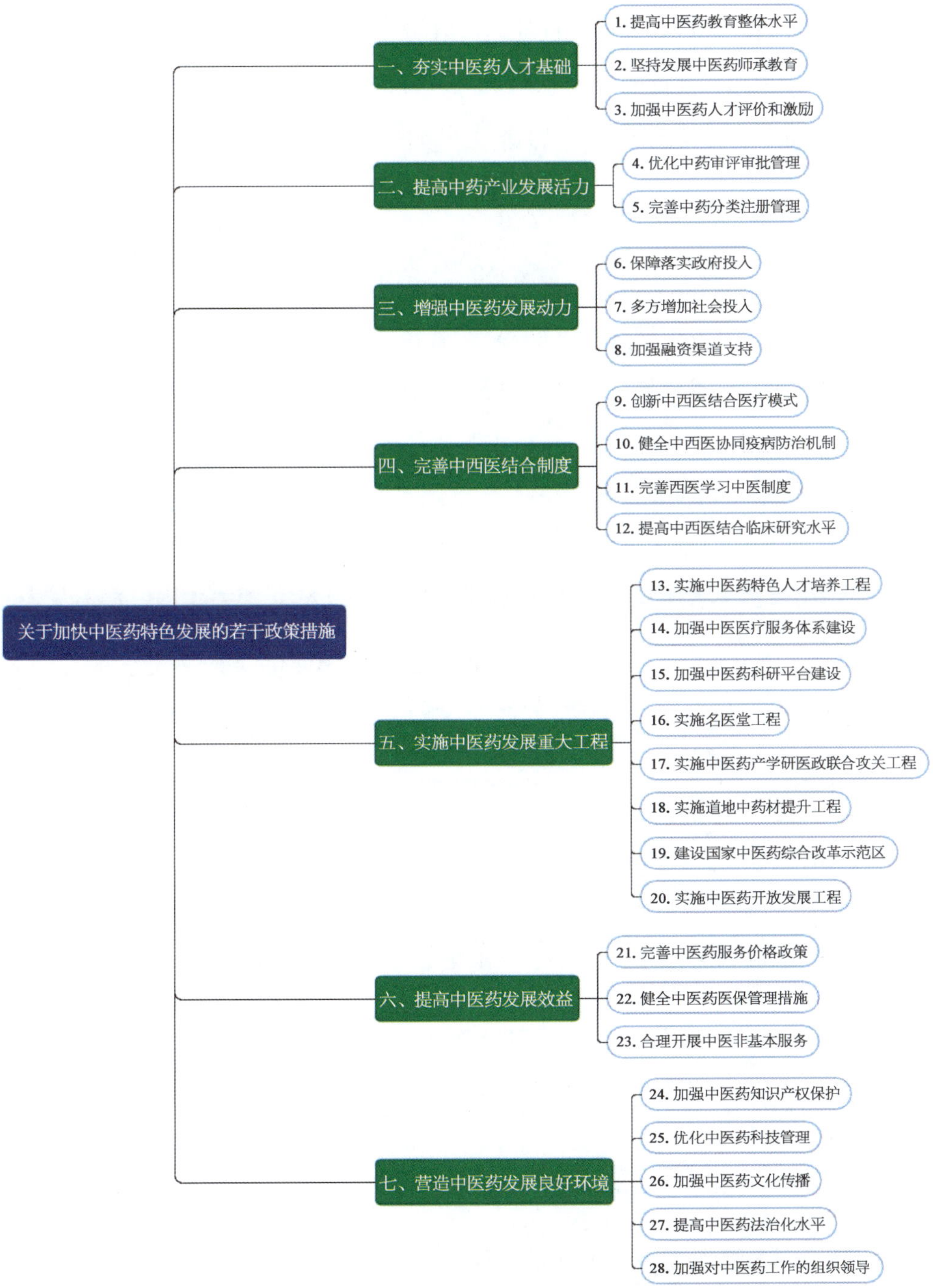

图 2-1 《关于加快中医药特色发展的若干政策措施》结构图

2021年9月5日，中共中央、国务院印发《横琴粤澳深度合作区建设总体方案》，提出发展中医药等澳门品牌工业，着眼建设世界一流中医药生产基地和创新高地，优化粤澳合作中医药科技产业园发展路径，以国家中医药服务出口基地为载体，发展中医药服务贸易，建立具有自主知识产权和中国特色的医药创新研发与转化平台；对在澳门审批和注册、在合作区生产的中医药产品、食品及保健品，允许使用"澳门监造""澳门监制"或"澳门设计"标志；研究简化澳门外用中成药在粤港澳大湾区内地上市审批流程，探索允许在内地已获上市许可的澳门中药在粤港澳大湾区内地生产，对澳门研制符合规定的新药实施优先审评审批。

二、部委政策

为贯彻落实党中央国务院关于促进中医药传承创新发展的要求，国家中医药管理局、国家药品监督管理局、国家卫生健康委员会等部门，在强化中医人才队伍建设、提升中医药服务能力、制定中药研究技术指导和加强中医药文化传播等方面，颁布了一系列政策文件，明确了具体举措。

（一）强化中医人才队伍建设

国家中医药管理局促进中医药多学科交叉创新团队建设，培养造就青年拔尖人才和中医药领军人才、高层次中医药骨干人才，发布了系列中医药人才建设的相关通知，见表2-1。

表2-1　国家中医药管理局中医人才队伍建设相关政策

序号	中医药法规政策	发布机构	成文日期
1	关于印发《中医药创新团队及人才支持计划项目实施方案》的通知	国家中医药管理局	2021年10月22日
2	关于印发《2022年青年岐黄学者支持项目实施方案》的通知	国家中医药管理局	2021年10月22日
3	关于印发《2021年岐黄学者支持项目实施方案》的通知	国家中医药管理局	2021年10月22日
4	关于印发《2021年全国中医护理骨干人才培训项目实施方案》的通知	国家中医药管理局办公室	2021年11月1日
5	关于印发《2021年全国名老中医药专家传承工作室建设项目实施方案》的通知	国家中医药管理局办公室	2021年11月1日
6	关于印发《第五批全国中医临床优秀人才研修项目实施方案》的通知	国家中医药管理局办公室	2021年11月1日
7	关于印发《第七批全国老中医药专家学术经验继承工作实施方案》的通知	国家中医药管理局办公室	2021年11月1日
8	关于发布中医药创新团队及人才支持计划项目2021年度"揭榜挂帅"榜单的通知	国家中医药管理局	2021年11月14日

（二）中药研究系列技术指导

国家药品监督管理局从中药新药和中药配方颗粒研究、中药新药复方制剂和古代经典名方中药复方制剂研究、已上市中药变更研究等方面健全技术指导原则，从各方面积极鼓励中药守正创新，促进古代经典名方中药复方制剂研发，推动其向新药转化；建立完善符合中药特点的质量控制体系，遵循中药特点和研发规律，将中药独特的理论体系和实践特点、中药制剂质量控制特点与药品质量控制的一般要求有机结合，研究构建完善符合中药制剂特点的质量控制方法和策略，见表 2－2。

表 2－2　国家部委中药研究系列技术指导相关法规政策

序号	中医药法规政策	发布机构	成文日期
1	关于发布《中药新药质量研究技术指导原则（试行）》的通告	国家药品监督管理局药品审评中心	2021 年 1 月 14 日
2	关于发布《中药配方颗粒质量控制与标准制定技术要求》的通告	国家药品监督管理局	2021 年 1 月 26 日
3	关于结束中药配方颗粒试点工作的公告	国家药品监督管理局、国家中医药管理局、国家卫生健康委员会、国家医疗保障局	2021 年 2 月 10 日
4	关于发布《已上市中药变更事项及申报资料要求》的通告	国家药品监督管理局	2021 年 2 月 23 日
5	中药变更受理审查指南（试行）	国家药品监督管理局药品审评中心	2021 年 3 月 3 日
6	关于发布《已上市中药药学变更研究技术指导原则（试行）》的通告	国家药品监督管理局药品审评中心	2021 年 4 月 1 日
7	按古代经典名方目录管理的中药复方制剂药学研究技术指导原则（试行）	国家药品监督管理局药品审评中心	2021 年 8 月 31 日
8	关于发布《中药新药复方制剂中医药理论申报资料撰写指导原则（试行）》《古代经典名方中药复方制剂说明书撰写指导原则（试行）》的通告	国家药品监督管理局药品审评中心	2021 年 10 月 15 日
9	关于启用中药配方颗粒备案模块的公告	国家药品监督管理局	2021 年 10 月 29 日
10	关于中药配方颗粒备案工作有关事项的通知	国家药品监督管理局综合司	2021 年 10 月 29 日
11	关于发布《药物临床研究有效性综合分析指导原则（试行）》的通告	国家药品监督管理局药品审评中心	2021 年 12 月 23 日

（三）提升中医药服务能力

为进一步落实中医药传承创新发展要求，相关部委完善医疗服务体系，在中医医院管理和建设、中医药服务监督和出口、促进中医药在妇幼领域应用、工业发展和医保支付等方面出台相关法规政策，见表 2－3。

表 2-3 国家部委提升中医药服务能力相关法规政策

序号	中医药法规政策	发布机构	成文日期
1	关于印发《国家基本公共服务标准(2021 年版)》的通知	国家发展和改革委员会、中央宣传部、教育部、民政部、司法部、财政部、人力资源社会保障部、住房和城乡建设部、文化和旅游部、国家卫生健康委、退役军人部、应急部、税务总局、市场监管总局、广电总局、体育总局、国家医疗保障局、国家文物局、国家中医药管理局、国家药品监督管理局、中国残联	2021 年 3 月 30 日
2	关于印发推进妇幼健康领域中医药工作实施方案(2021—2025 年)的通知	国家卫生健康委员会、国家中医药管理局	2021 年 4 月 20 日
3	关于支持国家中医药服务出口基地高质量发展若干措施的通知	商务部、中医药管理局、外交部、财政部、人力资源社会保障部、国际发展合作署、移民局	2021 年 4 月 27 日
4	关于进一步加强综合医院中医药工作推动中西医协同发展的意见	国家卫生健康委员会、国家中医药管理局、中央军委后勤保障部卫生局	2021 年 6 月 10 日
5	关于印发国家中医应急医疗队伍建设与管理指南(试行)的通知	国家中医药管理局	2021 年 6 月 11 日
6	关于印发《"十四五"优质高效医疗卫生服务体系建设实施方案》的通知	国家发展和改革委员会、国家卫生健康委员会、国家中医药管理局、国家疾病预防控制局	2021 年 6 月 17 日
7	关于印发《中医药行业开展法治宣传教育的第八个五年规划(2021—2025 年)》的通知	国家中医药管理局	2021 年 9 月 28 日
8	关于印发"十四五"国家药品安全及促进高质量发展规划的通知	国家药品监督管理局、国家发展和改革委员会、科学技术部、工业和信息化部、国家卫生健康委员会、国家市场监督管理总局、国家医疗保障局、国家中医药管理局	2021 年 10 月 20 日
9	关于印发国家中西医结合医学中心(综合医院)设置标准的通知	国家卫生健康委办公厅、国家中医药管理局办公室	2021 年 11 月 2 日
10	关于印发《按照传统既是食品又是中药材的物质目录管理规定》的通知	国家卫生健康委员会	2021 年 11 月 10 日
11	关于规范医疗机构中药配方颗粒临床使用的通知	国家卫生健康委办公厅、国家中医药管理局办公室	2021 年 11 月 12 日
12	关于批准发布中医医院建设标准的通知	住房和城乡建设部、国家发展和改革委员会	2021 年 11 月 17 日
13	关于开展中医适宜技术防控儿童青少年近视试点工作的通知	国家卫生健康委办公厅、国家中医药管理局办公室	2021 年 11 月 26 日
14	关于做好医保版中医病证分类与代码更新工作的通知	国家医疗保障局办公室、国家中医药管理局办公室	2021 年 12 月 21 日
15	关于印发"十四五"医药工业发展规划的通知	工业和信息化部、国家发展和改革委员会、科学技术部、商务部、国家卫生健康委员会、应急管理部、国家医疗保障局、国家药品监督管理局、国家中医药管理局	2021 年 12 月 22 日
16	关于医保支持中医药传承创新发展的指导意见	国家医疗保障局、国家中医药管理局	2021 年 12 月 31 日

（四）加强中医药文化传播

为加大中医药文化保护传承和传播推广力度，促进中医药文化创造性转化、创新性发展，为中医药振兴发展、健康中国建设注入源源不断的文化动力，国家多个部委制定相关文化传播方案，把中医药文化贯穿国民教育始终，中小学进一步丰富中医药文化教育，使中医药成为群众促进健康的文化自觉，规范中医药文化宣传职能部门管理和建设，全面加强中医药文化传播，见表 2－4。

表 2-4　国家部委加强中医药文化传播相关政策

序号	中医药法规政策	发布机构	成文日期
1	关于印发《中医药文化传播行动实施方案（2021—2025 年）》的通知	国家中医药管理局、中央宣传部、教育部、国家卫生健康委员会、国家广电总局	2021 年 6 月 29 日

三、省市自治区政策

为深入贯彻落实《中共中央 国务院关于促进中医药传承创新发展的意见》、国务院办公厅发布的《关于加快中医药特色发展的若干政策措施》文件精神，加快推进中医药事业和产业高质量发展，各省市自治区结合实际情况，先后制定了关于促进中医药传承创新发展的若干措施、实施意见和方案、中医药产业发展规划、中医药事业发展"十四五"规划等文件，见表 2－5。为提升中医药服务能力，在新冠肺炎防治、康复能力建设、健康促进、医养结合、扶贫工作、中药相关标准规范及管理细则等方面针对性出台相应办法，见表 2－6；2021 年 5 个省市自治区有针对性地根据各省中医药发展现状，优化资源促进市场发展制定了中医药条例，见表 2－7；为促进中医药文化传播和人才队伍建设，在文化宣传、学科建设和人才培养方面制定了相关方案，见表 2－8 和表 2－9。

表 2-5　各省市自治区促进中医药传承发展相关政策

序号	中医药法规政策	发布机构	成文日期
1	宁夏回族自治区党委、政府印发《关于促进中医药传承创新发展的实施意见》	宁夏回族自治区党委、政府	2021 年 1 月 16 日
2	关于印发《上海市进一步加快中医药传承创新发展三年行动计划（2021 年—2023 年）》的通知	上海市卫生健康委员会、上海市中医药管理局	2021 年 1 月 26 日
3	中共青海省委办公厅青海省人民政府办公厅关于印发《青海省促进中藏医药传承创新发展实施方案》	中共青海省委办公厅青海省人民政府办公厅	2021 年 3 月 3 日
4	关于深化医教协同进一步推动广西中医药教育改革与高质量发展的实施方案	广西壮族自治区教育厅、广西壮族自治区卫生健康委员会、广西壮族自治区中医药管理局	2021 年 3 月 8 日

续　表

序号	中医药法规政策	发布机构	成文日期
5	内蒙古自治区卫生健康委员会办公室关于印发振兴中医药(蒙医药)行动计划 2021 年推进方案的通知	蒙中医药管理处	2021 年 3 月 31 日
6	中共北京市委 北京市人民政府印发《关于促进中医药传承创新发展的实施方案》的通知	中共北京市委、北京市人民政府	2021 年 4 月 8 日
7	科技支撑江西省中医药传承创新发展行动方案(2021—2025 年)	江西省科学技术厅	2021 年 4 月 26 日
8	江西省人民政府办公厅印发关于加快中医药特色发展若干措施的通知	江西省人民政府办公厅	2021 年 5 月 14 日
9	关于印发《浙江省中医药发展"十四五"规划》的通知	浙江省发展和改革委员会、浙江省经济和信息化厅、浙江省农业农村厅、浙江省卫生健康委员会、浙江省中医药管理局	2021 年 5 月 25 日
10	甘肃省人民政府办公厅印发关于加快中医药特色发展若干措施的通知	甘肃省人民政府办公厅	2021 年 7 月 20 日
11	《四川省医疗保障支持中医药发展若干政策》	四川省医疗保障局	2021 年 8 月 5 日
12	关于进一步加强综合医院中医药工作推动中西医协同发展的意见	湖北省卫生健康委员会	2021 年 8 月 24 日
13	关于印发山东省中医药发展"十四五"规划的通知	山东省卫生健康委员会	2021 年 8 月 31 日
14	云南省人民政府办公厅印发关于加快中医药特色发展若干措施的通知	云南省人民政府办公厅	2021 年 9 月 9 日
15	关于印发天津市中医药事业发展"十四五"规划的通知	天津市卫生健康委员会	2021 年 9 月 10 日
16	陕西省人民政府办公厅关于印发加快中医药特色发展若干措施的通知	陕西省人民政府办公厅	2021 年 9 月 17 日
17	关于印发《湖南省"十四五"中医药发展规划》的通知	湖南省卫生健康委员会、湖南省发展和改革委员会、湖南省科学技术厅、湖南省农业农村厅、湖南省医疗保障局、湖南省中医药管理局、湖南省教育厅、湖南省工业和信息化厅、湖南省文化和旅游厅、湖南省药品监督管理局	2021 年 11 月 16 日
18	关于印发《上海市中医药发展"十四五"规划》的通知	上海市卫生健康委员会、上海市中医药管理局	2021 年 11 月 29 日
19	关于印发《山东省中医药产业发展规划(2022—2025 年)》的通知	山东省卫生健康委员会、山东省发展和改革委员会、山东省教育厅 山东省科学技术厅、山东省工业和信息化厅、山东省民政厅、山东省人力资源和社会保障厅、山东省自然资源厅、山东省农业农村厅、山东省商务厅、山东省文化和旅游厅、中共山东省委外事工作委员会办公室、山东省市场监督管理局、山东省广播电视局、山东省体育局、山东省医疗保障局 山东省海洋局、山东省畜牧兽医局、山东省药品监督管理局	2021 年 11 月 30 日
20	关于印发《吉林省长白山人参产业发展"十四五"规划》的通知	吉林省人民政府办公厅	2021 年 12 月 8 日

续 表

序号	中医药法规政策	发布机构	成文日期
21	关于印发《四川省"十四五"中医药高质量发展规划》的通知	四川省人民政府办公厅	2021 年 12 月 15 日
22	关于印发甘肃省"十四五"中医药发展规划的通知	甘肃省卫生健康委员会、甘肃省发展改革委甘肃省教育厅、甘肃省工信厅、甘肃省农业农村厅、甘肃省商务厅、甘肃省林草局、甘肃省市场监督管理局、甘肃省药品监督管理局	2021 年 12 月 22 日
23	关于印发陕西省"十四五"科技创新发展规划的通知	陕西省科学技术厅、陕西省发展和改革委员会	2021 年 12 月 28 日
24	关于印发内蒙古自治区"十四五"中医药(蒙医药)规划的通知	内蒙古自治区卫生健康委员会	2021 年 12 月 31 日
25	关于印发湖北省药品安全及促进医药产业高质量发展"十四五"规划的通知	湖北省人民政府办公厅	2021 年 12 月 31 日
26	关于印发黑龙江省"十四五"中医药发展规划的通知	黑龙江省人民政府办公厅	2021 年 12 月 31 日

表 2-6　各省市自治区提升中医药服务能力相关政策

序号	中医药法规政策	发布机构	成文日期
1	关于印发吉林省新冠肺炎中医药防治方案的通知	吉林省中医药管理局	2021 年 1 月 19 日
2	关于印发《黑龙江省新型冠状病毒肺炎中医药防治方案(2021 版)》的通知	黑龙江省中医药管理局	2021 年 1 月 28 日
3	关于印发暴聋等 42 个病种中医临床路径及入院标准的通知	福建省卫生健康委员会	2021 年 2 月 23 日
4	关于印发《广西中医药康复服务能力提升工程实施方案(2021—2025 年)》的通知	广西壮族自治区中医药管理局、广西壮族自治区卫生健康委员会、广西壮族自治区体育局、广西壮族自治区医疗保障局、广西壮族自治区残疾人联合会、中国人民解放军桂林联勤保障中心卫勤处	2021 年 3 月 21 日
5	关于印发《广东省中医药康复服务能力提升工程实施方案(2021—2025 年)》的通知	广东省中医药管理局、广东省卫生健康委员会、广东省体育局、广东省医疗保障局、广东省残疾人联合会	2021 年 3 月 30 日
6	关于印发辽宁省中医药康复服务能力提升工程实施方案(2021—2025 年)的通知	辽宁省卫生健康委员会、辽宁省体育局、辽宁省医疗保障局、辽宁省残疾人联合会	2021 年 4 月 1 日
7	江西省中医药健康促进行动实施方案(2020—2030 年)	江西省卫生健康委员会	2021 年 4 月 19 日
8	关于印发《安徽省中医医疗中心建设方案》的通知	安徽省卫生健康委员会、安徽省中医药管理局	2021 年 4 月 20 日

续 表

序号	中医药法规政策	发布机构	成文日期
9	关于印发《2021 年贵州省中医药康复服务能力提升工程实施方案》的通知	贵州省中医药管理局	2021 年 4 月 20 日
10	关于成立内蒙古自治区中医(蒙医)疫病防治和紧急医学救援专家委员会的通知	内蒙古自治区卫生健康委员会办公室	2021 年 5 月 14 日
11	关于开展 2021 年中医(朝医)标准化项目申报的通知	吉林省中医药管理局、吉林省市场监督管理厅	2021 年 5 月 17 日
12	关于印发山东省中医药康复服务能力提升工程实施方案的通知	山东省卫生健康委员会、山东省教育厅、山东省科技厅、山东省体育局、山东省医疗保障局、山东省残疾人联合会、山东省军区保障局	2021 年 5 月 18 日
13	关于印发《贵州省“方便看中医”“放心用中药”进一步改善中医医疗服务行动工作方案(2021—2022 年)》的通知	贵州省中医药管理局	2021 年 5 月 31 日
14	关于印发自治区中医药康复服务能力提升工程实施方案(2021—2025 年)的通知	新疆维吾尔自治区卫生健康委员会、新疆维吾尔自治区体育局、新疆维吾尔自治区医疗保障局、新疆维吾尔自治区残疾人联合会、中国人民解放军新疆军区保障部卫生处	2021 年 6 月 4 日
15	关于印发《上海市中医类别执业医师开展康复服务执业管理规定》的通知	上海市卫生健康委员会、上海市中医药管理局	2021 年 6 月 24 日
16	关于印发吉林省中医药康复服务能力提升工程实施方案(2021—2025 年)的通知	吉林省中医药管理局、吉林省卫生健康委员会、吉林省体育局、吉林省医疗保障局、吉林省残疾人联合会	2021 年 6 月 25 日
17	关于印发江苏省中医药康复服务能力提升工程实施方案(2021—2025 年)的通知	江苏省卫生健康委员会、江苏省中医药管理局、江苏省体育局、江苏省医疗保障局、江苏省残疾人联合会、无锡联勤保障中心卫勤处	2021 年 6 月 30 日
18	关于印发《贵州省中药材质量追溯体系管理办法(试行)》的通知	贵州省中医药管理局、贵州省发展和改革委员会、贵州省工信和信息化厅、贵州省农业农村厅、贵州省卫生健康委员会、贵州省商务厅、贵州省大数据发展管理局、贵州省林业局、贵州省药品监督管理局	2021 年 7 月 23 日
19	关于印发《河北省推进妇幼健康领域中医药工作实施方案(2021—2025 年)》的通知	河北省卫生健康委员会、河北省中医药管理局	2021 年 7 月 26 日
20	关于印发 2021 年浙江省中医药适宜技术推广应用和中医住院医师中医药技能竞赛活动方案的通知	浙江省中医药管理局	2021 年 7 月 28 日
21	关于印发重庆市中医专科建设管理办法的通知	重庆市卫生健康委员会	2021 年 8 月 4 日
22	关于公布内蒙古自治区基层中医药(蒙医药)基层特色技术名单的通知	内蒙古自治区卫生健康委	2021 年 8 月 6 日
23	《贵州省新型冠状病毒肺炎中医药防治参考方案(第三版)》方案	贵州省中医药管理局	2021 年 8 月 10 日
24	关于印发内蒙古自治区关于推进中医药(蒙医药)扶贫成果同乡村振兴有效衔接的工作方案的通知	内蒙古自治区卫生健康委	2021 年 8 月 12 日

续 表

序号	中医药法规政策	发布机构	成文日期
25	关于印发江苏省二级以上中医医院新冠肺炎疫情医院感染防控管理指南的通知	江苏省中医药管理局	2021 年 8 月 17 日
26	关于印发推进上海市妇幼健康领域中医药工作实施方案(2021—2025 年)的通知	上海市卫生健康委员会、上海市中医药管理局	2021 年 8 月 20 日
27	关于推进本市中医医联体“一区一品牌”重点基地建设工作的通知	上海市卫生健康委员会、上海市中医药管理局	2021 年 9 月 17 日
28	关于印发《山东省道地药材和特色药材认定办法》的通知	山东省卫生健康委员会、山东省发展和改革委员会、山东省科学技术厅、山东省工业和信息化厅、山东省自然资源厅、山东省农业农村厅、山东省药品监督管理局	2021 年 10 月 8 日
29	关于印发辽宁省二、三级中医医院康复(医学)科建设标准(试行)的通知	辽宁省卫生健康委办公室	2021 年 10 月 11 日
30	关于印发自治区推进妇幼健康领域中医药工作实施方案(2021—2025 年)的通知	新疆维吾尔自治区卫生健康委	2021 年 10 月 22 日
31	关于印发黑龙江省黄芪、西洋参、灵芝 按照传统既是食品又是中药材的物质管理试点方案的通知	黑龙江省卫生健康委员会、黑龙江省市场监督管理局、黑龙江省农业农村厅、黑龙江省工业和信息化厅、黑龙江省商务厅、黑龙江省中医药管理局	2021 年 10 月 26 日
32	关于印发山东省中药配方颗粒管理细则的通知	山东省药品监督管理局、山东省卫生健康委员会、山东省医疗保障局	2021 年 10 月 27 日
33	关于进一步推进本市中医专科(专病)联盟建设有关工作的通知	上海市卫生健康委员会、上海市中医药管理局	2021 年 11 月 5 日
34	关于印发党参等 3 种按照传统既是食品又是中药材物质管理试点工作方案的通知	湖北省卫生健康委员会、湖北省市场监督管理局	2021 年 11 月 22 日
35	关于印发河北省党参、黄芪、杜仲叶按照传统既是食品又是中药材的物质管理试点方案的通知	河北省卫生健康委员会、河北省市场监督管理局	2021 年 11 月 25 日
36	关于印发河南省中药配方颗粒管理实施细则(试行)的通知	河南省药品监督管理局、河南省卫生健康委员会	2021 年 11 月 29 日
37	关于印发福建省灵芝、铁皮石斛、西洋参按照传统既是食品又是中药材的物质管理试点工作方案的通知	福建省卫生健康委员会、福建省市场监督管理局	2021 年 12 月 9 日
38	关于促进医疗机构中药制剂创新发展的实施意见	重庆市药品监督管理局、重庆市卫生健康委员会、重庆市医疗保障局、重庆市科学技术局、重庆市中医药管理局	2021 年 12 月 9 日
39	关于印发天津市新冠肺炎中医药防治方案(试行第五版)的通知	天津市卫生健康委员会	2021 年 12 月 14 日
40	关于印发中药饮片生产企业采购产地 加工(趁鲜切制)中药材有关事宜的通知	贵州省药品监督管理局、贵州省农业农村厅、贵州省工业和信息化厅、贵州省中医药管理局	2021 年 12 月 16 日

续 表

序号	中医药法规政策	发布机构	成文日期
41	关于印发《天津市中药配方颗粒管理细则》的通知	天津市药品监督管理局、天津市卫生健康委员会、天津市医疗保障局	2021年12月20日
42	关于开展江西省铁皮石斛、杜仲叶、灵芝按照传统既是食品又是中药材物质管理试点工作的通告	江西省市场监督管理局、江西省卫生健康委员会、江西省中医药管理局	2021年12月21日
43	关于发布《青海省中药配方颗粒质量标准管理和标准制定工作程序及申报资料要求(试行)》的通告	青海省药品监督管理局	2021年12月21日
44	关于颁布《广西壮族自治区瑶药材质量标准(第二卷)》的公告	广西壮族自治区药品监督管理局	2021年12月23日
45	关于发布《广西壮族自治区中药配方颗粒质量标准(第一批)》的公告	广西壮族自治区药品监督管理局	2021年12月23日
46	关于印发《江苏省中药配方颗粒标准指定工作规则(试行)》的通知	江苏省药品监督管理局办公室	2021年12月24日
47	关于启动《天津市中药饮片炮制规范》(2018版)修订工作的通知	天津市药品监督管理局	2021年12月27日

表2-7　各省市自治区中医药条例制定情况

序号	中医药法规政策	发布机构	成文日期
1	上海市中医药条例	上海市人民代表大会常务委员会	2021年3月24日
2	甘肃省中医药条例	甘肃省人民代表大会常务委员会	2021年3月31日
3	广西壮族自治区中医药条例	广西壮族自治区人民代表大会常务委员会	2021年5月26日
4	贵州省中医药条例	贵州省中医药管理局	2021年5月28日
5	广东省中医药条例	广东省人民代表大会常务委员会	2021年7月30日

表2-8　各省市自治区中医药文化传播相关政策

序号	中医药法规政策	发布机构	成文日期
1	关于印发《重庆市中医药文化宣传教育基地管理暂行办法》及《重庆市中医药文化宣传教育基地基本标准(2020版)》的通知	重庆市卫生健康委员会	2021年1月15日
2	关于印发《2021年吉林省中医药传统知识收集整理项目工作方案》的通知	吉林省中医药管理局	2021年3月23日
3	关于开展安徽省中医药文化宣传教育基地遴选工作的通知	安徽省卫生健康委员会、安徽省文化和旅游厅、安徽省中医药管理局	2021年5月11日
4	关于印发《2021年广东省中医药文化传播推进行动方案》的通知	广东省中医药管理局	2021年5月13日

续 表

序号	中医药法规政策	发布机构	成文日期
5	关于印发《山东省中医药文化弘扬传承工程实施方案》的通知	山东省卫生健康委员会、中共山东省委宣传部、山东省教育厅、山东省文化和旅游厅、山东省广播电视局	2021年8月17日
6	关于印发2021年安徽省中医药宣传周活动实施方案的通知	安徽省卫生健康委员会、安徽省中医药管理局	2021年9月1日
7	关于做好中医药文化宣传教育基地建设单位申报工作的通知	福建省卫生健康委员会、福建省文化和旅游厅	2021年9月24日
8	关于印发《自治区中医药文化传播实施行动方案(2021—2025年)》的通知	新疆维吾尔自治区卫生健康委员会、新疆维吾尔自治区党委宣传部、新疆维吾尔自治区教育厅、新疆维吾尔自治区广播电视局	2021年9月26日
9	关于印发《全省中医药行业开展法治宣传教育的第八个五年规划(2021—2025年)》的通知	吉林省中医药管理局	2021年11月1日
10	关于开展2021年全省中医药健康知识竞赛活动的通知	吉林省中医药管理局	2021年11月12日
11	关于推荐"校园中医药(蒙医药)文化角"及相关活动的通知	内蒙古自治区卫生健康委员会	2021年12月2日
12	关于推进中医药(蒙医药)文化传播行动的通知	内蒙古自治区卫生健康委员会、内蒙古自治区中医药管理局、中共内蒙古自治区委员会宣传部、内蒙古自治区教育厅、内蒙古自治区文化和旅游厅、内蒙古自治区广播电视局	2021年12月6日
13	关于《广西壮族自治区中医药壮瑶医药文化内涵提升工程实施方案(2021—2025年)》的通知	广西壮族自治区中医药管理局、中共广西壮族自治区委员会宣传部、广西壮族自治区教育厅、广西壮族自治区文化和旅游厅、广西壮族自治区卫生健康委员会、广西壮族自治区广播电视局	2021年12月21日

表2-9　各省市自治区中医药人才培养相关政策

序号	中医药法规政策	发布机构	成文日期
1	关于开展2021年中医馆骨干人才培训项目的通知	吉林省中医药管理局	2021年5月14日
2	关于开展福建省第四批老中医药专家学术经验继承和第二批基层老中医药专家师承带徒指导老师遴选工作的通知	福建省卫生健康委员会	2021年5月19日
3	关于印发《山东省中医医术确有专长人员医师资格考核注册管理实施细则》的通知	山东省卫生健康委员会	2021年6月3日
4	关于开展福建省2021—2023年定向培养本科层次、高职高专层次中医医学人才工作的通知	福建省卫生健康委员会、福建省教育厅、福建省财政厅、中共福建省委机构编制委员会办公室、福建省发展和改革委员会、福建省人力资源和社会保障厅	2021年6月11日

续 表

序号	中医药法规政策	发布机构	成文日期
5	关于印发《青海省中医医术确有专长人员医师资格考核注册管理实施细则(试行)》的通知	青海省卫生健康委员会	2021年8月3日
6	关于开展自治区中医药(蒙医药)领军人才支持项目遴选工作的通知	内蒙古自治区卫生健康委员会	2021年10月12日
7	关于开展第五批全国中医临床优秀人才研修项目培养对象遴选工作的通知	浙江省中医药管理局	2021年11月4日
8	关于开展内蒙古自治区第四批老中医药(蒙医药)专家学术经验继承遴选工作的通知	内蒙古自治区卫生健康委员会	2021年11月9日
9	关于印发辽宁省传统医学师承学习管理办法(试行)的通知	辽宁省卫生健康委员会	2021年12月2日
10	关于印发第三批全省老中藏医药专家学术经验继承工作实施方案的通知	青海省卫生健康委员会	2021年12月30日

第二节
研究计划部署情况

一、 科技项目设置

国家科技部2021年在中医药防治重大疾病方向，主要围绕中医药防治新发传染病研究部署定向项目，发布了“十四五”国家重点研发计划“中医药现代化”重点专项项目申报指南；为“讲清楚，说明白”中医药防治新冠肺炎的理论和现代科学基础，加强用现代科学解读中医药学原理的基础研究，强化原始创新，推动学科交叉，促进中西医结合诊疗学的进步，国家自然科学基金委员会发布2021年度专项项目“中医药防治病毒性肺炎基础研究”及“器官免疫损伤机制及中西医结合诊疗学基础研究”的项目指南；针对制约中药产业发展和公众健康的中药安全性问题，国家自然科学基金委员会在“十四五”第一批重大项目指南中将“基于中医临床常用‘有毒’中药减毒配伍研究”作为医学科学部6个重大项目之一予以支持，见表2-10。

表2-10 中医药科技项目设置一览表

序号	项目来源	项目类型	主要内容
1	国家科技部	重点研发计划“中医药现代化研究”	① 难治性疾病中医药治疗方案优化及循证评价研究（骨退行性病变中医药治疗方案的优选及临床评价研究）；② 中医药潜在优势病种的新治法、新方案的探索性研究（有潜在临床优势的儿童精神障碍中医新治法、新方药、新技术的临床探索性研究）；③ 中医药防治新发传染病研究（中医药防治新冠肺炎关键技术及经典名方作用解析研究）
2	国家自然科学基金委员会	医学科学部专项	中医药防治病毒性肺炎基础研究（基于中医药理论的、有明确临床证据的方药防治病毒性肺炎的整合作用机制和药效物质基础研究，对病毒性肺炎有潜在治疗作用中药活性物质的发现及其协同作用机制研究）

续 表

序号	项目来源	项目类型	主要内容
3	国家自然科学基金委员会	生命与医学板块专项	器官免疫损伤机制及中西医结合诊疗学基础研究(器官免疫损伤性疾病的免疫特征研究,微循环障碍与器官免疫损伤机制研究,器官免疫损伤促进疾病发生进展的机制研究,器官免疫损伤性疾病的中西医结合诊疗体系的构建,中药体内代谢及其干预免疫器官损伤分子靶标与确证)
4	国家自然科学基金委员会	重大项目	基于中医临床常用“有毒”中药减毒配伍研究[“有毒”中药的毒性确证和毒性物质筛选研究,“有毒”中药的毒性物质体内暴露和体内过程研究,“有毒”中药的毒性机制及减毒增(存)效配伍研究,“有毒”中药的量-时-毒-效关联性及转化规律研究,基于临床病证结合的“有毒”中药类方减毒增(存)效配伍研究]

二、 创新基地建设

为进一步加强医学科技创新体系建设,完善主要疾病领域/临床专科布局,科技部办公厅、国家卫生健康委办公厅、军委后勤保障部办公厅、国家药监局综合司联合印发通知,开展第五批国家临床医学研究中心申报和认定工作,拟新建中医(包括:重大疫病、免疫、代谢性疾病)在内的21个重点病种/技术领域。

2021年6月17日,国家发展和改革委员会等四部门联合发布《“十四五”优质高效医疗卫生服务体系建设实施方案》。《方案》强调,到2025年建设30个左右国家中医药传承创新中心,重点提升中医药基础研究、优势病种诊疗、高层次人才培养、中医药装备和中药新药研发、科技成果转化等能力,打造“医产学研用”紧密结合的中医药传承创新高地,见表2-11。

表2-11 中医药创新基地建设计划清单

序号	文件名称	发布机构	基地建设名称
1	关于开展第五批国家临床医学研究中心申报工作的通知	科技部办公厅、国家卫生健康委办公厅、军委后勤保障部办公厅、国家药监局综合司	国家临床医学研究中心,中医方向(重大疫病、免疫、代谢性疾病)
2	“十四五”优质高效医疗卫生服务体系建设实施方案	国家发展和改革委员会、国家卫生健康委员会、国家中医药管理局、国家疾病预防控制局	中医药传承创新中心

第三章
中医药科学研究

本章对中医药研究发表情况进行总结，对中英文期刊论文发表、中成药和非药物临床研究进展、年度标志性成果和高水平论文等进行梳理，展示中医药不同研究方向取得的进展。

第一节
中文期刊论文情况分析

利用中国生物医学文献服务系统的分类检索功能，对“中国医学”及其下位词进行检索，检索时间限定为2021年，共计检索中医药相关论文9.19万篇。基于《中国图书馆分类法·医学专业分类表》对中国医学下属学科专业进行分类梳理分析：中药学42 293篇，中医临床学30 935篇，中医内科学18 251篇，中医基础理论10 498篇，中医肿瘤学8 129篇，中医骨伤科学2 514篇，中医妇产科学2 312篇，中医其他学科1 603篇，中医外科学1 215篇，中医现代化研究859篇，中国少数民族医学684篇，中医皮肤科学683篇，中医五官科学579篇，中医预防、卫生学761篇，中国医学现状、概况618篇，中医儿科学512篇，中医药学与其他学科的关系96篇，中医学史76篇，中医急症学36篇和中医各家学说4篇。

一、 研究机构及地域分布

2021年中医药领域发文量排名前10位的研究机构详见图3－1。发文数量前3位的机构分别是北京中医药大学（2 504篇）、湖南中医药大学（1 586篇）、广州中医药大学（1 380篇）。

在全国34个省级行政区域中，发文量超过5 000篇的地区有北京市（8 554篇）、广东省（8 506篇）、河南省（8 356篇）、江苏省（5 685篇）、浙江省（5 360篇）。

二、 研究主题分析

（一）总体研究主题分析

利用VOS viewer 1.6.15软件对2021年中医药领域发表的文章进行关键词共现聚类分析。关键词共现的阈值设置为300，共纳入106个关键词，见图3－2。聚类分析表明2021年

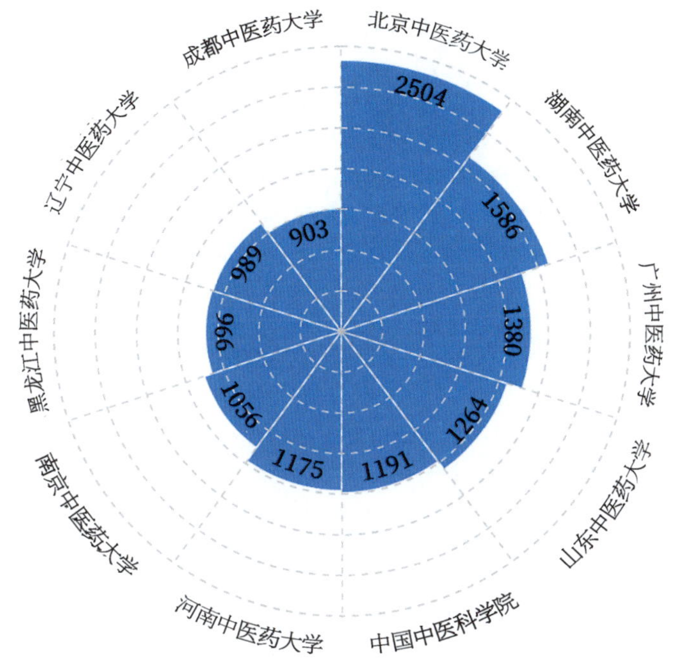

图 3-1　中医药领域发文量前 10 位的机构分布图

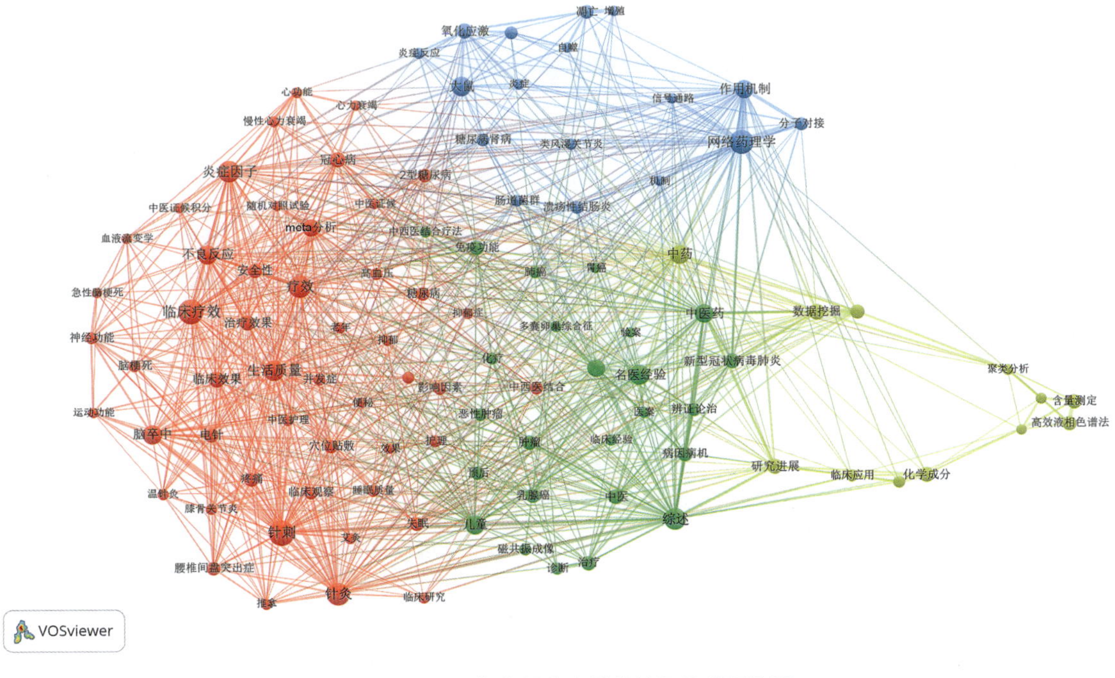

图 3-2　2021 年中医药文献关键词共现网络图

中医药研究聚焦于 4 个方面：① 中医药技术（如针灸、针刺、穴位贴敷、中医证候、辨证论治等）治疗各种临床疾病（如高血压、脑卒中、腰椎间盘突出、糖尿病、膝骨关节炎、便秘、抑郁症等）的疗效（红色）。② 中西医结合疗法、名医经验等中医药疗法对各类肿瘤、新型冠状病毒肺炎的治疗效果（绿色）。③ 利用现代生物医学技术对各类中药的化学成分、作用机制进行深入研究，使用数据挖掘等方式了解其用药规律（黄色）。④ 利用网络药理学解析中药治疗疾病的活性成分、靶点、通路及细胞机制，阐明中药治疗疾病的作用机制（蓝色）。

（二）主要学科专业研究主题分析

20 个学科共涉及 57 个主题，虽然不同学科间的主题重合度较高，但各学科也存在特色主题。如中药学除了常见的研究技术、病理状态、体征和症状外，还存在中药化学成分、生物因子、剂型等特色主题。

1. 中药学

研究主题聚焦在：评估中医药疗法（包括药物与技术）治疗各类疾病（如 COPD、高血压、脑梗死、心力衰竭等）的临床疗效、安全性及对患者生活质量的影响，Meta 分析是该主题下常见的研究方法；利用各种分离分析技术提取和分析中药活性化合物；基于动物实验探究中医药治疗各类疾病（如阿尔茨海默病、肺癌、动脉粥样硬化等）的病理生理学机制；通过数据挖掘方法探究中医药疗法的用药规律，2021 年尤其关注了中医药治疗新型冠状病毒肺炎的用药规律；借助网络药理学、分子对接技术解析其信号通路和靶点，阐释中医药作用机制。

2. 中医临床学

研究主题聚焦在：针刺、针灸缓解颈椎病、腰椎间盘突出症、膝骨关节炎等疾病的疼痛及相关症状的临床疗效研究；中医治疗对慢性心力衰竭及其他心功能不全疾病的临床效果及对炎性因子变化的影响研究；利用循证方法和临床基础实验验证火针、电针的疗效及安全性；康复训练对于脑卒中患者运动功能、神经功能的影响；中医护理对慢性病（如慢性阻塞性肺疾病、糖尿病、高血压等）患者生活质量的影响；利用数据挖掘的方法分析名医专家治疗临床疾病的经验。

3. 中医内科学

研究主题聚焦在：针刺疗法对失眠、便秘、脑卒中等疾病的临床治疗效果；从病因病机、辨证论治、遣方用药等方面论述名医治疗不同疾病的经验；通过数据挖掘技术探讨中药治疗疾病的用药规律；中西医结合疗法治疗冠心病、2 型糖尿病、非酒精性脂肪肝等疾病的临床研究；针灸、穴位贴敷等中医疗法治疗慢性阻塞性肺疾病、慢性胃炎等慢性疾病的临床疗效及不良反应。

4. 中医基础理论

研究主题聚焦在：中医情志护理对乳腺癌患者焦虑、抑郁、失眠及生活质量改善情况的影响；针刺、穴位贴敷、穴位埋线、推拿、艾灸等中医疗法治疗便秘、腰椎间盘突出症及脑卒中等疾病的临床效果；利用数据挖掘的方法寻找针灸疗法的选穴规律；结合老年人中医体质分类，探索医养结合的养老模式；基于《黄帝内经》《伤寒论》《金匮要略》等医学典籍指导中医现代化研究。

5. 中医肿瘤学

研究主题聚焦在：肿瘤患者化疗效果、生活质量、症状管理、疼痛及心理问题；乳腺癌、宫颈癌等疾病的诊疗、预后及危险因素；中医药协同西医抗肿瘤疗法（如放射治疗、免疫治疗、靶向治疗等）对消化系统肿瘤的治疗效果，多以综述的方式呈现；肿瘤的鉴别诊断及发病率和死亡率。

6. 中医骨伤科学

研究主题聚焦在：骨折患者的各种复位治疗（包括手法复位、闭合复位、切开复位等）的效果和并发症；不同中医疗法（包括针刺、针灸、推拿等）对腰椎间盘突出症及颈椎病的临床疗效；以综述、数据挖掘和网络药理学等方法探究中医药治疗中医骨伤科疾病及相关症状的用药规律。

7. 中医妇产科学

研究主题聚焦在：评估中医药治疗孕产妇疾病（包括先兆流产、复发性流产、产后尿潴留、产后抑郁等疾病）的临床疗效、妊娠结局及其对患者生活质量的影响；总结妇科相关疾病（如围绝经期综合征、月经病、乳腺癌等）的中医有效治疗经验（如傅青主女科），主要研究方法为综述；中西医结合治疗妇科疾病的疗效观察；痛经和子宫内膜异位症的中医疗法（如针灸、温经汤），多以随机对照试验和 Meta 分析进行研究；多囊卵巢综合征的中药用药规律。

8. 中医外科学

研究主题聚焦在：针刺疗法、小针刀、温针灸、手法松解等中医疗法治疗原发性冻结肩、肩周炎的临床效果；手术治疗痔疮及各种外伤的临床疗效；CT 及磁共振成像对膝关节外伤的诊断价值；辨证论治、中药熏洗等中医药疗法对各种疮疡、痈、疖、脓肿的疼痛缓解程度、创面愈合影响。

9. 中医现代化研究

研究主题聚焦在：中西医结合治疗辅以中西医结合护理对临床疾病的治疗效果、不良反应，以及满意度研究；中西医结合疗法在防治、诊断、治疗方面的研究进展；通过专家共识制定各种疾病（如新冠肺炎）的诊疗方案；利用可视化分析、人工智能、网络药理学对中医药治疗各种疾病进行多方探讨。

10. 中国少数民族医学

研究主题聚焦在：各少数民族医学（如藏医、壮医、蒙医等）的研究进展；少数民族医药疗法治疗各类疾病（如脑梗死、肩周炎、冠心病等）的临床疗效和安全性；蒙医、藏医等少数民族医学的临床应用效果及其作用机制；使用高效液相色谱法检测蒙药中各化学成分含量。

11. 中医皮肤科学

研究主题聚焦在：银屑病、慢性荨麻疹、湿疹等疾病的中医药辨证疗法（包括中医外治法、刺络拔罐、走罐疗法等）的疗效，多采用综述、Meta 分析、网络药理学及临床试验进行研究；基于数据挖掘方法，阐明皮肤病的中医辨证论治，总结当前中医治疗经验及用药规律；带状疱疹、腋臭、白癜风等疾病的中医药和中西医结合疗法的临床疗效；黄褐斑的各种疗法（包括中医药疗法、氨甲环酸治疗、激光治疗、联合治疗）的效果及不良反应。

12. 中医五官科学

研究主题聚焦在：中医药治疗五官疾病（主要包括各类鼻炎）的临床疗效；干眼症、糖尿病视网膜病变等眼部疾病的中医药疗法和中西医结合疗法的疗效，研究多以综述和 Meta 分析方法进行；中医眼科、口腔科疾病的中医药治疗经验和病因病机探讨；通过数据挖掘总结慢性鼻窦炎、慢性咽炎等疾病的中医药用药规律。

13. 中医儿科学

研究主题聚焦在：儿科各类疾病（如小儿遗尿、小儿厌食症、过敏性紫癜等）的中医药疗法用药规律、研究进展；中医药治疗小儿呼吸道疾病、抽动障碍的有效性和安全性，主要研究类型为 Meta 分析和临床研究；中医技术、名医经验和中西医结合疗法治疗小儿消化系统疾病的临床疗效；中医儿科学的教学改革，主要关注课程思政相关改革；中西医结合疗法治疗小儿痰热闭肺证的临床研究。

（三）博硕士论文分析

选取中国知网（CNKI）为数据来源，检索方式为“医药卫生科技”-“中医学”“中药学”“中西医结合”，文献类型限定“学位论文”，检索时间限定 2021 年。结果显示 2021 年中国知网收录我国中医药领域的硕士论文 9 884 篇、博士论文 893 篇（部分高等院校论文未上传 CNKI）。

1. 学位授予单位分析

2021 年中医药领域硕士论文数量前 3 位的学位授予单位依次为山东中医药大学（687 篇）、北京中医药大学（662 篇）和广州中医药大学（624 篇），且是仅有的三所硕士论文数量超过 600 篇的学校。2021 年中医药领域博士论文数量前 3 位的学位授予单位是：北京中医药大学（115 篇）、广州中医药大学（98 篇）和南京中医药大学（94 篇）。2021 年中医药领域硕士、博士论文数量排名前 20 位的学位授予单位详见图 3-3 和图 3-4。

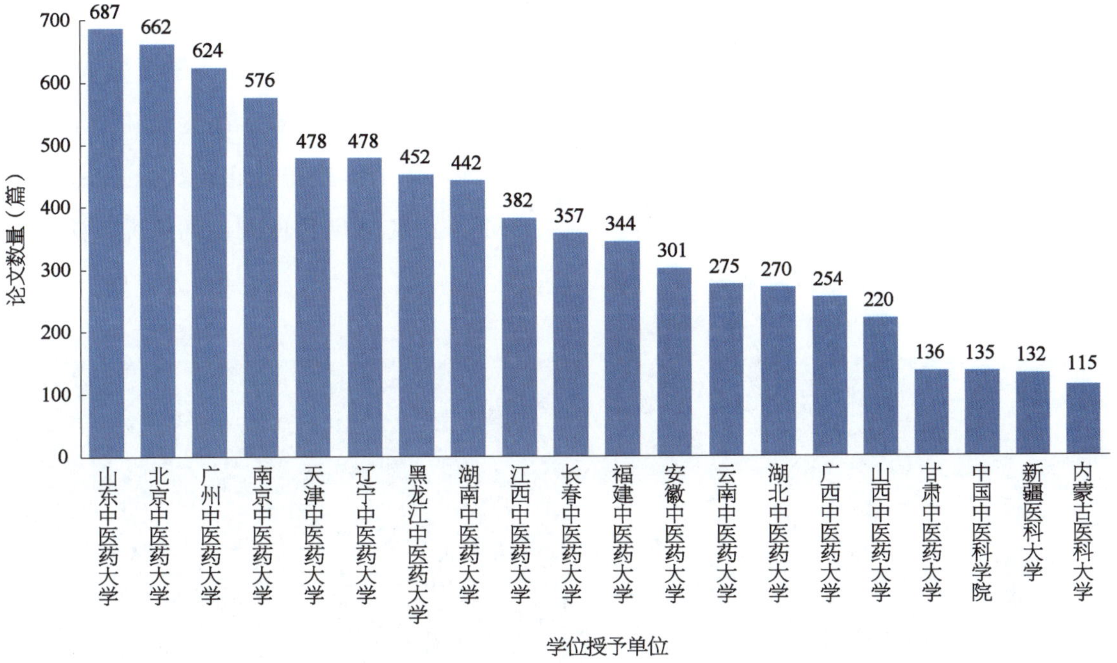

图 3-3 2021 年中医药领域硕士论文数量前 20 位学位授予单位分布

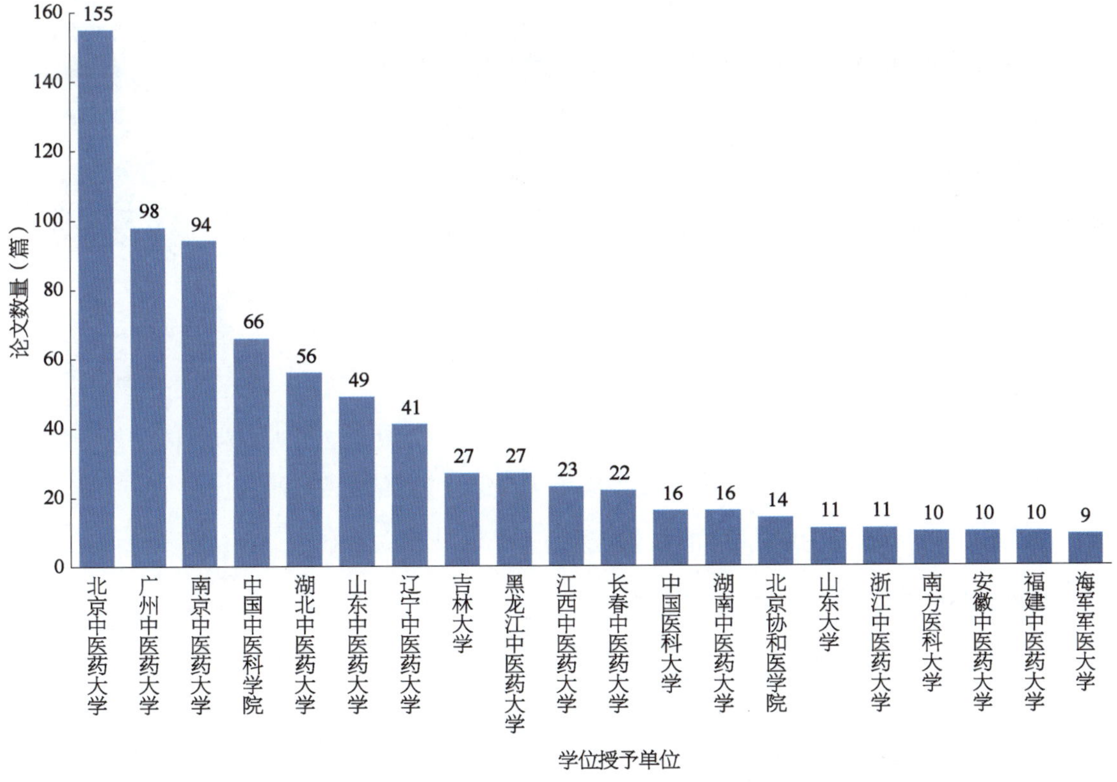

图 3-4 2021 年中医药领域博士论文数量前 20 位学位授予单位分布

2. 研究主题分析

(1) *硕士论文研究主题*：分析 2021 年中医药领域硕士论文的 CNKI 主要主题词可得：前 3 位的主要主题词依次为“临床研究”“临床观察”和“临床疗效观察”，由此可知中医药领域硕士论文的主要研究内容为临床疗效研究，见图 3－5。此外，中医药文献数据挖掘、中医证候和证型、各种中药用药规律及生物化学相关研究也较多，表明目前中医药研究方法多样化，且临床研究处于稳步发展状态。

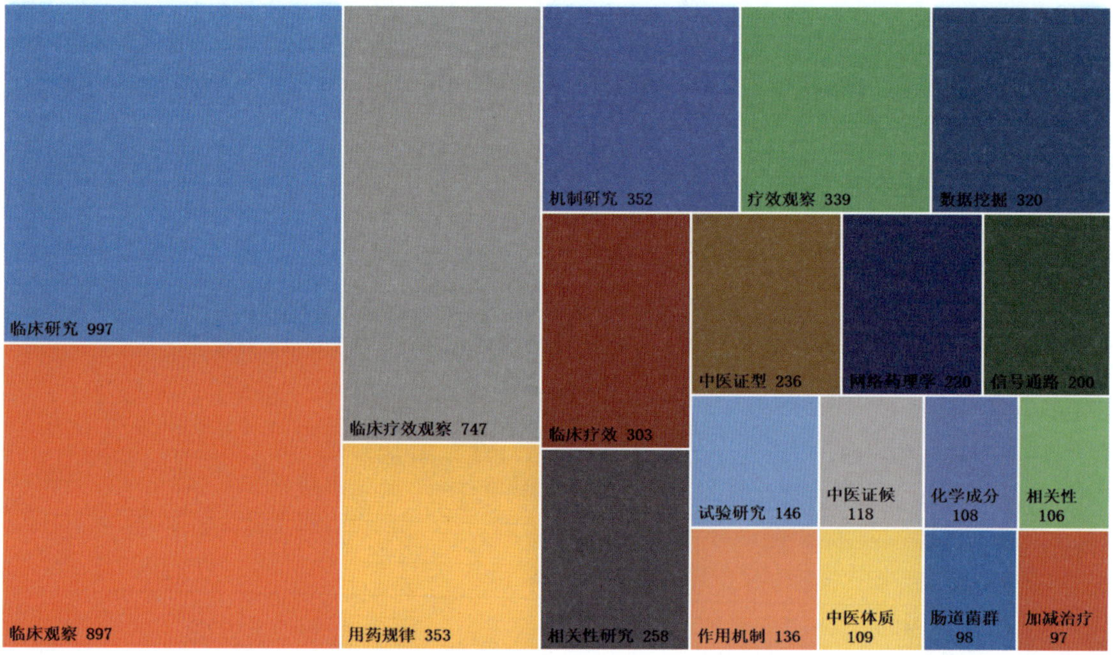

图 3－5 2021 年中医药领域硕士论文主要主题词分布

分析其涉及的病种可知，糖尿病(2 型)、腰椎间盘突出、冠心病、高血压、溃疡性结肠炎、膝骨关节炎等疾病相关研究较多，表明中医药领域重视慢性疾病，属于热点研究。主要主题词共现矩阵图也证实这一趋势——共现多集中于中医治疗慢性疾病的临床疗效，见图3－6。另外从图中也可以看出，用药规律的数据挖掘、中医证型相关性研究、中医体质及网络药理学研究也是近年来中医药领域关注的热点。

(2) *博士论文研究主题*：分析 2021 年中医药领域博士论文的 CNKI 主要主题词可得：前 3 位的主要主题词依次为“机制研究”“信号通路”“作用机制”，且主要主题词共现矩阵图也表明博士论文主要集中于机制、信号通路研究，相较于中医药领域硕士论文，博士论文更偏向于中医药机制探讨，见图 3－7 和图 3－8。此外，中医药文献数据挖掘、药物的活性成

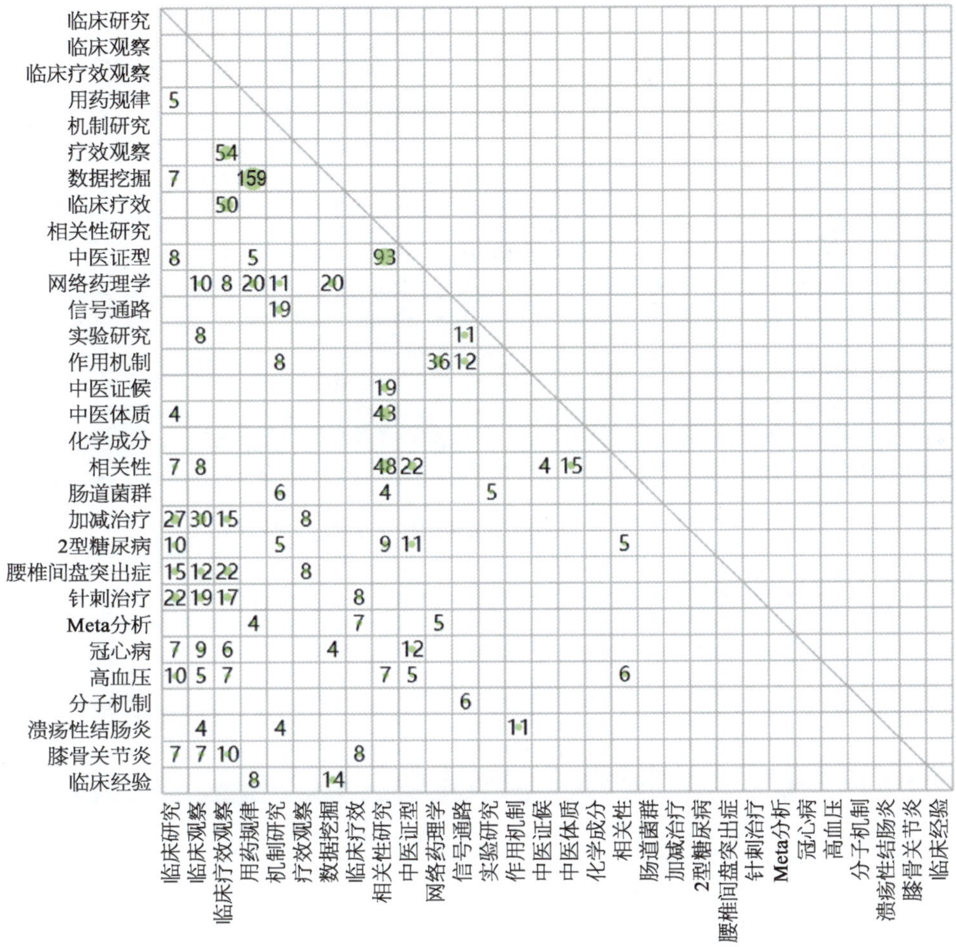

图3-6 2021年中医药领域硕士论文主要主题词共现矩阵图

分、网络药理学等相关研究也较多，表明目前在传承和发展中医药的同时，利用现代科技分析中医药的活性成分、作用机制，为中医药的有效性提供基础性证据亦是必不可少的研究内容。分析其涉及的病种表明，动脉粥样硬化、帕金森病、肺癌（非小细胞癌）、膝骨关节炎等疾病相关研究较多，属于热点研究领域。

3. 专业分布

（1）硕士论文专业分布：2021年中医药领域硕士论文数量排名前3的学科专业依次为中药学（441篇）、针灸推拿学（286篇）和中医内科学（274篇）。除了传统意义上的中医药学科专业（例如中医学、方剂学、中医基础理论），近年来药物分析学、生药学及药物化学等中医药交叉学科共融研究也有所增加。

图 3-7　2021 年中医药领域博士论文主要主题词分布

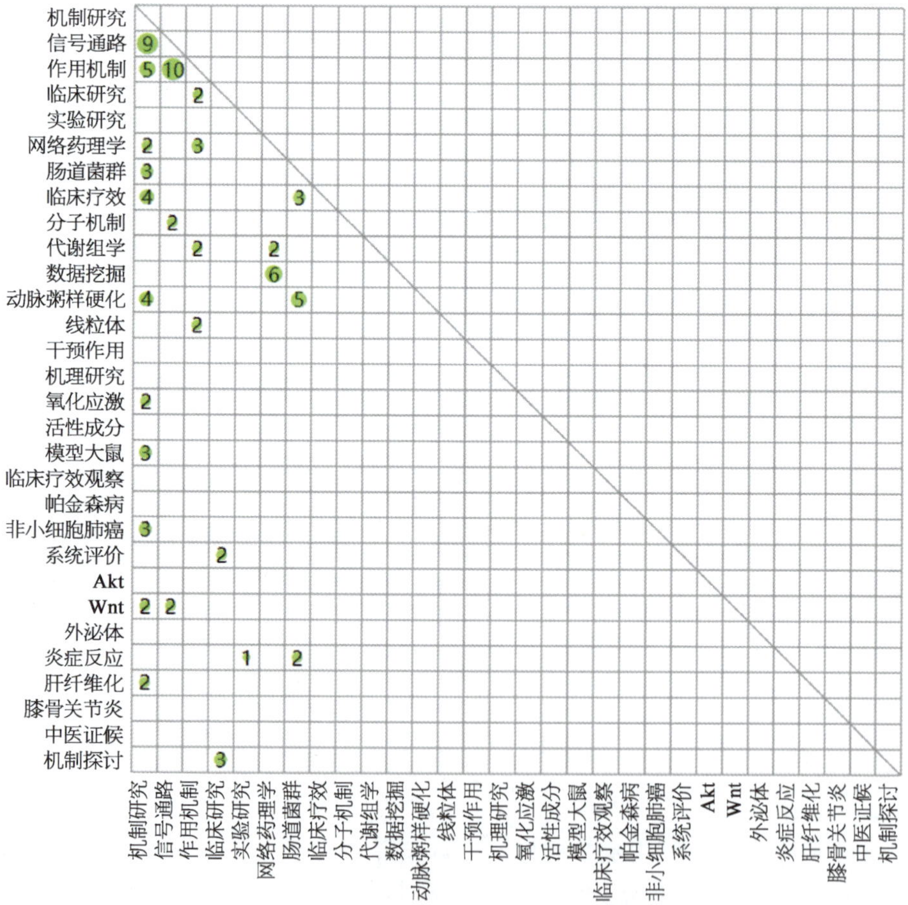

图 3-8　2021 年中医药领域博士论文主要主题词共现矩阵图

2021 年中医药领域硕士论文数量排名前 20 位的专业开设于 141 所高校，其中医学院校 44 所(包含中医药大学 20 所)、医学科学院 4 所、综合性高校 93 所，见图 3－9。虽然前 20 位的学科专业涉及的学校数量众多，但多数综合性高校涉及的中医药专业数量仅 1～2 个，中医医学院校仍然是我国中医药科学研究的主力军。

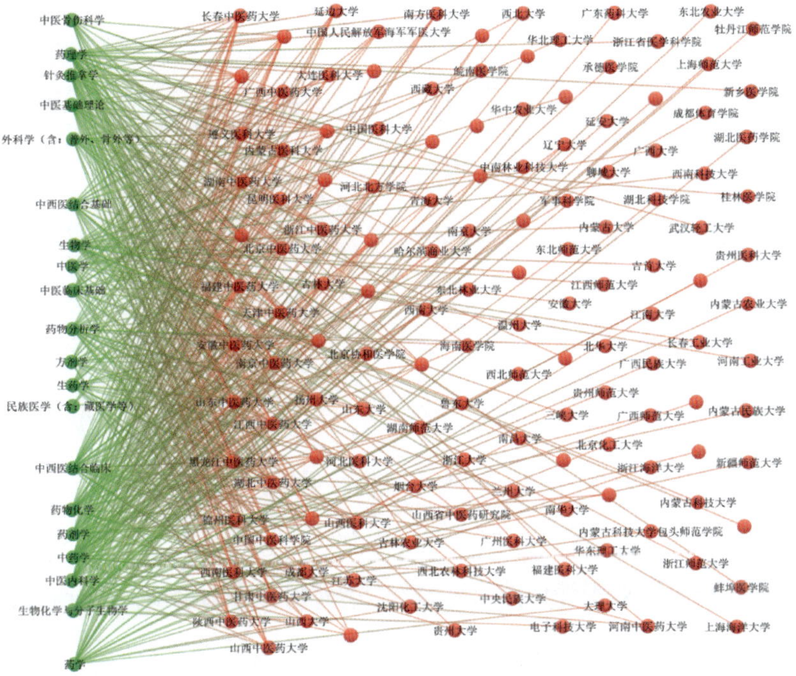

图 3－9　2021 年中医药领域硕士论文专业-学校分布

(2) 博士论文专业分布：2021 年中医药领域博士论文数量排名前 3 位的专业依次为中医内科学(77 篇)、中药学(68 篇)和针灸推拿学(61 篇)。与中医药硕士论文的学科专业比较发现，中医药博士的学科专业对中医药学科的细分程度较高。

2021 年中医药领域博士论文数量排名前 20 位的专业开设于 41 所高校，其中医学院校 27 所(包含中医药大学 14 所)、综合大学 14 所，见图 3－10。综合性大学开展中医药研究有利于多学科知识交叉融合。

4. 基金分布

2021 年中医药领域排名前 3 位的硕士论文支持项目依次是国家自然科学基金 449 次、国家重点研发计划 103 次、国家科技重大专项 18 次。排名前 3 位的博士论文支持项目依次为国家自然科学基金 102 次、国家重点研发计划 16 次、国家科技重大专项 5 次。

利用气泡图呈现论文数量前 10 位专业的支持项目排序。硕士论文中国家级支持项目

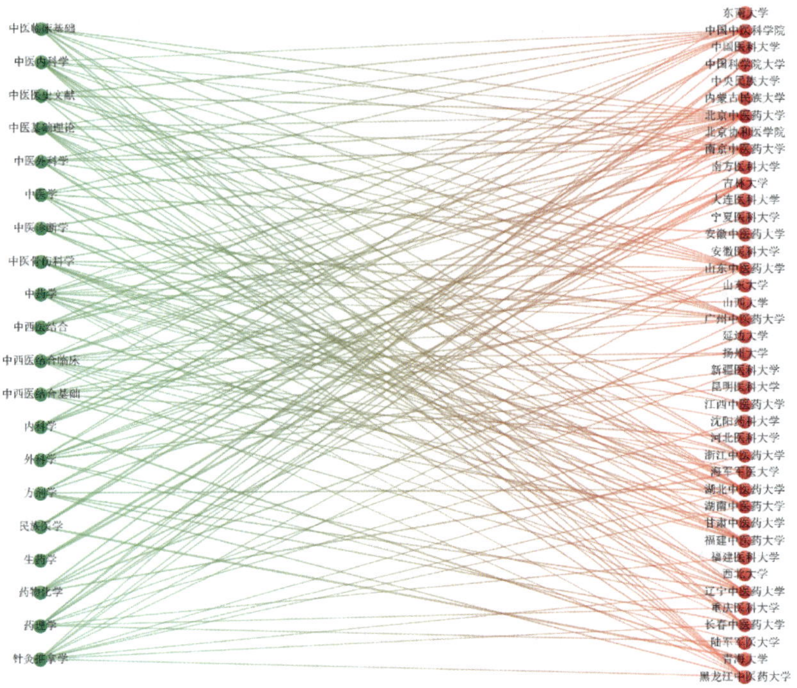

图 3-10　2021 年中医药领域博士论文专业-学校分布

数量远大于其余级别的项目数量，且中药学和药理学的硕士论文支持项目数量远高于其他专业，见图 3-11。与硕士论文支持项目分布相比，博士论文国家级支持项目数量也大于其余级别支持项目数量，但支持项目在不同专业间分布更均衡，侧面反映出不同中医药博士专业发展同步向前，见图 3-12。

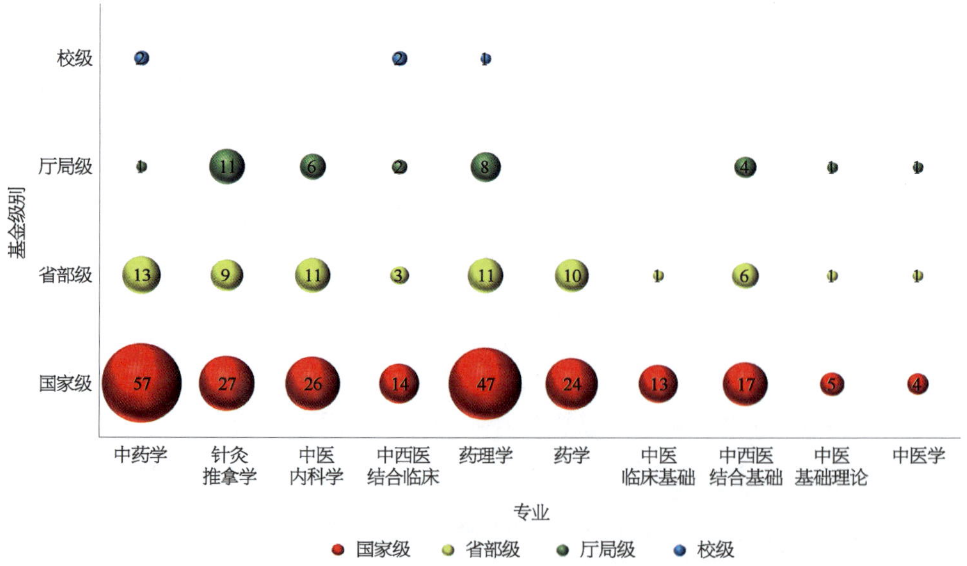

图 3-11　2021 年中医药领域硕士论文专业-基金分布

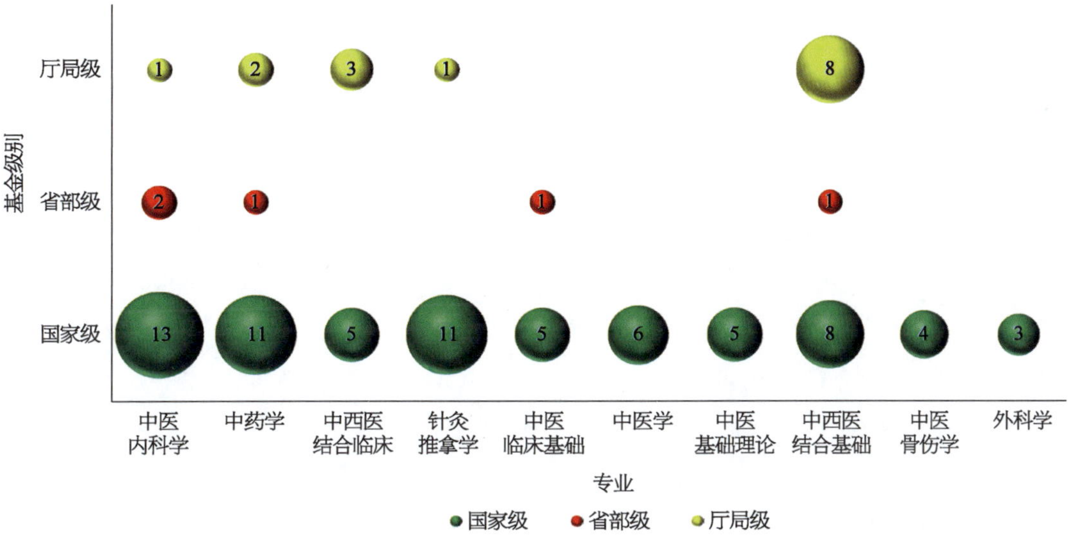

图 3-12 2021 年中医药领域博士论文专业-基金分布

第二节
外文期刊论文情况分析

检索 OVID 数据库和 Web of Science 数据库，检索时间限定为 2021 年，检索语言限定为英语，共计检索到中医药相关论文 6 789 篇，刊载于 1 314 种期刊，其中 SCI 收录论文 6 004 篇，刊载于 1 041 种期刊。

SCI 收录论文占 2021 年英文发文量的 88.4%，且 SCI 收录论文质量相对较高，故本章对 SCI 收录论文进行可视化分析，以剖析 2021 年中医药相关研究的关注热点。

一、国家和机构分布

共有 89 个国家发表的中医药相关论文被 SCI 收录，中国以 4 815 篇(80.20%)发文量位居全球第一，其次为美国(542 篇，9.03%)、韩国(203 篇，3.38%)，27 个国家(30.34%)仅发表 1 篇文章，见表 3-1。

表 3-1 发文量前 20 位的国家分布情况

序号	国　家	发文量(篇)	序号	国　家	发文量(篇)
1	中国	4 815	8	加拿大	89
2	美国	542	9	意大利	72
3	韩国	203	10	西班牙	60
4	英国	155	11	巴西	51
5	澳大利亚	131	12	伊朗	51
6	日本	122	13	印度	46
7	德国	92	14	土耳其	36

续 表

序号	国　家	发文量(篇)	序号	国　家	发文量(篇)
15	瑞士	33	18	法国	29
16	巴基斯坦	32	19	瑞典	29
17	马来西亚	30	20	比利时	28

共5 245个机构参与了中医药相关英文论文发表，发文量前3位的机构依次为北京中医药大学(379篇，6.31%)、上海中医药大学(311篇，5.18%)和广州中医药大学(299篇，4.98%)。发文量≥100篇的机构有15个，发文量排名前20位的机构均来自中国，见表3-2。利用VOSviewer软件对发文量≥30篇机构绘制合作网络图，见图3-13。由图可得，发文量≥30篇的65个机构形成6个合作团体，合作团体成员数量最多为17个研究机构，最少为4个研究机构。团体内部与团体之间的合作均相对紧密。

表3-2　发文量前20位的机构分布情况

序号	机　构	发文量(篇)	序号	机　构	发文量(篇)
1	北京中医药大学	379	11	中国医科大学	118
2	上海中医药大学	311	12	上海交通大学	110
3	广州中医药大学	299	13	中国科学院	109
4	成都中医药大学	273	14	复旦大学	102
5	中国中医科学院	244	15	中国医学科学院	100
6	南京中医药大学	198	16	华中科技大学	90
7	首都医科大学	186	17	江西中医药大学	90
8	天津中医药大学	170	18	成都中医药大学附属医院	88
9	浙江中医药大学	156	19	中山大学	87
10	山东中医药大学	127	20	四川大学	83

二、中医药研究主题分析

利用VOSviewer软件提取纳入研究关键词，合并同义词后共提取到12 150个关键词。对出现频次≥20次的100个主要关键词描绘关键词热力图，见图3-14。图中颜色越亮，关键词出现频次越高。中医药相关SCI收录论文中出现频次前10位的关键词依次为Traditional Chinese Medicine(617次)、Acupuncture(533次)、Meta-analysis(335次)、Systematic review(327次)、

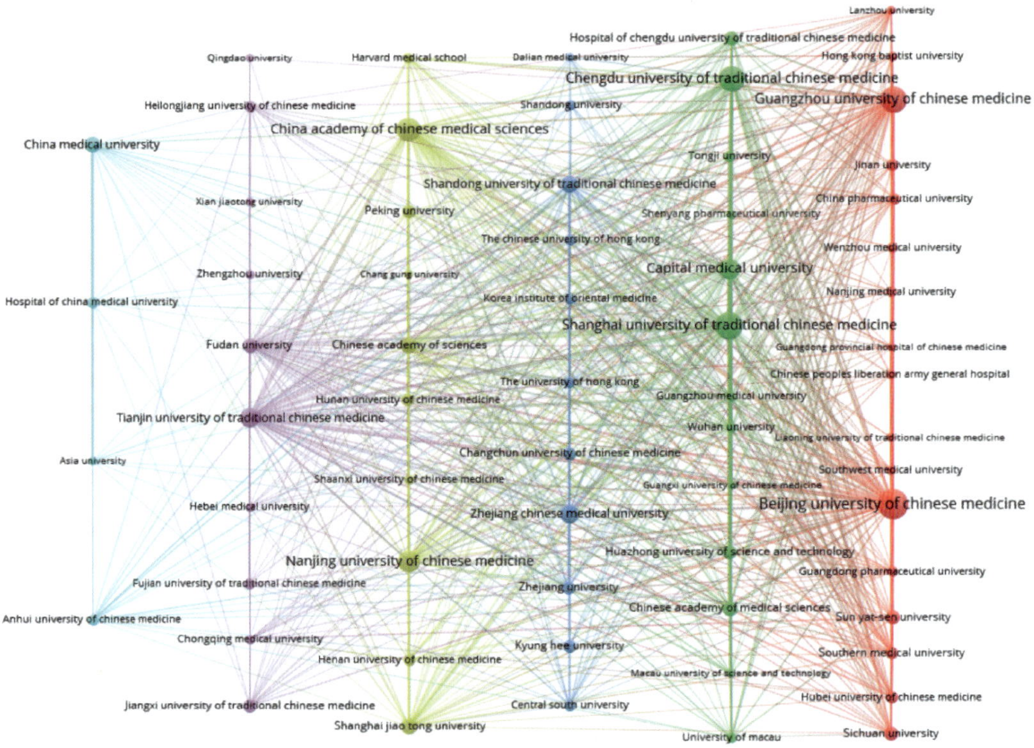

图 3-13　研究机构合作关系网络图

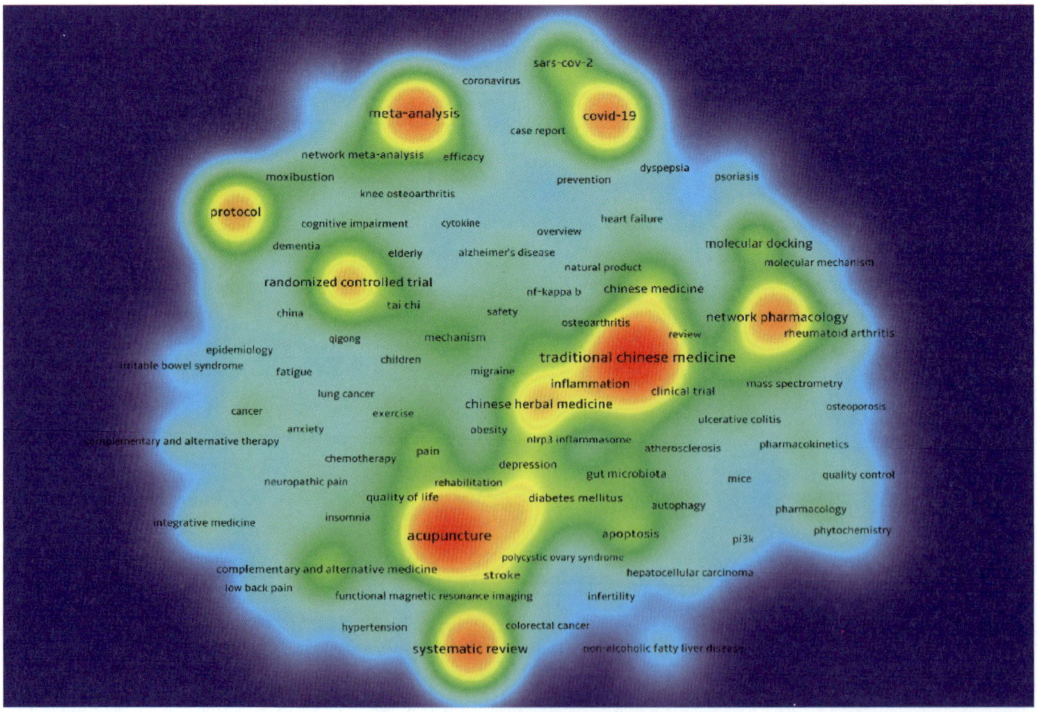

图 3-14　中医药相关研究主要关键词分布

COVID-19（285 次）、Network Pharmacology（278 次）、Protocol（241 次）、Randomized Controlled Trial（207 次）、Electroacupuncture（182 次）和 Chinese Herbal Medicine（180 次）。综上可知，2021 年英文中医药研究文献类型多为系统评价/Meta 分析、网络药理学和随机对照试验，关注的主题集中在针刺、中草药、电针及新冠肺炎。

利用 VOSviewer 软件对出现频次≥25 次的主要关键词进行聚类分析，76 个主要关键词形成 5 个聚类，见图 3-15。聚类一（红色）有 25 个主要关键词，主要有 Acupuncture、Electroacupuncture、Stroke、Depression、Pain 等，该聚类聚焦于针灸及电针对各类疾病（中风、抑郁、疼痛等）的疗效；聚类二（绿色）包括 Traditional Chinese Medicine、Network Pharmacology、Inflammation、Molecular Docking、Apoptosis 等 23 个主要关键词，该主题聚焦于基于网络药理学探究中医药治疗各类疾病（炎症、糖尿病、心衰等）的机制；聚类三（蓝色）囊括了 14 个主要关键词，包括 COVID-19、Chinese Herbal Medicine、SARS-CoV-2、Complementary and Alternative Medicine、Treatment 等，主要探讨了中医药治疗新冠肺炎

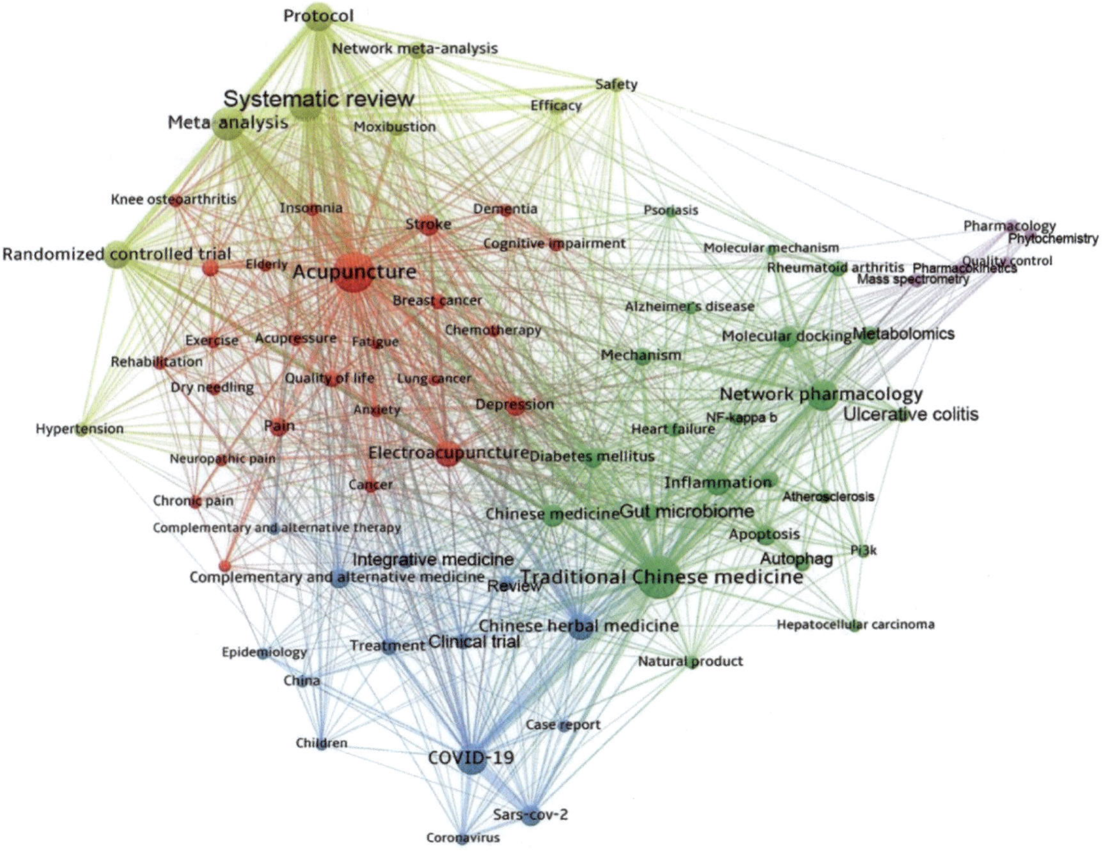

图 3-15　中医药相关研究主要关键词聚类分析

的效果；聚类四（黄色）纳入了Meta-analysis、Systematic review、Randomized Controlled Trial、Protocol、Efficacy等9个关键词，该主题基于系统评价/Meta分析以及随机对照试验等研究方法探究以艾灸为主的中医药疗法的有效性和安全性。聚类五（紫色）纳入了5个关键词，依次为Mass Spectrometry、Pharmacokinetics、Pharmacology、Phytochemistry和Quality Control，可知主题聚焦于应用以质谱法为基础的检测技术对中药药理的研究。

三、中医药相关研究高被引分析

Web of Science数据库引用频次前20位中医药相关SCI收录论文中13篇论文作者来自中国。Ke Hu等发表于*Phytomedicine*的"Efficacy and safety of Lianhuaqingwen capsules, a repurposed Chinese herb, in patients with coronavirus disease 2019: A multicenter, prospective, randomized controlled trial"以200次的引用频次位居首位。此外，还有9篇也聚焦于研究各类中药对新冠肺炎的疗效和治疗机制或对SARS-CoV-2病毒的抑制作用。由此可知新冠肺炎是2021年中医药研究的关注热点。高被引文章中存在两部指南，分别为美国皮肤病协会和国家牛皮癣基金会制定的银屑病护理指南和英国临床嗅觉工作组制定的嗅觉功能障碍治疗指南，在这两部指南中均给出了中医药治疗疾病的治疗建议，也表明中医药的治疗效果逐渐得到国际认可。其余高被引研究的主题多为中医药（电针、针灸等）对肿瘤、衰老、阿尔茨海默病、乳腺癌、糖尿病等疾病的治疗机制的探讨。

第三节
中成药临床研究年度报告

检索中医药临床循证评价证据库系统(Evidence Database System, EVDS)、中成药临床试验数据库,补充检索中国知网(China National Knowledge Infrastructure, CNKI)、万方(Wan Fang Data)、维普(VIP)、中国生物医学文献服务系统(SinoMed)、Cochrane Library、PubMed、Embase 数据库。纳入中成药临床随机对照试验(randomized controlled trial, RCT),研究对象不做限制,试验组干预措施为中成药、中成药+其他干预,中成药剂型不限;对照组干预措施为中成药、其他干预、中成药+其他干预、空白对照或安慰剂等,评价指标不做限制。检索时限为 2021 年 1 月 1 日—2021 年 12 月 31 日。

一、 文献发表概况

2021 年,中成药临床随机对照试验(RCT)共发表 2 215 篇,其中,中文 RCT 2 206 篇,英文 RCT 9 篇。

开展中成药 RCT 研究的地区涉及全国 30 个省市自治区,RCT 发文量排名前 3 位的地区为河南省(389 篇)、广东省(190 篇)、辽宁省(144 篇)。研究参与单位覆盖三级医院、二级医院、一级医院(乡镇卫生院)、医学院校、科研机构、民营医院等。中文文献中,以三级医院作为第一单位的文献占比 80.28%(1 771/2 206);英文文献的第一单位均为三级医院。2021 年,中成药 RCT 发文量排名前 3 位的研究参与单位为河南中医药大学及其附属医院(30 篇)、北京中医药大学及其附属医院(24 篇)、郑州大学及其附属医院(21 篇)。研究参与机构发文量排名(Top 10),见图 3-16。

二、 发表期刊情况

2021 年中成药 RCT 发表文献涉及 381 个期刊。中文期刊 373 个,其中,北大中文核心

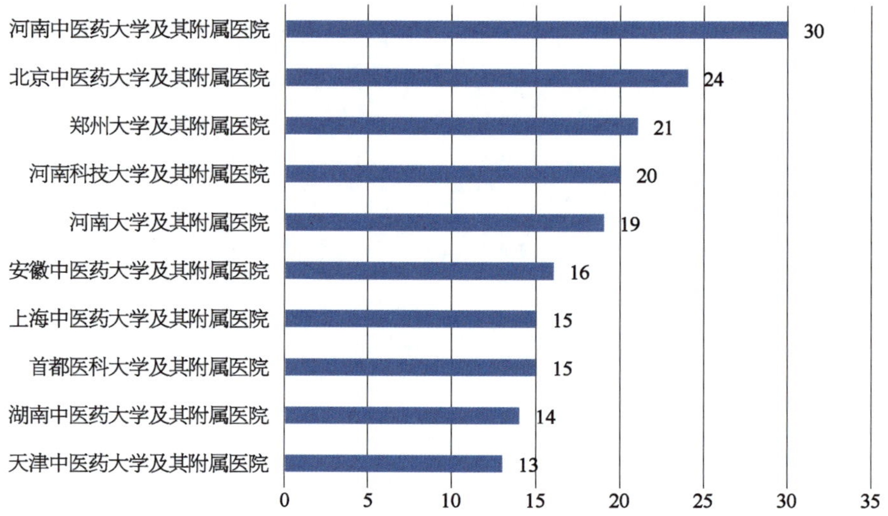

图 3-16 2021 年中成药临床研究参与机构发文量排名(Top 10)

收录期刊 31 个，发文 176 篇(7.93%)，《中成药》发文量最多(27 篇)；中国科学引文数据库(CSCD)收录期刊 69 个，发文 430 篇(19.38%)，《世界中医药》发文最多(43 篇)。发文量排名前 10 的中文期刊依次为《新中医》《现代药物与临床》《临床合理用药杂志》《中国民间疗法》《实用中西医结合临床》《世界中医药》《医学理论与实践》《实用中医药杂志》《内蒙古中医药》《中国现代药物应用》。发文量≥25 篇的中文期刊，见表 3-3。英文期刊 8 个，均被 SCI 收录，影响因子(impact factor, IF)介于 1.925～9.927。IF 最高的期刊为 *Front Med*(IF=9.927，1 篇)。英文期刊发文情况，见表 3-4。

表 3-3 2021 年中成药 RCT 涉及中文期刊发文量排序(发文量≥25)

期 刊 名 称	RCT 数量(项)	期 刊 名 称	RCT 数量(项)
新中医	83	中国实用医药	36
现代药物与临床	81	当代医学	35
临床合理用药杂志	61	中国民康医学	34
中国民间疗法	58	医学前沿	31
实用中西医结合临床	46	光明中医	30
世界中医药[2]	43	临床医学研究与实践	30
医学理论与实践	40	当代医药论丛	27
实用中医药杂志	38	中成药[1,2]	27

续 表

期刊名称	RCT数量(项)	期刊名称	RCT数量(项)
内蒙古中医药	38	中外医学研究	25
中国现代药物应用	37		

注：1）北大中文核心期刊；2）CSCD收录期刊。

表3-4　2021年中成药临床研究英文期刊发文情况

期刊名称	影响因子	RCT数量(项)
Front Med	9.927	1
Phytother Res	6.388	1
J Integr Med	3.951	1
Biomed Res Int	3.246	1
Urology	2.633	1
Chin J Integr Med	2.626	2
J Tradit Chin Med	2.547	1
Ann Palliat Med	1.925	1

三、疾病类型与分布

（一）各系统疾病研究数量

根据最新发布的ICD-11疾病分类统计，2021年度发表的中成药RCT涉及26类疾病，循环系统疾病发文量居首位(391篇，17.52%)，其次为呼吸系统疾病(319篇，14.40%，包含8项新型冠状病毒肺炎研究)、神经系统疾病(244篇，11.02%)，见表3-5。

表3-5　中成药RCT涉及ICD-11疾病分类(Top 10)

疾病类型	RCT数量(项)	疾病类型	RCT数量(项)
循环系统疾病	391	内分泌、营养或代谢疾病	136
呼吸系统疾病	319	肿瘤	126
神经系统疾病	244	肌肉骨骼系统或结缔组织疾病	118
泌尿生殖系统疾病	201	某些感染性疾病或寄生虫病	112
消化系统疾病	201	皮肤疾病	91

（二）疾病分布

对 2021 年度中成药 RCT 涉及疾病名称进行统计，发现：循环系统中，以冠心病心绞痛发文量最多(分别为 54 篇，2.44％)；呼吸系统中，以慢性阻塞性肺疾病发文量最多(52 篇，2.35％)；神经系统中，以缺血性脑卒中发文量最多(137 篇，6.19％)；泌尿生殖系统中，以慢性肾小球肾炎发文量最多(22 篇，0.99％)。

研究热度较高(发文量前 10 位)的疾病依次为缺血性脑卒中(137 篇，6.19％)、心绞痛(54 篇，2.44％)、冠心病(54 篇，2.44％)、慢性阻塞性肺疾病(52 篇，2.35％)、糖尿病肾病(49 篇，2.21％)、心力衰竭(32 篇，1.44％)、急性心肌梗死(28 篇，1.26％)、慢性心力衰竭(26 篇，1.17％)、肺炎(24 篇，1.08％)、支气管哮喘(24 篇，1.08％)、类风湿关节炎(24 篇，1.08％)。与 2020 年相比，糖尿病肾病、急性心肌梗死、支气管哮喘等疾病研究数量增多，而盆腔炎等妇科疾病的关注度有所下降，中成药 RCT 年度疾病分布，见图 3－17。

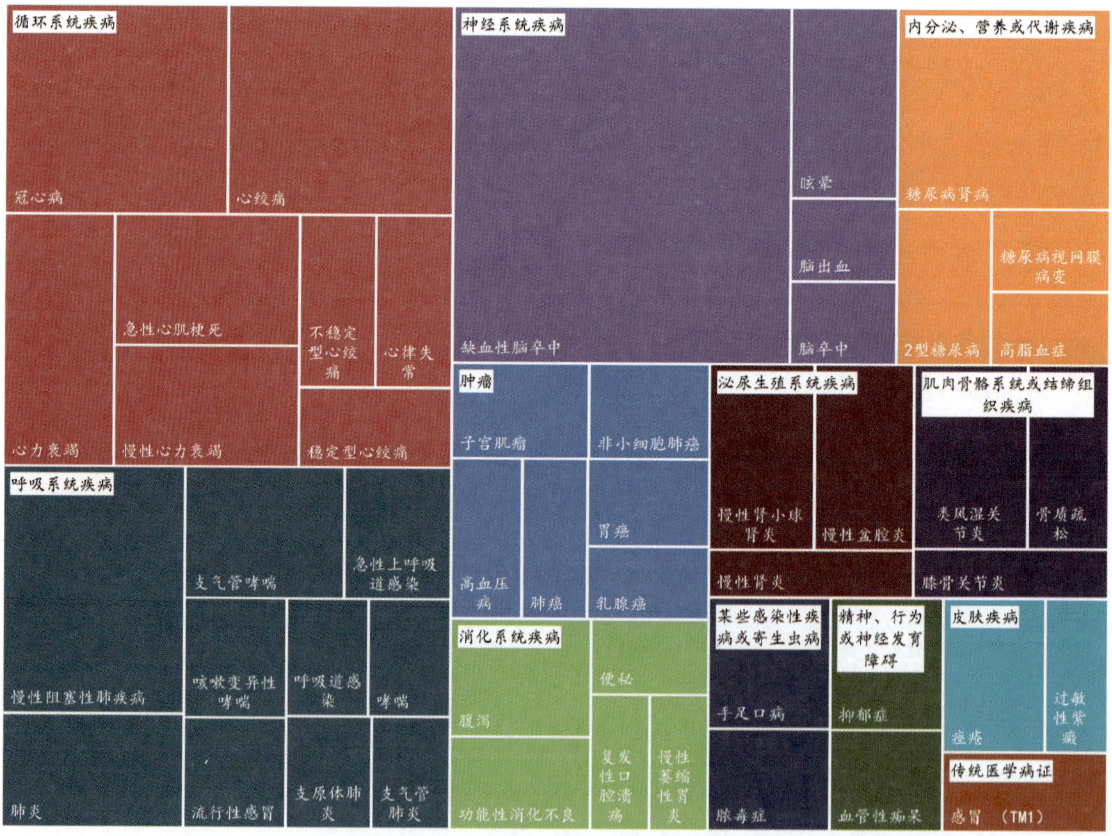

图 3－17　2021 年中成药临床研究疾病分布

四、中成药情况

纳入 RCT 涉及中成药 750 种（口服中成药 619 种，中药注射剂 91 种，外用中成药 40 种），治疗疾病以循环系统疾病和呼吸系统疾病为主。发文量排名前 10 的口服中成药包括：百令胶囊（55 篇）、参松养心胶囊（40 篇）、麝香保心丸（32 篇）、通心络胶囊（29 篇）、复方丹参滴丸（27 篇）、雷公藤多苷片（24 篇）、芪参益气滴丸（20 篇）、康复新液（17 篇）、舒肝解郁胶囊（16 篇）、华蟾素胶囊（15 篇）、芪苈强心胶囊（15 篇）。发文量排名前 10 的中药注射剂包括：醒脑静注射液（48 篇）、痰热清注射液（36 篇）、丹红注射液（35 篇）、丹参川芎嗪注射液（34 篇）、参麦注射液（33 篇）、参附注射液（32 篇）、复方苦参注射液（24 篇）、丹参多酚酸盐注射剂（22 篇）、丹参注射液（22 篇）、血栓通注射剂（22 篇），以活血化瘀、益气通脉功效为主。发文量排名前 3 的外用中成药包括：康复新液（8 篇）、保妇康栓（7 篇）、康妇消炎栓（7 篇）。中成药各品种研究数量排序情况，见表 3－6 和表 3－7。

表 3－6　2021 年口服中成药各品种的研究数量排序（发文量≥10 篇）

药物名称	RCT 数量(项)	药物名称	RCT 数量(项)	药物名称	RCT 数量(项)
百令胶囊	55	黄葵胶囊	14	寒喘祖帕颗粒	12
参松养心胶囊	40	蓝芩口服液	14	金水宝胶囊	12
麝香保心丸	32	六味地黄丸	14	稳心颗粒	12
通心络胶囊	29	醒脾养儿颗粒	14	乌灵胶囊	12
复方丹参滴丸	27	桂枝茯苓胶囊	13	肾炎康复片	12
雷公藤多苷片	24	槐杞黄颗粒	13	葆宫止血颗粒	11
芪参益气滴丸	20	雷公藤多苷	13	复方芩兰口服液	11
康复新液	17	疏风解毒胶囊	13	银杏叶片	11
舒肝解郁胶囊	16	小儿豉翘清热颗粒	13	复方鳖甲软肝片	10
华蟾素胶囊	15	妇科千金胶囊	12	复方血栓通胶囊	10
芪苈强心胶囊	15	桂枝茯苓丸	12	血府逐瘀胶囊	10

表 3－7　2021 年中药注射剂各品种的研究数量排序（发文量≥10 篇）

药物名称	RCT 数量(项)	药物名称	RCT 数量(项)
醒脑静注射液	48	康艾注射液	16
痰热清注射液	36	复方甘草酸苷注射液	15

续 表

药物名称	RCT 数量(项)	药物名称	RCT 数量(项)
丹红注射液	35	血必净注射液	15
丹参川芎嗪注射液	34	喜炎平注射液	14
参麦注射液	33	生脉注射液	13
参附注射液	32	舒血宁注射液	12
复方苦参注射液	24	血塞通注射剂	12
丹参多酚酸盐注射剂	22	热毒宁注射液	12
丹参注射液	22	喘可治注射液	11
血栓通注射剂	22	银杏叶提取物注射液	11
银杏达莫注射液	21	川芎嗪注射液	10
疏血通注射液	20	银杏二萜内酯葡胺注射液	10
参附注射液	18		

五、 干预对照设计

纳入 2 215 项 RCT 包括双臂试验 2 136 项，三臂试验 62 项，四臂试验 17 项。双臂试验涉及 69 种干预对照设计，包括“中成药＋西药 *vs.* 西药”725 篇（32.86%）；“中成药＋西药＋常规治疗 *vs.* 西药＋常规治疗”517 篇（23.44%）；“中成药＋常规治疗 *vs.* 常规治疗”227 篇（10.30%）。2021 年中成药 RCT 干预对照设计发文量>10 篇，见图 3－18。

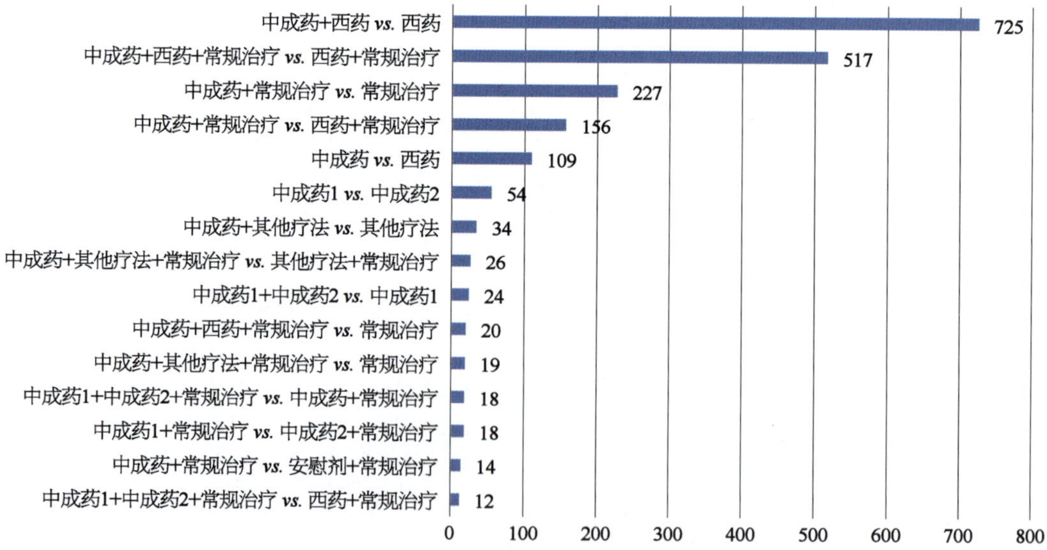

图 3－18 2021 年中成药 RCT 干预对照设计(发文量>10 篇)

六、多中心研究概况

研究共涉及患者 237 379 例，各研究样本量介于 30～8 000 例，平均样本量为 108 例。样本量＜100 例的研究占半数以上(1 307 项，59.01％)，样本量介于 100～199 例的研究 774 项(34.95％)，样本量介于 200～499 的研究 129 项(5.82％)，样本量≥500 例的研究仅 5 项，占比不足 1％。样本量≥500 例的研究，见表 3-8。

表 3-8　2021 年样本量≥500 例中成药 RCT 涉及的中成药品种、疾病

药 物 名 称	疾　病	RCT 数量(项)	总样本量(例)
夏天无滴眼液	儿童假性近视	1	8 000
孕康口服液	早期先兆流产	1	3 600
丹参川芎嗪注射液	脑血栓	1	1 000
肾炎康复片	原发性肾小球肾炎	1	596
康妇消炎栓	阴道炎会阴切开术后	1	580

多中心 RCT 共 73 篇(3.30％)，涉及 76 种口服中成药、3 种中药注射剂；研究疾病类型以呼吸系统疾病(包括新冠肺炎研究 3 项)、循环系统疾病、消化系统疾病为主。中心数量最少为 2 家，最多为 41 家；2 家中心合作的研究最多(13 项)。63 项(86.30％)研究涉及中医疾病证型。合作中心数量＞10 家的 RCT 涉及中成药、疾病情况，见表 3-9。

表 3-9　2021 年多中心 RCT 涉及中成药及疾病分布

药 物 名 称	疾　病	中心数(家)	RCT 数(项)
肾炎康复片	原发性肾小球肾炎	41	1
柴石退热颗粒	流行性感冒	21	1
天丹通络胶囊	脑梗死恢复期(风痰瘀血、痹阻脉络证)	15	1
参苓健脾胃颗粒＋儿宝颗粒	小儿腹泻(脾虚泻)	13	1
尪痹片	类风湿关节炎(肝肾不足、风湿阻络证)	13	1
扁蕾颗粒＋小儿泻速停颗粒	小儿急性感染性腹泻	13	1
止血祛瘀明目片＋复方血栓通胶囊	视网膜静脉阻塞眼底出血(瘀血伤络、阴虚内热证)	12	1
天麻醒脑胶囊	血管性痴呆(肝肾不足、肝风上扰证)	12	1

续 表

药 物 名 称	疾 病	中心数(家)	RCT 数(项)
枫蓼肠胃颗粒＋儿泻停颗粒	小儿急性腹泻(湿热泻)	12	1
小儿咳喘灵口服液＋小儿肺热咳喘口服液	小儿急性支气管炎(风热犯肺证、痰热壅肺证)	12	1
金天格胶囊	原发性骨质疏松症	11	1
双冬胶囊	尿路感染(下焦湿热、气阴两虚证)	11	1

七、方法学质量

方法学质量方面，中文文献中，31.23％的研究存在“产生随机序列的方法”问题，主要是仅提到随机分组而未详细说明实施方法；仅 2.04％的研究报告实施“分配隐藏”；10.66％的研究报告实施受试者盲法；14.42％的研究报告实施结果评价盲法；62.01％的研究报告存在“其他偏倚”。501 篇(22.07％)研究报告使用了盲法，其中受试者盲法 236 篇，结果评价盲法 319 篇，同时采用两种盲法的研究为 54 篇(2.18％)。中文 RCT 方法学质量评估，见图 3－19。英文文献中，33.33％的研究存在“产生随机序列的方法”问题，33.33％的研究报告实施“分配隐藏”；44.44％的研究报告实施受试者盲法；44.44％的研究报告实施结果评价盲法；22.22％的研究报告存在“其他偏倚”。英文 RCT 方法学质量评估，见图 3－20。

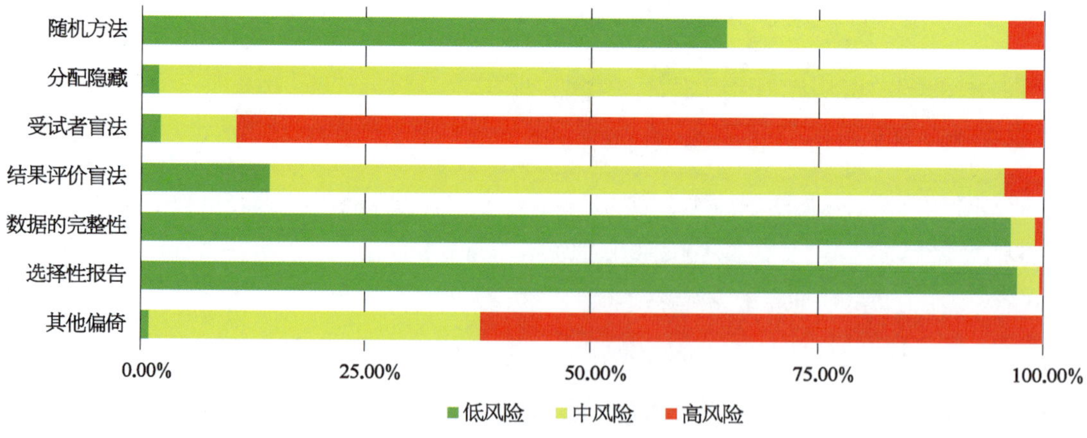

图 3－19 中文 RCT 方法学质量评估

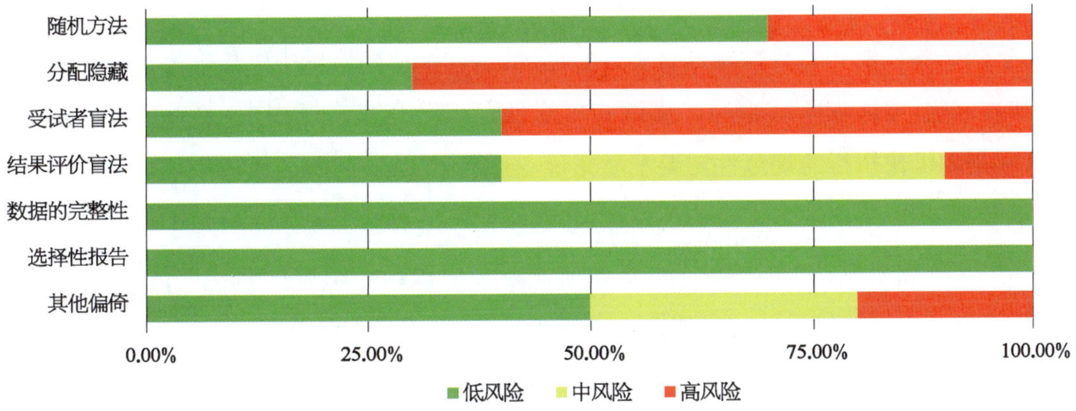

图 3-20　英文 RCT 方法学质量评估

八、伦理审批与方案注册

2 215 项 RCT 中，1 216 项研究（中文 1 208 项/英文 8 项）报告了伦理审批，12 项研究（中文 6 项/英文 6 项）报告了注册信息，表明当前的临床研究在国际规范遵循方面仍存在很大差距。

九、小结

2021 年中成药 RCT 共发表文献 2 215 篇，中文期刊占比 99.59%，英文期刊占比0.41%。发文量较 2020 年（1 285 篇）上升了 72.37%，较 2019 年（2 463 篇）下降了 10.10%。研究单位分布基本覆盖全国各省，中文 RCT 发文量以河南省、广东省、辽宁省较高，英文 RCT 发表则以江西省、湖北省、浙江省为主。期刊方面，2021 年 CSCD 期刊的中成药 RCT 发文量较 2020 年上升了 11.66%。循环系统疾病和呼吸系统疾病依然是研究热点，神经系统发文量比 2020 年提升了两个名次；缺血性脑卒中、冠心病、心绞痛、慢性阻塞性肺疾病、糖尿病肾病发文量较多，开展 RCT 研究较多的中成药为百令胶囊、参松养心胶囊、醒脑静注射液等，与热点疾病具有相关性。研究规模方面，研究样本量跨度较大，但仍以小样本研究（样本量<100）为主；在多中心研究中，对中医证型的关注度较高。干预对照设计方面，以中西药联用疗效观察为主。方法学质量方面，分配隐藏、盲法应用、样本量估算等问题仍未得到足够重视。伦理审批及试验注册方面，英文 RCT 的报告率均较高，中文 RCT 伦理审批报告率较 2020 年上升 9.64%，而试验注册环节仍然重视不足。

总体来说，本年度 RCT 研究具备一定数量，但是在研究质量和影响力上需要重视提升。

在试验设计方面，设计不合理将会对治疗效果评价产生偏差。同时，研究者也需要重视中成药 RCT 的试验注册和试验实施过程中的管理规范，以推动高质量中医药临床证据生产的科学性和规范化，增加临床试验的严谨性和可靠性。在研究实施过程中，要重视过程质量控制，特别是随机化执行的规范性需要不断完善，避免“假随机”问题。虽然中医证型的关注度较往年有所提升，但仍缺乏中医特色指标，建议按照核心指标集（COMET）工作组制定的核心指标集研制规范和 COS 团体标准，加快研制符合中医药作用特点的评价指标体系，提升临床研究指标选择的科学性和合理性。

第四节
中医非药物治疗临床研究报告

针对2021年中医非药物疗法临床随机对照试验(RCT),我们以"针灸""针刺""推拿""艾灸""传统运动""太极"和"八段锦"为检索主题利用CNKI进行检索;以"Acupuncture""Tuina""Moxibustion""Traditional Exercise""Tai chi""Baduanjin"为检索主题利用Web of Science进行检索,对检索结果进行初步筛查后进行数据的提取及统计,详细统计结果如下。

一、中医非药物治疗临床研究文献发表情况

(一) 期刊类型分析

2021年,中医非药物临床RCT共发表1 582篇,其中中文RCT共计1 573篇,英文RCT共计9篇。

中文期刊类型共计235种,其中涉及北大中文核心期刊收录期刊17种,中国科学引文数据库(CSCD)收录期刊14种;发文数量上,北大中文核心期刊文献数量为54篇,占3.4%;CSCD文献数量为50篇,占3.2%;发文数量前十的中文期刊依次为《实用中医药杂志》《中国中医药现代远程教育》《中医临床研究》《针灸临床杂志》《中国民间疗法》《按摩与康复医学》《中国社区医师》《中国中医急症》《深圳中西医结合杂志》《中外医学研究》,以上期刊均未被北大中文核心期刊及CSCD收录;发文数量最高的北大中文核心期刊及CSCD收录期刊为《中华中医药杂志》(16篇)、《针刺研究》(12篇)、《时珍国医国药》(9篇)。发文量前30位的中文期刊,详见表3-10。

表 3-10　中医非药物临床研究发文量前 30 位的中文期刊

序号	期刊名称	发文量(篇)	序号	期刊名称	发文量(篇)	序号	期刊名称	发文量(篇)
1	实用中医药杂志	106	11	广州中医药大学学报	28	21	中国医药导报	19
2	中国中医药现代远程教育	71	12	中国实用医药	28	22	中医外治杂志	19
3	中医临床研究	67	13	中国中医药科技	28	23	中国民族民间医药	18
4	针灸临床杂志	52	14	中国疗养医学	27	24	黑龙江中医药	17
5	中国民间疗法	46	15	中国民康医学	26	25	中华中医药杂志	16*▲
6	按摩与康复医学	45	16	临床医学研究与实践	22	26	中医药临床杂志	16
7	中国社区医师	35	17	浙江中医杂志	22	27	云南中医中药杂志	15
8	中国中医急症	35	18	山西中医	20	28	中国医学创新	15
9	深圳中西医结合杂志	33	19	中国民族医药杂志	20	29	河南医学研究	14
10	中外医学研究	30	20	中国现代药物应用	19	30	辽宁中医药大学学报	14

注：*：北大中文核心期刊；▲：CSCD 收录期刊。

英文期刊共涉及 13 种，分别为 *Ann Intern Med*、*Arthritis Rheumatol*、*Am J Gastroenterol*、*JAMA Oncol*、*Frontiers in Aging Neurosci*、*Frontiers in Public Health*、*Clin Nurs Res*、*BMJ Open*、*Journal of the Textile Institute*、*Acupunct Med*、*Medicine*、*Neurourology and Urodynamics*、*Br J Pain*。其中，有 6 篇针灸临床研究和 1 篇太极临床研究文章质量较高(IF>10)。英文期刊发文情况详见表 3-11。

表 3-11　中医非药物临床研究英文期刊发文情况

期刊名称	JCR 分区	2021 中医非药物 RCT 发文量(篇)
Ann Intern Med	Q1	2
Arthritis Rheumatol	Q1	2
Am J Gastroenterol	Q1	2
JAMA Oncol	Q1	1
Frontiers in Aging Neurosci	Q1	1
Frontiers in Public Health	Q1	1
Clinical Nursing Research	Q2	1
BMJ Open	Q2	1
Journal of the Textile Institute	Q2	1
Acupuncture in Medicine	Q3	1

续 表

期 刊 名 称	JCR 分区	2021 中医非药物 RCT 发文量(篇)
Medicine	Q3	1
Neurourology and Urodynamics	Q3	1
British Journal of Pain	—	1

(二) 研究机构分析

在研究机构方面,2021 年中医非药物研究发表数量排名前 10 位的研究机构分别为黑龙江中医药大学及其附属医院(46 篇)、安徽中医药大学及其附属医院(30 篇)、江西中医药大学及其附属医院(16 篇)、广州中医药大学及其附属医院(16 篇)、福建中医药大学及其附属医院(15 篇)、山东中医药大学及其附属医院(11 篇)、陕西中医药大学及其附属医院(10 篇)、黑龙江省中医药科学院(8 篇)、沈阳市儿童医院(7 篇)、河南中医药大学及其附属医院(7 篇)、湖南中医药大学及其附属医院(7 篇)、湖北中医药大学及其附属医院(7 篇)。地域分布方面,全国 34 个省市自治区中,中文文献发表数量前 10 位的分别为广东(226 篇)、河南(206 篇)、辽宁(107 篇)、浙江(92 篇)、黑龙江(81 篇)、江苏(76 篇)、江西(76 篇)、北京(73 篇)、山东(70 篇)、福建(69 篇)。具体研究机构分布详见图 3-21。

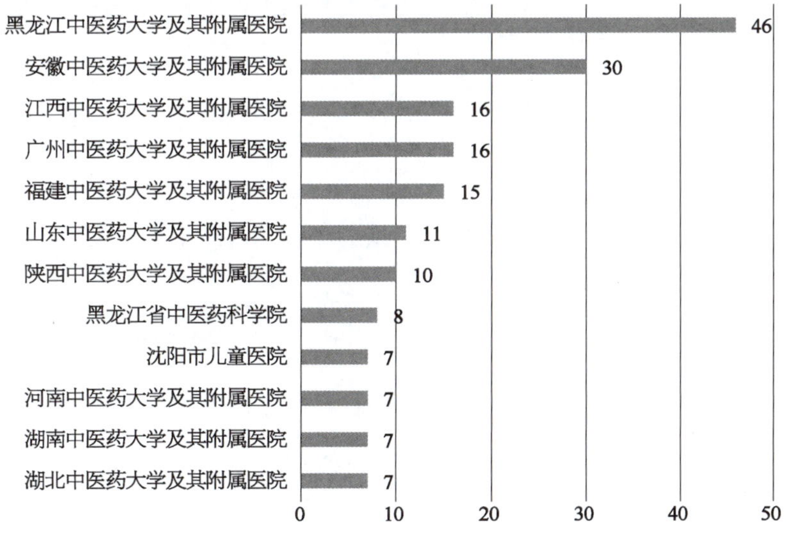

图 3-21 发表中文 RCT 研究数量排名前 10 位的研究机构

在英文文献方面,各机构发表数量依次为福建中医药大学(2 篇)、长春中医药大学(1 篇)、中山大学中山纪念医院(1 篇)、深圳技术大学(1 篇)、美国海军医院(1 篇)、美国加州大学(1 篇)、丹麦欧登塞大学(1 篇)、英国纽卡斯尔医学院(1 篇)。各国发表数量依次为中国

(5 篇)、美国(2 篇)、英国(1 篇)、丹麦(1 篇)。

二、 中医非药物治疗临床研究的疾病类型和分布

(一) ICD-11 疾病分类分析

根据 ICD-11(International Classification of Diseases 11th Revision, ICD11)疾病分类统计,2021 年 1 573 篇中医非药物临床研究涉及多达 24 类疾病系统及症状体征,发文数量前十位为肌肉骨骼系统和结缔组织疾病(470 篇),神经系统疾病(432 篇),消化系统疾病(124 篇),泌尿生殖系统疾病(103 篇),循环系统疾病(55 篇),呼吸系统疾病(52 篇),内分泌、营养和代谢疾病(42 篇),精神、行为或神经发育障碍(40 篇),睡眠-觉醒障碍(39 篇),肿瘤(23 篇)。具体疾病系统分布详见图 3-22。

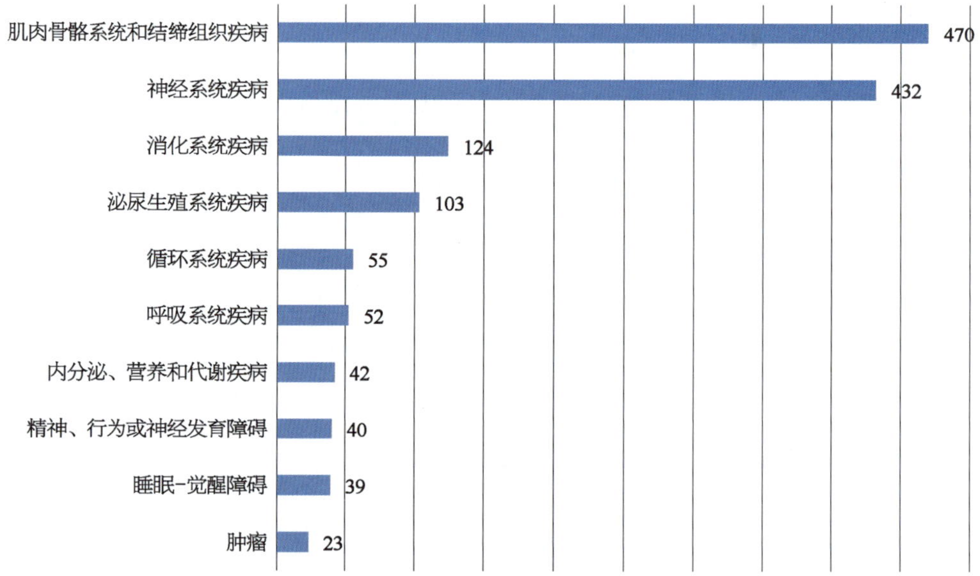

图 3-22 中医非药物临床研究文献 ICD-11 疾病分类情况

在英文文献方面,其涉及的疾病系统主要为神经系统(3 篇),肌肉骨骼系统(1 篇),睡眠-觉醒障碍(1 篇),泌尿生殖系统(1 篇),精神、行为或神经发育障碍(1 篇),传染病和寄生虫病(1 篇),循环系统(1 篇)。

(二) 重大疾病热点统计分析

对 2021 年度中医非药物临床研究涉及的疾病名称及主要临床症状名称进行年度热点统计,中文文献中非药物治疗主要关注的具体疾病为卒中及卒中后相关功能障碍(257 篇);另外发文数量≥20 篇的疾病主要为腰椎间盘突出(100 篇)、颈椎病(99 篇)、膝骨关节炎(80

篇)、面瘫(66 篇)、腰痛(41 篇)、失眠(40 篇)、肩周炎(34 篇)、糖尿病(28 篇)、脑瘫(27 篇)。具体疾病热点分布详见图 3-23。

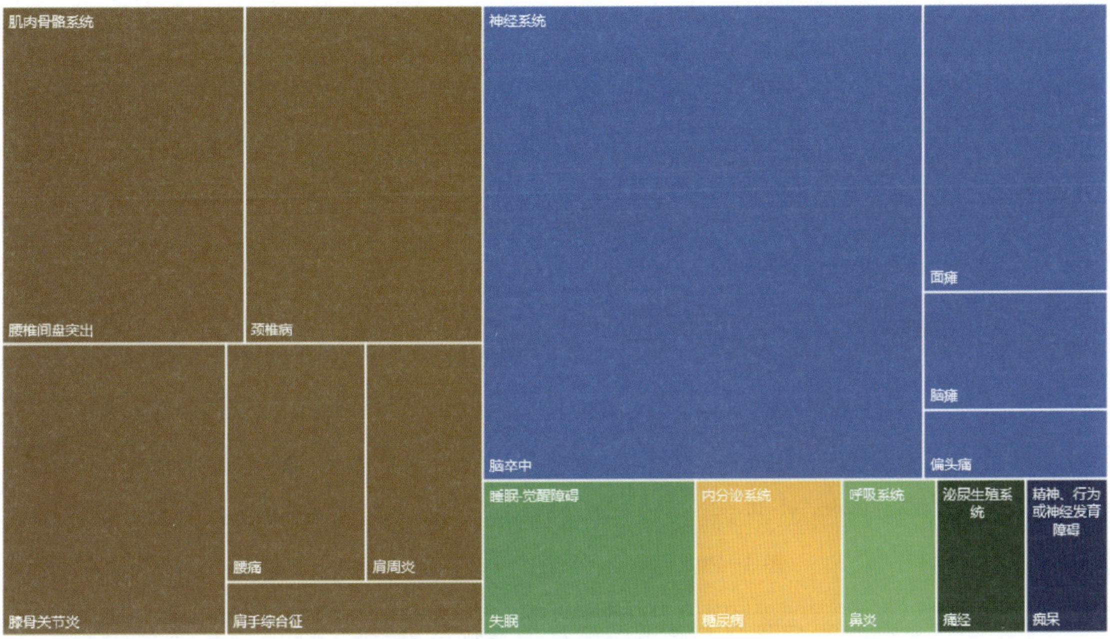

图 3-23　2021 年度中医非药物临床研究年度重大疾病-热词共现

英文文献涉及的主要疾病和功能障碍为睡眠障碍(2 篇)、轻度认知障碍(1 篇)、中风(1 篇)、带状疱疹(1 篇)、心绞痛(1 篇)、阿片类药物使用障碍(1 篇)。

(三) 样本量分析

2021 年发表的中文文献中,共纳入样本 135 317 例,最小样本量为 18 例,最大样本量为 820 例,平均样本量 86 例;样本量<100 例的研究达 991 项,占 63%;582 项研究的样本量≥100 例,占 37%;85 项研究的样本量≥200 例,占 5.4%;2 项研究的样本量≥500 例,占 0.13%。7 篇英文文献共纳入 958 例样本,最小样本量为 24 例,最大样本量为 333 例,平均样本量为 137 例。

(四) 干预措施分析

在 1 573 项非药物治疗随机对照研究中,发表文献最多的干预方式为常规针刺联合药物治疗(375 篇),另外单一针刺疗法(242 篇)的发文数量也显著高于其他干预措施,其余发文数量≥10 篇的干预措施分别为推拿联合药物疗法(80 篇)、针刺联合康复疗法(74 篇)、温针灸(42 篇)、艾灸结合药物疗法(33 篇)、穴位贴敷治疗(24 篇)、温针灸结合药物治疗(24 篇)、单一推拿(24 篇)、艾灸结合针刺(24 篇)、八段锦(18 篇)、单一艾灸(16 篇)、火针(14 篇)、中药熏洗(13 篇)、蒙医针刺疗法(10 篇)。英文文献中采用最多的干预方式为单一针灸治疗(4 篇),另外涉及针灸联合康复训练(2 篇)、八段锦(1 篇)。具体干预措施类别及分布详见图 3－24。

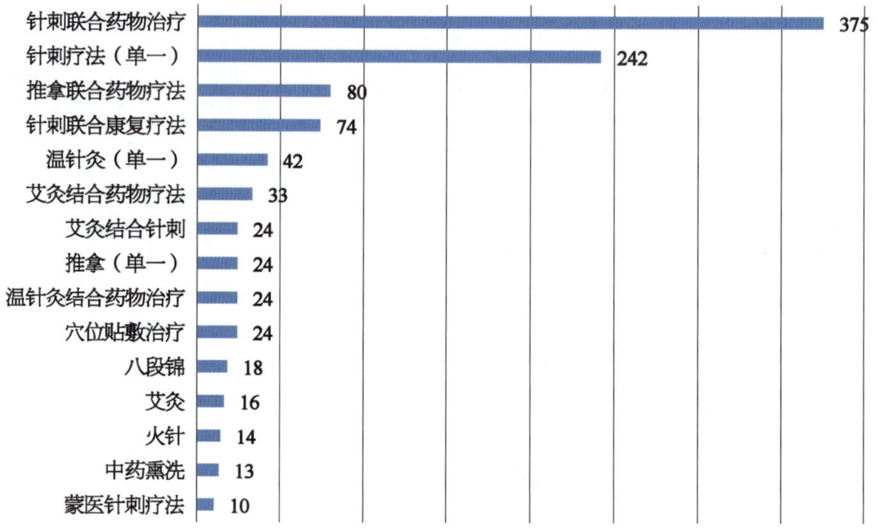

图 3－24　中医非药物临床研究常用干预措施

(五) 中医非药物治疗研究方法学质量及报告规范分析

在临床试验伦理报告方面,纳入的 1 573 篇中文文献中,7.31%的研究明确报告通过了伦理审查并公布了伦理编号,并且 38.08%的研究报告得到了不同级别的资金支持。纳入的 9 篇英文文献中,均得到了明确的资金支持,有 8 篇研究公布了伦理编号,通过了临床试验注册。

根据 Cochrane 偏倚风险评估量表从随机序列的产生、分配隐藏、对受试者和干预者施盲、对结果评价者施盲、结果数据完整性、选择性报告结果、其他偏倚来源等 7 个条目对纳入文献的方法学质量进行评价。35.6%的研究在随机序列的产生这一条目存在高风险(6.99%)或者风险不清楚(28.61%),其主要原因包括随机方法的选用错误以及缺少随机方法的具体描述,这项比例远低于 2020 年数据,提示大量研究人员能在临床试验中严格遵守并实施随机方法;2.03%的研究报告了正确的分配隐藏方法,10.49%的研究报告没有采取分配隐藏或者报告了错误的分配隐藏方法,而 87.48%的研究未报告分配隐藏方案;在盲法的实施方面,3.75%的研究对受试者和干预者进行了正确的施盲,3.88%的研究对结果评价者进行了正确的施盲,大部分研究存在的问题主要是未采用盲法或应用错误导致破盲,尽管受限于非药物干预方式的特殊性,导致对于研究人员和患者的施盲非常困难,但是该数据相较于 2020 年也有了稳定的增长;78.13%的研究能保证研究数据的完整性或者使用恰当的方法估计缺失值,69.10%的研究不存在选择性报告结果,能根据实验方法预先设定主要和次要结局指标正确报告，该比例与 2020 年相比有了大幅上升，提示更多科研工作者在注重临床方案制定的同时，能有效把控试验质量，对结果数据的产生过程和完整性进行充分描述；46.09%的研究不存在其他偏倚来源，52.83%的研究由于缺乏相关描述被定义为风险不清楚。方法学质量评估详见图 3-25。

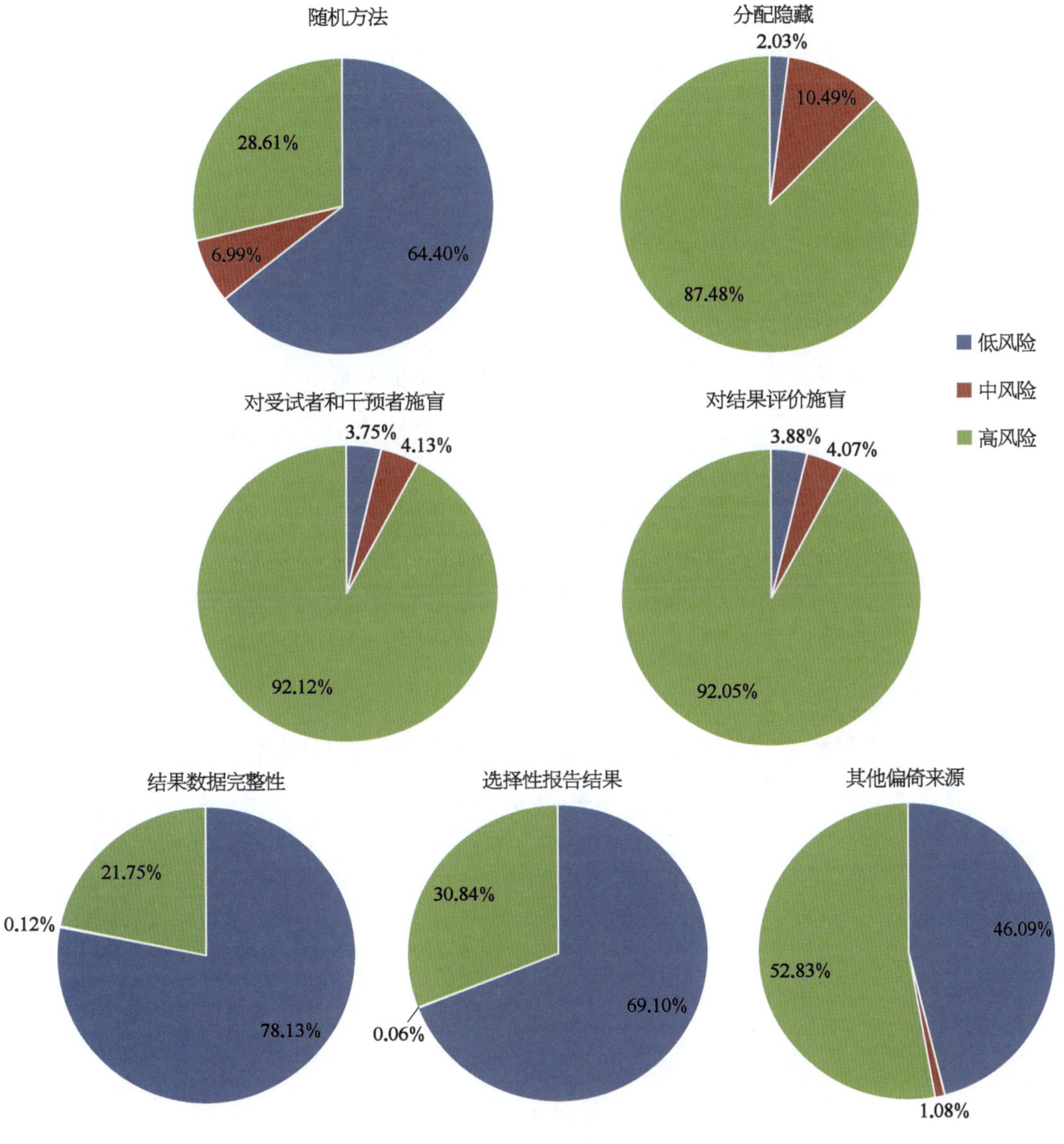

图 3-25　中医非药物临床研究方法学质量及报告规范评价

纳入的英文研究中，7 项研究（77.77%）采用了正确的随机序列产生的方法；4 项研究（44.44%）采取了合理的分配隐藏；另外只有 2 项（22.22%）研究采用了盲法，有 4 项研究（44.44%）明确报告没有采用盲法，2 项研究（22.22%）表示没有对结果评价者施盲；9 项研究

(100%)能保证结果数据的完整性,8 项研究(88.88%)不存在选择性报告结果的风险;4 项(44.44%)研究不足以判断是否有其他风险来源。

三、小结

文献研究显示,2021 年共发表中文 RCT 研究 1 573 篇,英文 RCT 研究 9 篇。受疫情影响,整体发文数量较 2020 年有所降低,其中中文核心期刊发表占 3.18%,CSCD 期刊发表占 3.43%,整体发文质量偏低。研究间的样本量跨度较大,在 18～820 例之间浮动,平均样本量为 86 例。发文机构几乎覆盖全国各省份,其中以广东、河南和辽宁发文量较高,均大于 100 篇。疾病分析报告提示,纳入文献共涉及 24 个大类,其主要以肌肉骨骼系统和结缔组织疾病(29.88%)及神经系统疾病(27.46%)为主,而具体疾病主要涉及卒中及卒中后相关功能障碍(16.34%)、腰椎间盘突出(6.36%)和颈椎病(6.29%),在疾病种类与具体疾病上与 2020 年基本保持一致,反映了中医非药物疗法在神经系统疑难杂症和骨骼肌肉损伤的独特治疗优势。从干预措施来看,常规针刺联合药物及单一针刺是最常见的非药物干预方案,其次,推拿联合药物治疗及针刺联合康复治疗也是目前的高频治疗选择。

总体而言,中医非药物治疗 RCT 研究的数量较 2020 年有所下降,但研究间的样本量以及整体研究质量基本保持稳定,并且在伦理审批、试验注册、报告质量和基金支持方面有显著提升。另外,在疾病方面以神经系统疑难杂症和骨骼肌肉损伤为重点病种,兼顾其他系统疾病,但总体研究质量一般,方法学质量较低,报告仍存在不规范等问题。基于以上现状,未来需要进一步规范试验方案设计,重视研究过程质量控制,以期提高研究真实性和实用性,增强中医非药物疗法的临床证据质量,更好服务于临床应用。

第五节
中药制药工程研究进展

在新一代信息技术与人工智能技术的赋能下，传统中药制药技术正在向高端化、智能化、绿色化发展。以现代科学技术新思路、新方法、新技术为研究基础，多学科交叉融合的中药现代化是中药高质量发展的必经之路，中药制药设备向"智造"转变已然成为发展趋势。中药制药技术和设备的主要发展方向是如何实现生产过程智能监测及生产过程智能决策控制。本节综述了2021年度中药制药技术和设备的年度进展，主要描述中药制药检测技术、过程建模技术、人工智能技术、连续制造技术等方面的内容。

一、中药制药过程质量检测技术

传统中药的鉴别方式包括看、摸、闻、尝、水试、火试等，这些方式能快速地对中药材真伪进行鉴别，但要求鉴定人员具备一定的专业知识及经验。还有一些药材及其伪品在气味、外观鉴别方面相似，简单鉴别很难将它们区分，如山银花和金银花。根据研究目的进行分类，总结中药性味和在线检测等方面的进展。

（一）中药性味检测

李欣欣等[中国现代中药，2021，23(03)：506－511]通过口尝和电子舌检测饮片味道，利用主成分分析(PCA)和Fisher模型分析市售黑顺片味道差异，利用偏最小二乘法(PLS)建立口尝评价和电子舌传感器数值的关系模型，建立电子舌CTS(咸)传感器与胆巴含量线性回归方程。结果表明电子舌能够快速准确辨别黑顺片是否符合《中国药典》2015年版"味淡"的要求，由CTS(咸)传感器响应值可推测出对味道影响较大的胆巴的含量，味道检测在黑顺片质量评价中具有实用价值，可以作为中药饮片质量评价的补充。

Wu等[*Evidence-based complementary and alternative medicine*，2021]为评价藿苓

生肌颗粒与安慰剂在颗粒剂和溶液状态上的相似性，基于颗粒剂的关键质量属性(CQAs)，开发了智能感官评价技术和人类感官评价方法相结合的创新方法。该研究采用物性测试仪、计算机视觉系统、色卡、电子舌(E-tongue)等新型智能感官评价技术对HLG及其安慰剂的CQAs进行表征。同时，通过测试小组的人类感官评估来描述HLG及其安慰剂的外观、颜色、味道和气味。

(二) 中药理化性质综合评价技术

曾敬其等[中国中药杂志，2021，46(07)：1598－1605]以同仁牛黄清心丸的合坨丸块和成品的生产真实世界样品为载体，开发了中药大蜜丸质构感官属性的质量控制方法。该研究采用多元统计过程控制模型，通过Hotelling T2和平方预测误差控制图，建立了质构感官属性的同仁牛黄清心丸质量控制方法，为中药大蜜丸制造质量控制体系的完善提供参考。该课题组还揭示了同仁牛黄清心丸治疗中风疾病的潜在作用机制，建立了化学与功效属性结合的中药大品种潜在关键质量属性模块化辨识的方法，并实现了同仁牛黄清心丸潜在关键质量属性的辨识，为其关键质量属性研究提供了依据。

张芳语等[中国中药杂志，2021，46(07)：1585－1591]将中药固体制剂的空间分布均匀度作为药品质量的重要评价指标进行了研究。该研究分析了牛黄清心丸混合中间体中人工牛黄、人工麝香、冰片、羚羊角、水牛角浓缩粉的分布，采用了光谱角匹配法(SAM)、经典最小二乘法(CLS)和混合调谐匹配滤波法(MTMF)，建立了混合中间体的贵细药辨识模型。林玲等[中国中药杂志，2021，46(07)：1616－1621]同样采用高光谱技术建立了银杏叶片中活性药物成分的空间分布均匀度评价方法。

缺陷检测也是中药剂型(如滴丸)质量控制的关键问题。机器视觉是一种无损检测技术，可通过摄像头检测样品内部和外部的特征。Hou等[Spectrochimica Acta Part A，2021，258(1－2)：119787]开发了一种机器视觉系统，用于检测血塞通滴丸的质量，包括非球形、异常尺寸和颜色，以快速准确地评估血塞通滴丸的外观质量。实验结果表明，随机森林对非球形、异常尺寸和颜色的分类准确率分别达到98.52%、100.00%和100.00%。

(三) 智能/在线检测技术

在中药材的提取与生产过程中，通过对原料、中间产品和工艺过程的关键质量品质进行实时检测和实时反馈，来设计、分析和控制生产加工过程，能够更好地指导生产，减少浪费，保证产品质量的稳定性，也能为后续的产品质量回溯提供实时生产数据。

曾敬其等[中国中药杂志，2021，46(07)：1644－1650]以中药大品种生产物料黄柏的中试提取过程为载体，建立了一种提取过程中沸腾时间状态属性的在线NIR质量控制方法。

渗漉作为草药生产过程中的一个常见步骤，通常缺乏有效的过程监控方法，并且通常以固定的过程参数进行。因此，Zhang 等[*Journal of Pharmacy and Pharmacology*，2021，73(11)：1451－1459]建立了一个结合 CNN 算法的在线紫外光谱系统来监测青风藤的渗滤过程，该系统可以准确地确定渗滤过程的终点。

二、 中药制药过程建模与分析技术

（一）统计建模技术

中药制药工艺统计建模基于“质量源于设计”的制药理念，遵循关键质量属性辨识、关键工艺参数辨识、工艺过程特征研究、工艺设计空间建立、工艺控制策略开发的研究流程。

夏春燕等[中国中药杂志，2020，45(02)：250－258]在对天舒片素片崩解时间的研究中，基于药品质量源于设计的理念建立了实时放行检验模型，用以提高生产质量的可控性。王超越等[中国中药杂志，2021，46(08)：2061－2066]针对《中国药典》当中对黄芩水提液的精制过程许多工艺参数不明确，造成物料、试剂和时间等成本的浪费的问题，采用确定性筛选试验，以黄芩苷得率为评价指标，用逐步回归法建立评价指标与方法参数的定量模型。以模拟实验测定误差法计算获得基于达标概率的评价指标与 3 个关键方法参数之间的设计空间并成功验证，最终确定关键参数及操作空间范围。

陈琪等[中草药，2021，52(11)：3216－3223]以 54 个物理性质参数为输入，胶囊内容物吸湿性为输出，对比偏最小二乘算法、决策树算法、多元自适应回归样条算法和广义路径追踪算法对建立吸湿性预测模型性能的影响，得到的多元自适应回归样条算法建立的吸湿性预测模型更适合桂枝茯苓胶囊的生产应用。该案例中的建模方法是大数据建模和统计学建模相互作用、彼此影响的典型研究案例。

（二）机理建模技术

机理模型即符合第一性原则的模型，能够根据过程机理机制，如物理或化学的规律、能量平衡、流体力学原理等，对所研究的工艺进行透彻的解释，又称“白箱”模型。机理模型的优点是能够精确反映系统内部运行机制、输入输出关系，持续准确地跟踪系统状态变化。

陈泽麒等[中国中药杂志，2021，46(03)：605－613]通过 Fick 第一扩散定律、分配平衡来表示药材宏观层面内、外传质过程，从而建立传质模型，并将药材比表面积融合在传质阻力中，避免了药材形状不规则的问题，扩大了传质模型的适用范围，同时将传质模型与前期研究的酚酸类成分降解模型结合，最终建立基于传质和降解规律的丹参提取动力学模型，并将模型用于研究丹参提取过程中丹酚酸 B、紫草酸、丹参素的浓度变化，为中药提取的工艺优化和质量控制提供了基础。陈泽麒等基于数据驱动和机制模型考察丹参提取过程中丹酚酸的转移、转化规律，揭示了丹参提取过程原料属性、工艺参数、产品质量属性间的关系，为丹参提取过程质量控制提供了理论知识。

（三）混合建模技术

尽管已有相对较多的研究在运用机理模型完成工艺过程控制，但是就制药生产这样具有高度复杂性和非线性的工业过程来说，建立精确的机理模型并不容易，需要考虑使用半机理半统计模型，简称为混合模型。

薛启隆等[*Journal of Food Engineering*，2022，328：111075]的研究中以中药真空带式干燥工艺为研究对象，建立了一个包含沸腾和蒸发模型的数值模拟模型来预测该过程的产品水分，为了提高数值模拟的精度，引入了连接沸腾和蒸发过程的过渡模型，并在数值模拟的基础上，开发了一种决策方法，用于预测干燥产品的最佳操作条件，以获得所需的最终含水率。上述研究就是混合建模的案例，该模型可以应用于实际生产，有效克服了单纯机理建模工业应用困难的痛点，大数据建模方法的融入还可以让系统实现滚动优化与参数预测。

三、人工智能技术的应用

（一）制药工业数据挖掘能力逐步提升

随着制药企业的数字化水平不断提高，中药生产制造过程累积了海量的生产数据及管理数据，但缺乏相应的智能分析手段，难以挖掘并获取有价值的制药知识。为有效利用文献知识与生产经验和专家知识，李正团队[中国中药杂志，2022，47(12)：1－11]提出了中药制药工艺知识库构建方法，知识库将深度学习、案例分析、仿真建模等技术结合，融合制药过程机理及数据信息，实现了知识自动化与决策自动化。虽然有关制药知识挖掘的方法学研究已经取得了一定的进展，但尚缺少成熟的智能化系统管理生产过程积累的各类数据。

（二）基于深度学习的智能检测技术逐步发展

深度学习技术作为实现智能制造的重要手段已经融入了各行各业。在中药制药领域，基于深度学习的智能检测技术正不断应用于原料药筛选及下游制药环节，传统生产过程的检测难点正不断被解决。在原料筛选阶段，基于机器视觉的中药饮片筛选技术实现了不同种类中药饮片的自动识别与等级划分。在下游制药环节，瞿海斌团队[*Expert systems with applications*，2022，187：115897]运用图像处理技术，研究液滴形态，评价液滴过程中的液滴行为，考察了液滴形态与滴速、丸重等相关行为的关系，该方法在银杏叶滴丸生产过程的质量评价中得到了较好的应用。与此同时，仲怿等[*Spectrochimica Acta Part A*，2021，264：120250]将人工智能与高光谱结合开发了一种在线中药注射液无损检测方法，用于评价注射液的物理、生物和化学指标。未来，智能检测技术将不断应用于各生产环节，生产质量在线监测水平将得到进一步提高。

（三）基于数据驱动的过程控制技术逐渐兴起

制药过程数据主要来源于生产设备的仪表数据和传感器数据等，在这些数据背后蕴含着大量的过程知识。瞿海斌等[*Journal of intelligent manufacturing*，2021]基于过程数据，对中药制药蒸发过程中的性能下降问题进行了分析，所提出的方法指出了蒸发性能下降的根本原因并给出了决策建议。当前中药生产过程的特征阶段及特征状态主要依靠人类的知识进行判断，其次，目前中药制药工艺决策优化主要集中于单元操作，对于多工艺的集成优化方法研究较少。将新一代人工智能技术如深度强化学习和群体智能等方法运用到中药制药过程中将有利于提高生产过程的智能化水平。

四、连续制造技术

2021年，NMPA实施中国药品监管科学行动计划第二批重点项目，在"中药有效性安全性评价及全过程质量控制研究"和"恶性肿瘤等常见病、多发病诊疗产品评价新工具、新标准和新方法研究"项目中分别设置了连续制造子课题，深入研究连续制造技术和国际监管趋势。北京中医药大学、浙江大学和天津中医药大学参加了中药连续制造监管科学课题研究。

（一）连续制造的定义和优势

药品连续制造涉及生产过程中输入物料的持续投料，物料的持续转化，以及输出物料的同步去除。根据ICH Q13，连续制造聚焦两个或多个单元操作直接相连的连续制造系统的整合。美国FDA《连续制造指南》将连续制造定义为由一系列两个或两个以上的单元操作（系统）组成的集成过程。在连续制造的情况下，批量的大小可以由固定的量或固定时间区间内的产量来确定。

（二）中药连续制造应用概况

ICH Q13指南范围包括化学药和生物制品，未包括植物药或中药等。目前尚未有完全符合ICH Q13技术要求的中药应用案例，但中药生产已呈现出向连续制造发展的趋势，实际应用侧重一是连续制造要素的实施，如工艺监测和工艺模型等，二是连续单元的应用与集成控制。连续单元集成和连续制造要素实施均有助于提高中药工艺连续性。根据中药制造基础设施和工艺控制现状，以对中药制造工艺的连续性提升为原则，目前中药连续生产具体实施模式可包括以下几种。

1. 传统间歇制造模式的操作连续性提升

包括采用自动导引搬运机器人(AGV)、密闭输送、自动化技术等提高物料周转效率,减少物料暴露;采用工艺实时测量提高物料质量放行效率等。如桂枝茯苓胶囊智能车间应用高级计划与排程系统(APS)、生产数据采集与监控系统(SCADA)、全自动原辅料称配系统、沸腾干燥水分近红外监测和铝塑包装视觉检测系统等,提高了生产效率,同时也降低了生产成本。

2. 采用集成装备提高单元间物理连续性

实施单元性连续装备的应用,如带式干燥、喷雾干燥、干法制粒、压片、胶囊填充、连续包衣等,实施 2 个或 2 个以上单元的物理连接(其中至少一个单元为 ICH Q13 意义上的连续制造单元),以实现空间节约和集成控制。

3. 采用先进工艺控制策略提高工艺连续性

考虑了物料波动或工艺扰动对连续制造的单元影响,并建立了相应的工艺控制策略,提高了工艺的稳健性和产出品质量批次间一致性。如在复方丹参滴丸料液混合过程控制中,建立了基于原辅料属性的滴丸混合工艺前馈控制方法,保证了混合料液质量始终与目标值偏差最小,降低了过程质量变异和波动。

行业内对连续制造的关注,多聚焦"批"定义的理解。根据药品生产质量管理规范[GMP,2010 版],"批"定义为"经一个或若干加工过程生产的、具有预期均一质量和特性的原辅料、包装材料或成品。在连续生产情况下,批必须与生产中具有预期均一特性的确定数量的产品相对应,批量可以是固定数量或固定时间段内生产的产品量"。需要指出的是,业内对该定义中的"连续生产"多理解为生产设备的重复和连续性使用,与 ICH Q13 对连续制造的定义存在一定偏差。

(三) 中药连续制造关键装备

连续制造装备是连续制造工艺的载体。美国 FDA 批准的口服固体制剂连续制造产品,在固体物料连续加工方面均实现了装备的创新突破,如连续喂料、连续混合、双螺杆湿法制粒、旋转流化床等装备的集成应用。中药制剂生产一般由药材前处理、提取和制剂三部分组成,目前尚无中药生产全链条连续化制造的应用。在中药饮片加工中,已实现了根据不同药用部位进行饮片加工的联动生产线。一些提取和制剂的常见单元装备本身即是连续性装备,如柱层析、渗漉、连续动态逆流萃取、连续式膜浓缩[机电信息,2021(28):42-44]、真空带式干燥、隧道式干燥灭菌、高速滴丸、喷雾干燥、干法制粒、塑制法制丸、高速压片、胶囊填充等。浙江大学通过应用微混合技术开发了连续醇沉工艺[中国专利，ZL201510555023.3.]，可实现连续加醇，并有可能减少有效成分包裹损失。北京同仁堂研制了适合中药原粉特点的过热蒸汽瞬间灭菌技术[创新世界周刊，2021，(01)：86－93]，具有可连续操作、时间短、效率高、对热敏性成分影响小等优点。

（四）中药连续制造关键技术

连续制造实施的关键技术要素包括工艺设计空间、实时放行检验、过程分析技术、工艺模型、控制策略等（即 ICH Q8/Q9/Q10 中的有关要求），以及物料表征、工艺动力学、设备设计和系统整合、物料追溯等（即 ICH Q13 中的有关要求）。

1. 物料性质表征

物料属性会影响连续制造运行和性能的各个方面，理解物料属性及其变化对工艺性能和产品质量的影响对于工艺控制策略的制定非常重要。如料液黏度影响喷雾干燥收率，粉体流动性、内聚性、黏附性等因素影响混合粉体均一性控制。北京中医药大学建立了由粉体密度、粒径、形貌、流动性、可压型、均一性、稳定性、质构参数、近红外光谱等参数组成的粉体物性表征系统和物理指纹图谱[分析测试学报，2021，40(1)：139－148]，通过 500 余种中药原辅料物性表征，结合数据库技术建立了 iTCM® 中药原辅料物性数据库[中草药，2021，52(17)：5166－5174]，其中 40％数据已实现 Web 版数据库共享，为中药口服固体制剂可制造性设计提供了基础数据支撑。

2. 过程分析技术

应用过程分析技术（PAT）可实时监控生产过程、重要中间体或产品的关键质量属性，是达成实时放行检验及实现先进控制策略的重要工具。国内中药制药企业和研究机构已较为系统深入地研究了中药 PAT 的关键技术和应用，在传感器、信号处理、数据建模和方法验证等方面取得了积极进展，如基于微波透射技术的整包中药材含水率测量[中国中药杂志，2022：1－13]、基于近红外（NIR）光谱技术的中药柱层析过程在线监测和终点控制等。

3. 装备系统集成

在中药提取方面，江西中医药大学研发了一种中药连续制造方法及其系统装备[中国专利，ZL202110999008.3.2021.11.02]，利用各个独立的中药提取罐系统来对中药进行提取，通过检测设备来对中药提取过程及终点进行监控，可实现连续不停机工作。在制剂成型方面，江苏仅一联合智造有限公司开发了一种药物连续式混合成粒设备，设有连续密闭连接的混合装置、落料装置和成粒装置，配置大于 180 度打开角度的混料槽，以及成粒机构并联作业及同步传动，实现了连续流水作业并确保无尘进出料。

（五）中药连续制造展望

实施中药连续制造不仅有助于提高生产效率、降低成本和能耗，而且为产品质量一致性提升提供保障。未来中药连续制造研究方向包括：① 研究符合中药物料特点的连续制造装备，包括制药过程装备和传感器等，鼓励开展装备软硬件系统集成。② 深入理解中药物料批间波动规律及其对工艺性能的影响，综合采用化学评价和物理评价方法，从微观和宏观角度评价和设计中药物料可制造性。③ 发展适宜的中药制造工艺控制策略，如工艺监测、质量实时放行、基于工艺模型的前馈和反馈控制、在线优化等。④ 采用连续制造技术提升中药传统工艺（如中药炮制等）和传统特色剂型（如丸剂等）制造水平。⑤ 开展中药连续制造监管科学研究，推动中药制药工艺技术升级和中药产业高质量发展。

第六节
中医药高水平研究成果

一、十大学术进展

2022年1月13日，中华中医药学会“2021年度中医药十大学术进展”发布。此次组织的遴选工作以面向世界科技前沿、面向经济主战场、面向国家重大需求、面向人民生命健康，在中医药基础研究和应用基础研究领域取得的具有原创性、突破性和引领性的新规律、新发现、新方法、新产品、新理论为入选标准，经动态收集、初审，院士等权威专家复审、终审等工作程序，确定2021年度中医药十大学术进展。

（一）电针驱动迷走-肾上腺轴抗炎的神经解剖学机制被发现

哈佛大学、复旦大学、中国中医科学院针灸研究所和福建中医药大学联合研究发现，在脓毒血症的小鼠模型上电针刺激其后肢“足三里”穴位（ST36），可激活PROKR2－Cre标记的背根神经节感觉神经元，这组神经元可以调节迷走神经-肾上腺反射，抑制炎症反应，从而为电针灸刺激“足三里”穴位发挥全身抗炎效果找到了现代神经解剖学的基础。这些发现不仅实现了针灸研究的历史性突破，而且充实了针灸等体表刺激疗法的现代科学内涵，为临床优化针刺刺激参数，诱发不同自主神经反射，从而治疗特定的疾病（如炎症风暴等）提供了重要的科学依据。相关学术论文于2021年10月在*Nature*发表。

（二）清肺排毒颗粒、化湿败毒颗粒、宣肺败毒颗粒等中药新药创制取得新进展

在抗击新冠肺炎疫情过程中，涌现出以清肺排毒方、化湿败毒方、宣肺败毒方为代表的“三方”，临床疗效确切，有效降低了发病率、转重率、病亡率，促进了核酸转阴，提高了治愈率，加快了恢复期康复。2021年3月2日，基于“三方”研发而成的中药新药清肺排毒颗粒、化湿败毒颗粒、宣肺败毒颗粒，获得国家药品监督管理局上市批准。“三方”均是在古代经典

名方基础上创新而成，其上市也开辟了中药新药创制的新机制，是中医药原创优势成果转化的典型。2021 年国家药品监督管理局批准了共 12 个中药新药上市，超过此前 5 年审批总和，中药新药创制迎来可喜势头。

（三）“情志致病”理论的生物医学基础研究取得新进展

情志致病是中医病因病机学的重要组成部分，指因七情内伤导致的脏腑、阴阳、气血失调而引发疾病的过程。在多项国家自然科学基金的持续资助下，暨南大学中医学院/药学院何蓉蓉团队联合陈家旭团队从“情志应激”增加疾病“易感性”的创新视角对情志致病理论的生物医学基础进行了研究，建立了多种符合中医药作用特点的疾病易感研究模型，揭示情志应激的主要效应分子是应激激素和氧化分子，引起效应靶标不饱和磷脂的过氧化，从而增加应激细胞脂质过氧化性死亡方式的敏感性，解析了情志应激增加帕金森病、乳腺癌等疾病易感性的生物医学基础。相关学术论文于 2021 年在 *Nat Chem Biol*、*Cell Death Differ* 和 *Acta Pharma Sin B* 发表。

（四）针刺治疗慢性前列腺炎/慢性盆底疼痛综合征获得高质量临床研究证据

中国中医科学院广安门医院刘志顺研究团队通过 440 例随机对照试验，证实了针刺能显著改善中重度慢性前列腺炎/慢性盆底疼痛综合征患者的症状，临床效果可在治疗结束后持续至少半年。此项研究用高质量的临床研究证据证实了针刺治疗慢性前列腺炎/慢性盆底疼痛综合征近远期疗效确切，安全性好，填补了国际针刺治疗慢性前列腺炎/慢性盆底疼痛综合征远期疗效缺乏的空白。相关学术论文于 2021 年 8 月在 *Annals of Internal Medicine* 发表。

（五）基于多国药典的本草基因组数据库上线

中国中医科学院中药研究所陈士林研究团队依据多国药典收录草药物种，完成本草基因组数据库建设并上线。该数据库依据中华人民共和国药典、美国草药典、日本药局方、韩国药典、印度药典、埃及药典、欧洲药典及巴西药典等收录 903 个草药物种的 34 346 条数据，包括 867 个物种的 21 872 条 DNA 条形码数据，674 个物种的 2 203 个细胞器基因组及 49 个物种的 55 个全基因组数据等。该数据库是全球首个针对药典收载草药物种的大型基因组学数据库，将为草药物种鉴定、用药安全、药效成分生物合成途径解析、优良品种分子育种等方面提供信息支撑。相关论文于 2021 年 6 月在 *Science China-Life Sciences* 发表。

（六）生物传感 AI 算法融合的中医过敏/平和体质差异靶点科学解码

王琦院士提出的体质辨识是实现慢病防治关口前移和“疾病共同预防”的重要抓手。北京中医药大学吴志生研究团队以临床真实世界样本为研究载体，创建了半导体材料芯片、人工智能新算法、分子对接及斑马鱼生物模式的关键技术集成，首次实现了基于中医（过敏）体质的生物传感与人工智能算法技术融合；进一步提供了过敏体质和平和体质的差异化证据，以及过敏康干预前后过敏体质的差异化证据，首次实现了基于中医(过敏)体质的中药复方关键质量属性智慧辨识，为体质可分、体质可调提供新的科学证据。代表性成果于2021年9月在*Biosensors and Bioelectronics*上发表，获得授权发明专利3项。

(七) 中药配方颗粒国家标准体系初步建立

中药配方颗粒标准体系建设由国家药品监督管理局指导国家药典委员会完成了顶层设计制定了技术要求和实施方案，并经十多家中药配方颗粒生产企业应用实践，初步形成了一套“国家引领、企业为主”的中药配方颗粒国家标准体系。2021年2月，国家药品监督管理局正式发布了由国家药典委员会起草的《中药配方颗粒质量控制与标准研究技术要求》，首次建立了以标准汤剂为参照的中药配方颗粒质量控制体系及其工艺优化策略，充分体现了中药配方颗粒的水煎煮传统工艺特性，运用指纹图谱技术进行整体质量控制，为建立守正创新符合中药特点的全过程质量控制提供了科学依据。2021年4月和10月颁布了196个临床常用中药配方颗粒国家标准。该标准体系建设解决了中药配方颗粒20多年没有国家标准的问题，确保了临床用药安全有效。

(八) 中医药国际标准化建设取得新进展

中医药标准化工作是中医药学术发展的重要组成部分，健康有序推动中医药领域的关键问题的标准化工作意义重大。2021年中医药标准化领域取得了一些重要进展：ISO正式发布了《中医药-诊断词汇-第一部分：舌象》和《中医药-诊断词汇-第二部分：脉象》两项中医诊断名词术语的国际标准；世界中医药学会联合会发布了《网络药理学评价方法指南》(SCM0061-2021)，中医药网络药理学研究工作有了参考规范。

(九) 基于微血管屏障的气虚不固摄和补气固摄的科学内涵被初步揭示

微血管屏障损伤是微血管渗漏引发水肿的基础。调控渗透压不能改善损伤的微血管屏障。补气固摄方药治疗水肿疗效明显，但其机制不清。北京大学医学部韩晶岩研究团队发现血管内皮细胞利用后天之气(氧气和水谷精微)产生ATP的能力降低，导致的血管屏障损伤(含内皮缝隙开放、质膜微囊增多、基底膜损伤)是微血管渗漏的病机；补气活血方药(芪参益气、益气复脉)可改善血管内皮细胞线粒体的ATP合酶，增加ATP含量，改善血管屏障，抑制微血管渗漏和水肿。阐明了气虚不固摄和补气固摄理论的科学内涵，创新了水肿治疗的新策略。相关论文于2021年在*Frontiers in Physiology*和*Microcirculation*发表。

(十) 电针改善术后肠麻痹的神经-免疫抗炎机制被初步揭示

北京中医药大学刘存志研究团队首次较系统地揭示了电针刺激足三里穴改善术后肠麻

痹的神经-免疫反应通路，证实电针抗炎作用具有穴位特异性和频率特异性，阐释了针灸理论“合治内府”的现代科学内涵。该研究还为针灸疗法融入围手术期的临床常规治疗提供了科学依据，促进传统针灸疗法与现代医学的优势互补、共同发展，初步形成具有中国特色的围手术期管理方案。相关学术论文于 2021 年 2 月在 *Theranostics* 发表。

二、 年度成果奖励

（一）中药相关研究成果

1. 中药材商品规格等级标准体系的构建研究及其应用

中国中医科学院黄璐琦院士团队针对当前中药材质量良莠不齐、较多常用中药材缺乏商品规格等级标准、原有中药材商品规格等级标准不适用当前的药材生产流通实际情况、品质分级缺乏系统研究、商品规格等级标准体系缺乏的问题，选择常用大宗药材开展研究并进行了标准体系研制与构建。取得了以下主要成果：① 构建了中药材商品规格等级传统经验鉴别数据及实物库。完成了 229 种常用药材传统品质评价经验的挖掘整理，同时对当前全国 300 多个药材道地与主产区及 17 个药材交易市场药材进行了 7 000 余批次的调查取样，完成 6 万套性状数据的测定，构建了中药材传统品质经验鉴别数据及实物库。② 创新基于传统性状的内在多元品质因子多维度关联性分析的药材等级评价体系，为利用现代科学阐释传统经验并研究不同规格等级药材标准提供了示范研究。③ 创新基于同位素质谱、卟啉-近红外光谱及质谱代谢组学方法的药材产地规格的精准识别技术体系。④ 系统构建中药材商品规格等级标准体系。建立了全球首个中药材商品规格等级标准 ISO 国际标准，首次制定国内商品规格等级标准编制通则行业标准，完成 229 种大宗常用药材的规格等级标准制修订，填补了 150 多种常用中药材无规格等级标准的空白。建立了国际、行业、团体全覆盖的新时期药材商品规格划分标准体系，为引导中药材高品质发展，实行优质优价提供了依据。本项目为引导中药材优质优价，促进中药材高质量发展提供有力支撑，研究成果获得 2021 年度中华中医药学会科学技术奖一等奖。

2. 皖药资源保护与持续利用体系构建及产业化应用

安徽中医药大学彭代银团队自 2003 年以来，历时 15 余年探索，围绕皖药种质保护与创新、种子种苗繁育、生态种植三个方面开展协同攻关，构建皖药保护与利用技术创新体系。该研究深入开展了皖药资源普查，发现了系列药用植物新种，创新了系列中药种质；突破了皖药优质种苗繁育技术瓶颈，构建了皖药资源保护技术体系，实施了产业化应用；创新构建了皖药生态种植模式，提升了皖药品质。该研究摸清了安徽省中药资源家底，研究成果并在皖药生产中有效推广应用，为社会提供了高品质中药材，服务人民健康事业；助力了安徽省中药材产业扶贫与美好乡村建设，实现了生态与经济发展的良性循环；培养了一批中药材生产的科技骨干和高层次创新人才，助推皖地中药材产业高质量发展。该研究获得2021年度中华中医药学会科学技术奖一等奖。

3. 基于虫类创新中药研发与上市后再评价的关键技术体系创建与应用

牡丹江友搏药业有限责任公司、天津中医药大学、中国医学科学院药用植物研究所、中国医学科学院药物研究所与九芝堂股份有限公司长期致力于虫类创新中药研发与上市后再评价研究。该研究创建了现代生物活性物质制备与纯化技术体系，突破虫类中药制剂中异体蛋白、高分子量物质易引起过敏的难题；创建了虫类中药复方物质基础、活性成分的技术体系；突破糖肽类物质仍为行业内暗物质的难题，建成糖肽类药物研究平台；创建了从原药材至成品的质控方法和质量保障体系，创建了虫类创新中药在中风急性期品种临床安全性、有效性的技术评价体系、治疗脑血管疾病中药大品种的作用机制研究体系开展上市后临床和有效性的评价；通过大样本临床验证和循证医学方案，形成以西医临床硬指标评价中药品种临床价值方案，解决中药现代化应用安全、有效的瓶颈问题。该研究成果获得2021年度中华中医药学会科学技术奖一等奖。

4. 基于整合策略的活血化瘀代表方剂复杂作用解析研究

中国中医科学院杨洪军团队长期致力于解析中药方剂复杂体系作用模式，通过采用整合药理学策略，对元胡止痛方、脑心通胶囊、龙血竭肠溶片、冠心静胶囊等活血化瘀中药方剂进行了系统研究，建立了“化学指纹-代谢指纹-分子网络-活性评价-数据挖掘”研究模式，研究了中药方剂化学物质实体与机体生命活动的交互规律。为活血化瘀中药方剂的质量控制、药效物质基础及药理作用机制提供了依据。该研究成果获得了2021年度中华中医药学会科学技术奖一等奖。

（二）中医/中西医结合研究成果

■ 中西医结合研究成果

1. 基于病证结合的气血相关理论创新研究与应用

中国中医科学院西苑医院刘建勋团队基于病证结合研究理念，开展气血理论的创新研究，提出气-脉-血相关学说，创新发展了气血理论；明确了气血失和的形成过程与机制，确证能量代谢、血管内皮、血小板异常是气血失和形成的关键机制；揭示了治疗气血失和病证有效方剂的气-脉-血同治关键机制，阐释了气-脉-血论治异病同治、同病异治的科学内涵，为心脑血管病的防治提供了科学依据；搭建了气-脉-血相关理论研究的技术平台，成功制备了气血失和的证候及病证结合模型16种，整合临床、生物信息等多维数据，构建了气-脉-血相关的多维数据分析平台，开展了系列中药新药的研发及评价。该研究荣获2021年度中国中西医结合学会科学技术奖一等奖。

2. 丹参酮ⅡA磺酸钠稳定动脉粥样硬化斑块干预冠心病的抗炎机制研究

中国中医科学院西苑医院徐浩团队通过文献系统评价分析，丹参酮ⅡA的心血管药理作用涉及抑制脂质过氧化、扩张血管、抗血小板聚集、抗凝及抗血栓、抗心律失常、抗平滑肌细胞增殖及内膜增生、抗心室重构、抗炎、降脂、抗动脉粥样硬化（AS）、抗缺血缺氧及再灌注损伤等，显示出生物多效性特点，明确提出丹参酮ⅡA是一种"天然心血管保护剂"。本项目为首个进行注册并发表完整研究方案的丹参酮ⅡA磺酸钠干预冠心病患者的随机对照研究，首次发现丹参酮ⅡA在冠心病炎症反应增强患者中的抗炎效应；通过在体与体外研究相结合，利用特异性阻滞剂，首次证实丹参酮ⅡA部分经TLR4/MyD88/NF-κB通路发挥抗炎免疫调节、稳定动脉粥样硬化斑块的作用。该研究荣获2021年度中国中西医结合学会科学技术奖二等奖。

3. 肺癌"痰毒"理论体系构建及关键技术应用

广州中医药大学第一附属医院林丽珠团队历经30余年，开展了"理论构建→方案制定→循证评价→机制研究"系统研究，基于朱丹溪"顽痰生百病"学术思想，率先构建了"痰毒"病机为基础的辨治理论体系；基于"痰毒"理论体系构建了"除痰解毒"系列方案，"除痰解毒"方案显著降低肺癌复发转移风险；"益气除痰"方案明显延长中晚期肺癌生存期；"祛湿化痰"方案防治放疗、化疗、靶向治疗所致毒副反应疗效突出，解决了毒副反应缺乏有效防治方法的难题；同时率先提出"癌细胞与炎性微环境相互作用"是痰毒的生物学本质，并通过多项研究证实除痰解毒类方药可多途径调控炎症微环境与癌细胞行为，系统阐释了痰毒理论的科学内涵。该研究荣获2021年度中国中西医结合学会科学技术奖二等奖。

4. 常见肠道复发性疾病的"伏毒"理论构建及推广应用

广州中医药大学第二附属医院张北平团队通过梳理古今文献及临床实践，创新性构建了常见肠道复发性疾病的"伏毒致病"理论体系，为阐释肠道复发性疾病的复发病机提供了创新性理论，围绕"伏毒致病"理论，首次提出以清解伏毒法治疗常见肠道复发性疾病，并通过基础研究，初步揭示了"伏毒致病"的本质，部分揭示了清解伏毒法防治常见肠道复发性疾病的科学内涵，建立并论证了常见肠道复发性疾病的中医药研究方案，规范了常见肠道复发性疾病的临床研究设计，为临床和机制探索提供了新的研究工具。本项目对中医理论进行了有益的补充和发扬，并提供了新的治疗方法和思路，为中医药现代化和国际化打下了坚实的基础。该研究荣获 2021 年度中国中西医结合学会科学技术奖二等奖。

5. 基于"补肾活血法"的柚皮苷抗骨质疏松与促进骨折愈合的作用机制

天津市天津医院马信龙团队基于骨碎补"活血疗伤止痛，补肾强骨"的中药功效和"补肾活血法"的总治疗原则，首次建立了基于柚皮苷的新型靶向投递材料柚皮苷/丝蛋白/羟基磷灰石支架；并发现骨碎补中药单体柚皮苷具有抑制破骨细胞分化，极化，骨吸收的能力，且促进破骨细胞凋亡，揭示了柚皮苷治疗骨质疏松效果机制；通过体外细胞实验揭示了柚皮苷具有促进成骨细胞增殖与分化的功能；首次证明柚皮苷可通过 CXCL12/CXCR4 轴增强 EPC 增殖和血管的形成能力；首次揭示柚皮苷能够明显促进骨折断端血管形成和骨折愈合，以及其潜在的成血管机制，还揭示了其促进共培养条件体系中成骨细胞 OPG 和 RANKL 的表达及抑制破骨细胞的分化与上调 OPG/RANKL 的比值有关。该研究荣获 2021 年度中国中西医结合学会科学技术奖二等奖。

6. "因痹致痿"病机指导下精索静脉曲张性少弱精子症的实验研究

中国中医科学院研究生院赵家有团队注重中医特色和科学阐释中医复方作用原理，开展"叶天士医案研究—临床实践—精索静脉曲张性少弱精子症的基础研究"，提出热在痹致痿中发挥关键影响，同时深化内伤致痹认识，通过聚焦叶天士治痹痿医案，完善"因痹致痿"病机及通痹治痿法理论内涵，结合本病具体情况，拟定通脉方，增进该病机治法实践价值；热休克蛋白（HSP）是人体热休克反应时产生的伴侣蛋白分子，通脉方干预 VC 大鼠模型，检测睾丸组织 HSP 和凋亡因子（bax 和 bcl - 2），揭示该方疗效机制、丰富该病机治法科学内涵。该研究荣获 2021 年度中国中西医结合学会科学技术奖二等奖。

7. 中西医结合治疗高血压病

山东中医药大学李运伦团队经过 20 多年的研究与实践，突破了"中医证候辨证客观化不足、方剂治疗物质基础和作用机制不明、中医治则生物学本质不清晰"的关键技术瓶颈。构建了高血压中医证候创新诊疗体系，并从"病"的临床疗效、"证"的宏观疗效、"证"的微观疗效、患者生存质量评价和安全性评价五个维度设立评价指标，运用层次分析法形成了高血压病肝阳上亢证疗效评价方法；开展藤菔降压片治疗 1 级高血压、联合 CCB/ARB 治疗 2 级高血压的多中心随机对照试验研究，获取了循证医学证据；从中药制剂-组分-单体层层递进精准阐释了该方药效物质基础和作用机制，阐释了降压方剂成分-靶点的相互效应机制。该研究荣获 2021 年度中国中西医结合学会科学技术奖二等奖。

8. 中西医结合治疗急性心肌梗死

广东省中医院张敏州团队创建了益气活血化痰法治疗急性心肌梗死再灌注后理、法、方、药关键技术体系，在病因病机理论创新、诊疗方法创新、技术创新等方面取得突破，显著提高了临床疗效，凸显了中医药治疗重大疾病的特色优势和疗效。团队创立了急性心肌梗死“心脾气虚为常，痰瘀阻络致变”的病机理论，被国家级教材收录；创立“益气活血化痰”治法，历经20年临床验证，显著提高急性心肌梗死临床疗效，主持制定并颁布了中西医结合心肌梗死临床路径、专家共识和诊疗指南，推动了诊疗标准化和规范化建设；揭示了“益气活血化痰”法治疗急性心肌梗死的疗效机制和科学内涵。该研究荣获2021年度广东省科技进步奖一等奖。

9. 中西医结合防治脓毒症肺损伤

天津市中西医结合医院余剑波团队从机体内源性保护系统角度出发，原创性提出以HO-1/CO系统和促炎症消退为核心的内源性保护系统障碍是脓毒症肺损伤发病的关键机制，并证实给予促炎症消退介质可调控HO-1表达以减轻脓毒症肺损伤，为其复杂机制构建了新的理论体系；并在此基础上针对脓毒症肺损伤不同时期提出综合运用目前临床用药、穴位电针刺以及中药，充分调动机体内源性保护系统，以防治脓毒症肺损伤。该成果扩展了中西医之间的交叉与兼容，推动了中西医资源整合，为临床危重症疾病的治疗带来了新策略，为进一步完善中西医结合理论体系起到了启迪和引领作用。该研究荣获2021年度中国中西医结合学会科学技术奖一等奖。

10. 中西医结合治疗肺纤维化

山东中医药大学附属医院张伟团队完成了肺纤维化疾病模型全转录组测序分析，全面地从抗炎、抑制血管生成、免疫调节，上皮间充质转化、氧化/抗氧化等多种途径阐释了中医药抗肺纤维化机制；创新性提出“肺毒”理论，首次提出肺纤维化五大主要病机理论，突破了传统病机理论认识；首创中医证候与现代病理分期相结合的辨证论治方法，制定了肺纤维化中医诊疗规范及指南；将研究理论延伸至新冠肺炎的防治中，大样本数据分析证实了中医药预防和治疗新冠肺炎的有效性。该项目作为进入决赛的唯一一个中成药在国家卫生健康委员会举办的“第一届医学科技创新大赛”中获得铜奖。该研究荣获2021年度中国中西医结合学会科学技术奖二等奖。

11. 中西医结合治疗慢性便秘

中国中医科学院广安门医院刘志顺团队通过临床研究，不仅形成了高证据强度的针灸治疗慢性便秘临床证据，而且建立了“阶梯递进式”的中医针灸临床研究模式。研究初期采用观察性研究确切得出深刺天枢可缩短结肠转运时间，提高患者自主排便次数，且深度以50～75 mm为佳，形成了以深刺天枢为主的慢性便秘治疗方案。本项目首先采用假针对照的优效性随机对照试验，其后实施阳性药物对照的非劣效性试验，最后通过对慢性便秘试验数据库的挖掘分析，证实针刺疗效不劣于阳性药物普芦卡必利。在充分确定针刺疗效的基础上，开展机制研究，首次提出针刺天枢治疗慢性便秘可能通过调控 SCF/c－kit 信号通路而实现，从分子生物学角度阐释了针刺的可能机理。该研究荣获 2021 年度中国中西医结合学会科学技术奖二等奖。

12. 中国整合胃癌前病变临床管理指南

中华中医药学会脾胃病分会联合中华医学会消化病学分会消化肿瘤协作组、中华医学会消化内镜学分会早癌协作组、中华医学会病理学分会消化病理学组、中国中西医结合学会消化系统疾病专业委员会通过对中西医领域内胃癌前病变相关内容进行梳理和整合，结合我国胃癌前病变和癌前疾病的发病和诊治现状，从定义和流行病学、诊断和分期、监测、治疗、疗效评价五个方面切入，吸纳国内外最新的成果和共识，中西医整合、多学科参与，共同提出针对性的诊治要点和策略，该指南是我国首部关于胃癌前病变的中西医整合临床管理指南，针对胃癌前病变制定了详尽的推荐意见，以期对此类疾病的临床规范诊治发挥指导作用，从而实现胃癌的有效二级预防。

13. 中西医结合治疗痛风及其并发症

天津中医药大学第一附属医院刘维团队基于 20 年来对“毒痹论”的潜心探索，全面开展了“理论探究—临床实证—大数据分析—文献挖掘—基础实验”等多层次的系统性研究，针对痛风及其并发症的“湿热浊毒”主要病机，遵循“从毒论治”理法，基于独创的“诊疗评价工具”评估病证活动现况，“审病度证”判定中西医治疗方案的结合时机、治法策略，从而将清热解毒、利湿化浊等中医治法与西医药“个体化”地适时结合，首次系统性阐释了“从毒论治”痛风的理论依据、临床疗效，阐释了“湿热浊毒”的免疫代谢等病理基础，制定了《痛风中西医结合诊疗指南》等标准并在全国范围内成功推广应用。该研究荣获 2021 年度中国中西医结合学会科学技术奖一等奖。

14. 中西医结合治疗子宫内膜异位症不孕

中国中医科学院广安门医院赵瑞华团队在文献研究基础上结合 3 项 1 081 例横断面临床调查，创新性提出“因郁致瘀”为子宫内膜异位症不孕核心病机，首次获得解郁活血法治疗子宫内膜异位症不孕的高级别循证证据，并创制了活血消异方。3 项 445 例随机对照临床研究结果显示，活血消异方治疗可显著增加子宫内膜异位症不孕患者优势卵泡数目、成熟卵泡排卵率，改善子宫内膜容受性，缩短术后期待妊娠时间，提高妊娠率。基于临床实践，从“卵泡发育、内膜容受、盆腔微环境”关键环节，揭示解郁活血法治疗子宫内膜异位症不孕的作用机制。系列动物、细胞实验结果证实，活血消异方可改善卵泡发育、促进排卵、改善子宫内膜容受性及盆腔微环境，提高体外受精-胚胎移植（IVF－ET）妊娠率及活胎率。该研究荣获2021年度中国中西医结合学会科学技术奖一等奖。

15. 中西医结合治疗眼表疾病

首都医科大学附属北京同仁医院接英团队提出“稳态失衡—气机失调”，创立眼表疾病西医发病机制与中医的对应关系，提出“虚为本，郁滞为标”是干眼等眼表疾病的核心病机；以西医客观规范化诊断为基础，结合中医整体化观念，将中医“辨证”与西医“辨病”相融合，提出伴随疾病的加重中医分型由“气虚型—阴虚型—湿热型—热毒郁滞型”的中西医结合诊断新模式；将中医的“异病同治”理论与临床证候要素及西医理化检查、高速摄像等新技术相结合，首创岛状眶下神经血管蒂唇腺移植术治疗重症干眼；首创眼表疾病角膜移植手术新术式及中西医结合治疗免疫排斥反应新方案，开辟眼表疾病中西医结合诊疗新局面。该研究荣获2021年度中国中西医结合学会科学技术奖一等奖。

■ 中医研究成果

1. “情志致病”理论的生物医学基础研究取得新进展

相关内容参见本节“十大学术进展”之三。

2. 基于微血管屏障的气虚不固摄和补气固摄的科学内涵被初步揭示

相关内容参见本节“十大学术进展”之九。

3. 冠心病发生发展全程痰瘀互结证分布规律及生物学基础再发现

中国中医药科技发展中心、中国中医科学院中医基础理论研究所胡镜清团队在“973”计划、国家重点研发计划、国自然重点等多项国家重大项目支持下，历经30余年艰辛探索，开展病证结合模式下痰瘀互结证诊断标准、分布/演变规律与生物学基础系统研究。完成目前国内外样本量最大（11 383例）、唯一涵盖冠心病发生发展全程、横断面调查和纵向追踪相结合的冠心病中医证候临床流行病学调查，首次揭示“低危人群→代谢综合征→冠心病稳定期→急性冠脉综合征→介入治疗围手术期→冠心病心力衰竭”痰瘀互结证的分布特征。经过2021年深入研究，发现痰瘀互结证分布与量化评分呈现健康对照组（3.0%，4.5～5.0分）、低危人群组（8.9%，7.2～7.7分）、代谢综合征组（15.8%，10.3～11.0分）、冠心病稳定期组（51.2%，16.9～17.5分）、冠心病心力衰竭组（57.2%，18.3～19.5分）、急性冠脉综合征组（64.7%，19.4～20.6分）依次增高趋势。同时发现华北和西北地区的冠心病患者痰瘀互结证占比及程度重于其他地区，而华东地区冠心病患者的痰湿证、血瘀证、痰瘀互结证占比及程度均为最轻。南方（含华南与西南）地区患者在冠心病前阶段（健康对照组、低危人群组、代谢综合征组)痰湿证、血瘀证、痰瘀互结证占比及程度均重于其他地区。该研究是“冠心病痰瘀互结证特征、分布和演变规律发现”成果(2020 年度中国中西医结合学会科学技术奖二等奖)的又一重要支撑,代表性论文《11 383 例健康人群及冠心病不同阶段患者痰瘀互结证分布规律的多中心横断面研究》发表在《中医杂志》,入围 2021 年度“领跑者 5000 -中国精品科技期刊顶尖学术论文”。

三、 年度高水平论文

系统检索 Web of Science、PubMed 和 Embase 等英文数据库中 2021 年发表的中医药相关原创研究,纳入影响因子(2020 年)≥10 的文章(新冠肺炎相关研究影响因子≥5)。共有 93 篇文章符合纳入标准,根据研究的方向对纳入文献进行了分类,其中中药药理研究 33 篇,中药制剂研究 16 篇,中药化学/生物合成研究 8 篇,中药资源 8 篇,临床研究 8 篇,针灸基础研究 4 篇,新冠肺炎研究 16 篇。对研究的完成单位进行统计,发现国内完成的研究共 65 个,其中 9 个研究由国内中医药单位发表,35 个研究由国内西医单位发表,21 个研究由国内中医单位和西医单位联合发表;国外单位完成的研究共 3 个;国外单位和国内单位联合完成的研究共 25 个。10 项针灸研究中 4 项为国内外联合完成,2 项为国外单位完成,4 项由国内完成,国内完成的研究中 3 项为中西医单位联合完成,1 项为西医单位完成。研究简介如下。

(一) 中药药理研究

1. 基于“脑-肠”轴揭示小檗碱改善帕金森病的研究

中国医学科学院药物研究所蒋建东院士、王琰团队和中国医学科学院基础医学研究所曹雪涛院士团队首次证明了口服小檗碱可以改善帕金森病(PD)。该研究表明口服小檗碱可能通过二氢小檗碱(细菌硝化还原酶产生的还原性小檗碱)提供 H· 并促进由二氢生物蝶呤产生的四氢生物蝶呤(BH_4),进一步增强酪氨酸羟化酶(TH)活性,从而加速肠道细菌产生左旋多巴。为了验证小檗碱可能激活了“脑-肠”轴,该研究将粪肠球菌/屎肠球菌分别移植到了 PD 小鼠。这两种细菌显著增加了小鼠脑中多巴胺,并改善了 PD 症状;而 BBR 与细菌合用比单独使用细菌显示更好的治疗效果。此外,一项对 28 位高脂血症患者的研究证实,口服小檗碱可增加肠道细菌的血液/粪便左旋多巴。因此,小檗碱可能通过维生素样作用,上调肠道菌群中左旋多巴的生物合成以改善大脑功能。[Wang Y, et al. Signal Transduct Target Ther. 2021, 6(1): 77.]

2. 小檗碱类生物碱抑制细菌性脓毒症的研究

中南大学湘雅三医院杨新宇团队发现小檗碱及其衍生物通过阻断 Msr1 有效抑制脓毒

症中 caspase－11 依赖性凝血。该研究引入化合物库筛选，以革兰氏阴性细菌产生外膜囊泡为载体识别 caspase－11 途径的抑制剂，发现小檗碱类生物碱，如小檗碱、巴马汀、药根碱和黄连碱，对外膜囊泡活力具有高度抑制作用，并且抑制外膜囊泡诱导的细胞毒性以及小鼠巨噬细胞或人 THP－1 细胞中的 IL－1β 释放。采用 caspase－11 缺陷细胞、大肠杆菌诱导的细胞模型，证实小檗碱及其衍生物能有效抑制 caspase－11 途径。进一步研究发现小檗碱类生物碱是 Msr1 受体抑制剂，通过阻断 Msr1 受体进而抑制 caspase－11 途径，有效减轻细菌性脓毒症的凝血激活、器官功能障碍和致死性。该研究表明小檗碱类生物碱可作为预防和治疗脓毒症凝血综合征的候选药物。[Yuan C, et al. Signal Transduct Target Ther. 2021, 6(1): 92.]

3. 小檗碱靶向 KCNH6 钾通道促进胰岛素分泌的研究

首都医科大学杨金奎团队发现了一个全新的、独立于传统胰岛素促泌剂作用的 KATP 通道——KCNH6 钾通道，提出了“胰岛素分泌双开关”理论，对小檗碱的降糖作用机制进行了深入系统的研究，证实了小檗碱具有高糖依赖的促胰岛素分泌作用，通过抑制 KCNH6 钾通道而实现。相比于传统的胰岛素促泌剂，小檗碱具有治疗糖尿病而不引起低血糖症的优势。[Zhao M, et al. Nat Commun. 2021, 12(1): 5616.]

4. 小檗碱通过抑制高血糖小鼠晚期糖基化终产物发挥治疗糖尿病视网膜病变的研究

香港大学冯义彬团队揭示了小檗碱通过抑制高血糖小鼠晚期糖基化终产物(AGE)发挥治疗糖尿病视网膜病变的作用机制。该研究发现小檗碱是体外和体内糖基化终产物的新型抑制剂。在低剂量下，小檗碱通过抑制视网膜中的 AGE/RAGE 信号抑制糖尿病视网膜病变，而在较高剂量下，小檗碱可能会直接抑制血糖水平，从而抑制晚期糖基化终产物的形成，改善整体糖尿病状况。该研究表明小檗碱是一种有效的 AGE 抑制剂，可用于治疗糖尿病视网膜病变。[Wang N, et al. Clin Transl Med. 2021, 11(11): e569.]

5. 小檗碱通过 TrxR1/JNK 促进糖尿病创面愈合的研究

中国中医科学院杨洪军团队通过链脲佐菌素(STZ)诱导的糖尿病大鼠和高糖诱导的细胞模型，研究了小檗碱对糖尿病创面的影响，并阐明了小檗碱对硫氧还蛋白还原酶 1 (TrxR1)的作用机制。研究表明小檗碱处理可显著促进创面愈合及细胞外基质(ECM)合成，显著抑制高糖诱导的 HaCaT 细胞损伤；明确小檗碱可激活 TrxR1，抑制其下游 JNK 信号通路，从而抑制氧化应激和细胞凋亡，促进细胞增殖，下调基质金属蛋白酶(MMP)－9，上调转化生长因子 β1 和 MMP－1 组织抑制剂(TIMP1)，加速伤口愈合。此外，在 STZ 注射液联合高脂饮食诱导的糖尿病创面中，小檗碱显著提高了创面闭合率和 TrxR1 的表达，而

TrxR1 抑制剂可以逆转这一趋势。该研究为局部应用小檗碱治疗糖尿病创面的疗效提供了证据，揭示了小檗碱通过激活 TrxR1 加速糖尿病创面愈合，并突出了一种靶向 TrxR1 治疗糖尿病创面修复的治疗策略。[Zhou R, et al. Clin Sci (Lond). 2021, 135(4): 613 - 627.]

6. 黄芪多糖调节肠道菌群防治非酒精性脂肪性肝病的研究

上海中医药大学李后开团队揭示了黄芪多糖调节肠道菌群防治非酒精性脂肪性肝病的机理。该研究通过多组学联合策略深入探寻黄芪多糖调节的特定肠道细菌及相关的代谢物，发现黄芪多糖改善非酒精性脂肪性肝病的作用不仅具有菌群依赖性特征，而且能够显著富集肠道细菌 *Desulfovibrio vulgaris*。进一步的研究证实该菌不仅是一个天然的 H2S 产生菌，而且具有高效的产生乙酸的能力。外源性补充该菌能够显著改善高脂饮食喂养小鼠的肝脏脂肪变性、胰岛素敏感性及体重增长。通过肝脏 RNA seq 分析及分子生物学研究证实该菌改善非酒精性脂肪性肝病的作用与抑制肝脏 FASN 和 CD36 蛋白表达有关。本研究为解释黄芪多糖改善非酒精性脂肪性肝病的作用机制提供了新证据，也为借助多组学技术探索植物多糖调节肠道菌群改善宿主代谢的机制研究提供参考。[Hong Y, et al. Gut Microbes. 2021, 13(1): 1 - 20.]

7. 红景天苷抑制非酒精性脂肪性肝病的研究

华中农业大学齐智利团队发现红景天苷通过激活 AMPK 信号通路防治代谢应激诱导的非酒精性脂肪性肝病。该研究表明红景天苷能减轻棕榈酸/油酸刺激后原代肝细胞的脂质积累和炎症反应，且通过调节糖代谢失调、胰岛素抵抗、脂质积累、炎症和纤维化，有效预防高脂肪/高胆固醇饮食诱导的非酒精性脂肪性肝病。通过整合的 RNA 测序和生物信息学分析表明，红景天苷在体内外均能激活 AMPK 信号通路。提示红景天苷可能是治疗非酒精性脂肪性肝病的潜在药物。[Hu M, et al. Hepatology. 2021, 74(6): 3056 - 3073.]

8. 天麻素激活 AMPK 信号通路治疗脂肪性肝炎的研究

华中农业大学丁一团队发现天麻素具有良好的抗脂肪性肝炎效果，并揭示了其作用机制。该研究发现天麻素能显著降低模型小鼠的肝重量，肝脏及血清甘油三酯、胆固醇的含量，血清丙氨酸转氨酶(ALT)和天冬氨酸转氨酶(AST)的活性，显著缓解肝细胞的脂质蓄积和炎性反应，显著下调脂质蓄积、炎症和纤维化相关基因表达。采用特异性的抑制剂和 shRNA 干扰，证实天麻素主要通过 AMPK 通路逆转脂肪性肝炎。[Wan J, et al. Hepatology. 2021, 74(6): 3074 - 3090.]

9. 虫草素激活 AMPK 信号通路治疗非酒精性脂肪性肝病的研究

广东药科大学郭姣团队发现虫草活性成分虫草素能激活 AMPK 信号通路，抑制肝脏脂肪堆积，防止肝脏炎症损伤和纤维化。该研究通过高脂饮食和高脂高胆固醇饮食喂养建立非酒精性脂肪性肝病小鼠模型，证明了虫草素抗非酒精性脂肪性肝病的作用，进一步采用 AMPK 基因敲除和 AMPK 抑制剂处理的细胞和小鼠阐明其作用机制。[Lan T, et al. Hepatology. 2021, 74(2): 686-703.]

10. 柴胡皂苷改善肝脏脂肪变性机制作用研究

北京中医药大学刘闰平团队、山东大学第二医院和山东大学的孙蓉团队等研究人员通过整合脂质组学和转录组学研究揭示柴胡中柴胡皂苷 A(SSa)和柴胡皂苷 D(SSd)对非酒精性脂肪性肝病的治疗作用。研究发现，SSa 对于甘油三酯和磷脂类脂质合成和降解的作用显著强于 SSd；而相比于 SSa，SSd 可以更加显著地促进过氧化物酶体对超长链脂肪酸的降解作用和 CPT1α 依赖的脂肪酸 β 氧化。同时，SSa 和 SSd 均可通过调节 SREBP 的剪切活化水平，抑制脂肪酸生物合成。该研究灵活运用多组学和生物信息学手段，揭示了柴胡皂苷改善肝脏脂肪变性的复杂机制，为寻找中医药来源的非酒精性脂肪性肝病创新疗法提供了新思路。同时，为进一步用现代语言阐明"肝主疏泄"和柴胡"疏肝"传统功效的科学内涵提供参考依据。[Li X, et al. Acta Pharm Sin B. 2021, 11(11): 3527-3541.]

11. 复方苦参注射液预防肝纤维化和肝癌发生的研究

上海交通大学王慧、李晓光、巴乾团队系统评估了传统中药复方苦参注射液对肝纤维化的治疗作用及其潜在机制，拓宽复方苦参注射液在临床中的应用。该研究发现复方苦参注射液有效地改善了肝炎患者的肝功能并缓解患者肝纤维化的程度。采用多种动物模型研究发现复方苦参注射液通过改善小鼠的肝功能和相关的肝脏组织病理学特征，缓解慢性肝纤维化的发生发展并最终延缓了肝癌的发生。进一步机制研究表明复方苦参注射液通过靶向 Smad7 来提高 Smad7/TGFβR1 之间的相互作用，促进 TGFβR1 降解，从而抑制 Smad2/Smad3 信号转导，发挥抑制肝星状细胞活化的功能，减少肝脏内细胞外基质的堆积，最终缓解慢性肝纤维化的发生和恶性进展。[Yang Y, et al. Clin Transl Med. 2021, 11(7): e410.]

12. 熊去氧胆酸调控 ID1-WNT2/HGF 信号通路促进肝再生缓解肝纤维化的研究

中国医学科学院药用植物研究所孙桂波和孙晓波团队研究揭示了熊胆主要成分熊去氧胆酸通过调控 ID1-WNT2/HGF 信号通路促进肝再生缓解肝纤维化的作用。该研究采用胆管结扎和部分肝切除术小鼠模型，验证了熊去氧胆酸对胆管结扎小鼠有抗肝纤维化作用，对部分肝切除术小鼠有促进肝再生作用，并提高了 ID1 的热稳定性。在 ID1 敲除小鼠中，熊去氧胆酸的抗纤维化和促肝再生作用消失，表明了 ID1、肝再生和抗纤维化之间的可能联

系。[Dong X, et al. Clin Transl Med. 2021, 11(2): e296.]

13. 青蒿素类药物治疗急性白血病的再利用

德国约翰内斯·古腾堡美因茨大学 Thomas Efferth 团队围绕青蒿素类药物治疗急性白血病的再利用开展了研究。由于耐药性的发展和化疗的严重副作用,癌症治疗是一个尚未解决的挑战。青蒿素(ARS)类化合物具有良好的抗疟作用,副作用小,耐药率低。据报道,ARS 及其衍生物在体外和体内也能对抗各种肿瘤,包括急性白血病。因此,ARS 类化合物可能非常适合于白血病治疗中的再利用。为了提供 ARS 及其衍生物治疗急性白血病的全面线索,该研究对其分子机制进行了讨论。基于 ARS 支架的 5 个单体分子和 72 个二聚体、三聚体和杂种已被应用于治疗急性白血病。其作用方式包括抗血管生成、抗转移和生长抑制作用。这些特性使 ARS 类化合物成为治疗急性白血病的潜在候选药物。[Lu X, et al. Semin Cancer Biol. 2021, 68: 291 - 312.]

14. 丹参酮Ⅰ作为 EZH2 抑制剂抗急性髓系白血病

浙江大学徐鹏飞团队发现丹参酮Ⅰ作为一种新的 EZH2 抑制剂,通过上调 MMP - 9 和 ABCG2 限制急性髓系白血病的正常和恶性造血功能。活血化瘀中药丹参在临床中被用于治疗包括急性髓系白血病的多种癌症,丹参酮作为其代表性成分,在急性髓系白血病中的治疗作用和潜在机制尚不清楚。该研究发现丹参酮Ⅰ在体外和异种移植斑马鱼模型中可以抑制人白血病细胞的增殖,并抑制斑马鱼正常和恶性的造血功能。采用表面等离子体共振方法与 BIAcoreT200 测量丹参酮Ⅰ与 EZH2 和 SUZ12 的结合亲和度,结果表明丹参酮Ⅰ通过与组蛋白 H3K27 甲基转移酶 EZH2 结合,抑制 PRC2 酶活性,调节正常和恶性造血功能,并提示 MMP - 9 和 ABCG2 是髓系恶性疾病的两个潜在治疗靶点。[Huang Y, et al. Theranostics. 2021, 11(14): 6891 - 6904.]

15. 黄芩素抑制 TLR4/HIF - 1α/VEGF 信号通路发挥抗结直肠癌作用

香港浸会大学关晓仪团队、广州中医药大学苏桃团队合作研究发现黄芩素具有抗结直肠癌的作用,有望作为结直肠癌的新型靶向疗法。黄芩素是中药黄芩中含量较高的黄酮类成分。该研究表明黄芩素可以直接与 TLR4 蛋白稳定结合,中断复合物(LPS - TLR4/MD - 2)并抑制 TLR4 的活性;黄芩素以 TLR4 剂量依赖性方式降低结直肠癌细胞中 HIF - 1α 和 VEGF 的表达,并通过 TLR4/HIF - 1α/VEGF 轴抑制小鼠模型中结直肠癌细胞生长、血管生成以及癌症转移。[Chen M, et al. Clin Transl Med. 2021, 11(11): e564.]

16. 黄芩素逆转他莫昔芬耐药的抗乳腺癌作用研究

贵州医科大学陈妍和沈祥春团队揭示了黄芩素可逆转乳腺癌细胞对他莫昔芬的耐药

性，其作用机制与降低有氧糖酵解和逆转线粒体功能障碍有关。该研究表明黄芩素可以降低 HIF－1α 的表达和转录活性，从而抑制 HIF－1α 介导的糖酵解，恢复线粒体数量及其产生 ROS 的能力。该作用有助于增强 4－羟基他莫昔芬(他莫昔芬在体内的活性形式)介导的细胞增殖抑制和诱导凋亡作用，从而增强耐药细胞对他莫昔芬敏感性。进一步证明他莫昔芬与黄芩素联合治疗他莫昔芬耐药癌症患者具有良好的效果，并强调 HIF－1α 是恢复他莫昔芬敏感性的一个靶点。[Chen Y, et al. Clin Transl Med. 2021, 11(11): e577.]

17. 黄芩苷下调 FTH1 诱导膀胱癌细胞铁死亡

杭州师范大学谢恬团队发现了黄芩苷能诱导 FTH1 依赖性铁死亡发挥抗膀胱癌活性，丰富了中药诱导铁死亡治疗癌症的研究。该研究考察了黄芩苷对膀胱癌细胞 5637 和 KU－19－19 的影响，显示其通过诱导膀胱癌细胞凋亡发挥抗癌活性。随后首次在体外和体内证明了黄芩苷能够诱导铁死亡，并伴随着活性氧积累和细胞内螯合铁的富集。铁死亡抑制剂能够抑制黄芩苷诱导的细胞死亡，表明铁死亡是黄芩苷诱导细胞死亡的关键环节。该研究证明铁蛋白重链 1(FTH1)是黄芩苷诱导铁死亡的关键决定因素。该研究提示黄芩苷通过诱导 FTH1 依赖性铁死亡发挥抗癌活性，有望成为一种有前景的治疗膀胱癌的中药成分。[Kong N, et al. Acta Pharm Sin B. 2021, 11(12): 4045－4054.]

18. 野黄芩苷调控 PKA 通路抑制巨噬细胞中 caspase－11 的活化和细胞焦亡

暨南大学欧阳东云和何贤辉团队发现野黄芩苷通过调节蛋白激酶 A(PKA)信号通路抑制巨噬细胞中 caspase－11 的活化和焦磷酸化。该研究在细胞内 LPS 刺激下，野黄芩苷能够抑制巨噬细胞中 caspase－11 的激活和细胞焦亡。野黄芩苷依赖地抑制 LPS 诱导的巨噬细胞 caspase－11 的激活，导致 ASC 斑点形成减少，caspase－11 激活，成熟 IL－1β 释放，以及焦亡减少。野黄芩苷抑制 caspase－11 的激活可能是由 PKA 信号介导的，但与 NLRP3/ASC 通路无关。[Ye J, et al. Acta Pharm Sin B. 2021, 11(1): 112－126.]

19. 土茯苓提取物 Aiphanol 抗血管生成研究

北京大学肿瘤医院寿成超团队揭示了土茯苓提取物 Aiphanol 通过 VEGFR2 和 COX2 双靶点抗血管生成的作用机制，为后续开发新型抗肿瘤药物奠定了基础。该研究围绕 Aiphanol 在土茯苓乙酸乙酯提取物中是否发挥抗肿瘤活性这一问题，进行了较为系统的研究，发现 Aiphanol 在体内外多种抗血管生成模型中均显示出显著的抗血管生成作用。通过激酶筛选实验发现 Aiphanol 对多种酪氨酸激酶，尤其与血管生成相关的受体酪氨酸激酶 VEGFR2 活性具有显著抑制作用。此外，Aiphanol 还可以直接结合 COX2 并抑制其活性，减少其底物 PGE2 的合成，进而导致 VEGF 的表达水平下降。该研究表明 Aiphanol 可以通过直接结合 VEGFR2 和 COX2 并抑制其酶活性，有效阻断血管生成和肿瘤生长，提示 Aiphanol 有可能作为抗血管生成的潜在药物或先导化合物。[Chen S，et al. Signal Transduct Target Ther. 2021，6(1)：413.]

20. 原儿茶醛保护缺血性损伤的心肌细胞

中国药科大学李萍、杨华团队发现原儿茶醛通过调节核丙酮酸激酶 M2 保护心肌细胞免受缺血性损伤。原儿茶醛是中药丹参中的主要酚酸，该研究考察了原儿茶醛是否通过调节核丙酮酸激酶异构体 M2(PKM2)功能以保护心肌细胞。在异丙肾上腺素所致大鼠模型中，原儿茶醛减轻了心脏损伤并保护心肌细胞免于凋亡。通过 DARTS 和 CETSA 分析，发现原儿茶醛能结合并促进氧/糖剥夺(OGD)诱导的心肌细胞 PKM2 核转位。在细胞核中，原儿茶醛通过促进 PKM2 乙酰化增加 PKM2 与 β-连环蛋白的结合，并且该复合物与 T 细胞因子 4(TCF4)协同发挥作用，有助于挽救心肌细胞的存活。此外，原儿茶醛改善了线粒体功能障碍并抑制了依赖于 PKM2 的线粒体凋亡。该研究发现原儿茶醛通过 β - catenin/TCF4 信号传导调节核 PKM2 功能以挽救心肌细胞的存活级联反应。[Wu X，et al. Acta Pharm Sin B. 2021，11(11)：3553 - 3566.]

21. 忍冬苷治疗溃疡性结肠炎的研究

南京中医药大学胡立宏、张毅楠团队揭示了忍冬苷靶向结合 EZH2 蛋白，通过自噬介导的 NLRP3 炎性体失活以减轻溃疡性结肠炎。该研究证实了忍冬苷通过直接结合组蛋白甲基转移酶 EZH2 增强对肠道炎症的治疗作用。EZH2 介导的 H3K27me3 修饰促进自噬相关蛋白 ATG5 的表达，进而导致自噬增强，加速自溶酶体介导的 NLRP3 降解。动态模拟研究表明，EZH2 残基(His129 和 Arg685)的突变极大地削弱了忍冬苷的保护作用。同时体内研究证实，忍冬苷剂量依赖性地破坏 NLRP3 - ASC - pro - caspase - 1 复合物的组装并缓解结肠炎，而过表达 EZH2 则可逆转该现象。因此，该研究表明忍冬苷是一种抗炎的表观遗传剂，EZH2/ATG5/NLRP3 轴可以作为预防溃疡性结肠炎以及其他炎性疾病的新策略。[Lyu Q，et al. Acta Pharm Sin B. 2021，11(9)：2880 - 2899.]

22. 人参皂苷 Rg1 改善脑血管内皮损伤的作用

合肥工业大学魏兆军、肖建波团队揭示了人参皂苷 Rg1 通过减少巨噬细胞分泌的外泌体 miR - 21 的释放，改善血脑屏障破坏和创伤性脑损伤的作用机理。该研究表明 IL - 1β 诱导的巨噬细胞外泌体 miR - 21 可以激活 NF - κB 信号传导途径，并诱导 MMP - 1、MMP - 3 和 MMP - 9 的表达，以及调控紧密连接蛋白(TJPS)的水平，以破坏血脑屏障。人参皂苷 Rg1 可以抑制外周血流向大脑的外泌体 miR - 21 释放，从而增强 TIMP3 蛋白表达，MMP_s

蛋白水解和限制 TJPS 降解，保护了血脑屏障完整性。[Zhai K, et al. Acta Pharm Sin B. 2021, 11(11): 3493-3507.]

23. 人参皂苷 Rc(SIRT1 激动剂)改善心脏和神经功能的研究

长春中医药大学赵大庆和李香艳团队发现人参皂苷 Rc 可靶向 SIRT1 信号通路，改善葡萄糖有氧代谢和线粒体生物合成以抵抗心脏和神经损伤。该研究证实了人参皂苷 Rc 与 SIRT1 残基位点之间的相互作用会提高 SIRT1 活性。人参皂苷 Rc 显著促进心肌细胞和神经元线粒体的生物合成，提高电子转移链复合物Ⅱ—Ⅳ的水平。同时，人参皂苷 Rc 预处理增加了两种细胞模型中 ATP 产生、葡萄糖摄取和己糖激酶Ⅰ/Ⅱ和线粒体丙酮酸载体Ⅰ/Ⅱ的水平。此外，人参皂苷 Rc 还激活 PGC1α 通路，诱导线粒体生物合成。更重要的是，人参皂苷 Rc 通过 SIRT1 修复介导减少心肌和神经元 I/R 模型中 PGC1α 乙酰化，进而减少线粒体损伤和凋亡。综上所述，体内外研究表明，人参皂苷 Rc 作为 SIRT1 激活剂，在正常和 I/R 损伤条件下促进能量代谢，改善心脏和神经保护功能，为人参皂苷 Rc 作为保护剂的分子机制提供了新的认识。[Huang Q, et al. J Am Chem Soc. 2021, 143(3): 1416-1427.]

24. 厚朴酚阻断自噬/有丝分裂增强抗肿瘤功效的研究

中国香港浸会大学陈虎彪团队、新加坡国立大学 Han-Ming Shen 团队、香港城市大学和中山大学附属医院的卢盈颖团队、澳门大学沈汉明团队等研究者发现厚朴酚具有诱导线粒体去极化，引起线粒体过度碎裂，并增加线粒体活性氧(mtROS)的作用。厚朴酚通过调节两个前馈扩增环诱导 PTEN 诱导的“蛋白激酶 1(PINK1)-帕金森”介导的线粒体自噬。厚朴酚还能通过内在凋亡途径抑制神经母细胞瘤肿瘤生长引发癌细胞死亡。研究表明厚朴酚可以诱导自噬/有丝分裂和凋亡，而阻断自噬/有丝分裂可显著增强厚朴酚的抗癌功效，表明靶向有丝分裂可能是克服化疗耐药性和提高抗癌治疗效果的一种很有前景的策略。[Tang Y, et al. Acta Pharm Sin B. 2021, 11(12): 3966-3982.]

25. 青藤碱酯衍生物诱导线粒体依赖性凋亡和自噬抑制胶质母细胞瘤

中国医学科学院药物研究所吉腾飞团队、王金华团队、杜冠华团队对青藤碱进行了结构改造和优化，对筛选得到青藤碱酯类化合物 Sino33 开展了一系列的研究。首次发现 Sino33 不仅具有较好的抗炎作用，还具有很强的抗 GBM 活性。Sino33 能够显著抑制 GBM 细胞的增殖、迁移和侵袭能力。Sino33 能够诱导 GBM 细胞发生 G2/M 期阻滞并促进 GBM 细胞发生线粒体依赖的细胞凋亡。此外，研究还发现 Sino33 通过 PI3K/AKT/mTOR 和 AMPK/mTOR 信号通路诱导 GBM 细胞发生自噬。动物实验表明 Sino33 不仅较好地抑制颅内胶质母细胞瘤的生长，还能够明显减小肿瘤导致的脾肿大并降低机体内炎症水平。[Zheng X, et al. Acta Pharm Sin B. 2021，11(11)：3465－3480.]

26. 灯盏花素活化 TAK1 依赖性信号传导治疗非酒精性脂肪性肝炎

广东药科大学郭姣团队通过体内和体外研究评估了灯盏花素对代谢应激下肝脏脂肪变性、炎症和纤维化发展的影响。灯盏花素显著减少了喂食高脂肪饮食、高脂肪/高胆固醇饮食或蛋氨酸和胆碱缺乏的小鼠的脂质积累、炎症细胞浸润、肝损伤和纤维化。此外，灯盏花素可减轻经受代谢应激的肝细胞的脂质积累、炎症和脂毒性。RNA 测序和多组学分析进一步表明，灯盏花素抗 NASH 作用的关键机制是抑制 TAK1 磷酸化和随后的 MAPK 信号级联反应。用 TAK1 抑制剂 5Z－7－oxozeaenol 治疗消除了灯盏花素介导的代谢胁迫下的肝脏保护作用。分子对接表明灯盏花素直接与 TAK1 结合。可见，灯盏花素通过直接抑制 TAK1 信号传导来防止代谢应激诱导的 NASH 进展。灯盏花素可能是治疗 NASH 的新型候选药物。[Lan T，et al. Hepatology. 2022，76(1)：155－171.]

27. Oxyphylla A 在阿尔茨海默病小鼠体内外模型中改善认知缺陷和减轻神经病理学研究

澳门大学李铭源团队利用 N2a/APP 细胞和 SAMP8 小鼠作为阿尔茨海默病的体外和体内模型，采用多种分子生物学方法研究了 Oxyphylla A 的潜在治疗作用及其潜在机制。结果表明，从木炭中提取的一种新型化合物 Oxyphylla 可以降低 SAMP8 小鼠的淀粉样前体蛋白(APP)和淀粉样 β(Aβ)蛋白的表达水平，并减轻认知能力下降。进一步研究表明，Oxyphylla A 通过 Akt－GSK3β 和 Nrf2－Keap1－HO－1 途径发挥抗氧化作用。该研究为发现阿尔茨海默病治疗新型药物开辟了新的视野。[Bian Y，et al. J Adv Res. 2021，34：1－12.]

28. 中药红景天中草质素作为 SGK1 抑制剂抗心肌肥大机理研究

浙江大学药学院王毅团队联合浙江中医药大学赵筱萍团队首次明确了传统中药红景天抑制心肌肥大的药效物质及作用靶点，将红景天中的草质素(HBT)确定为一种新型 SGK1 抑制剂，可显著缓解心肌肥大。研究通过横向主动脉收缩手术建立小鼠心肌肥大模型，从术后第 2 日开始给予红景天提取物(Ext.R)，维持 4 周，检测左心室质量指数、收缩期和舒张期室间隔厚度等参数发现 Ext.R 能够显著抑制心肌肥大、改善心功能。该研究为我们从传统中药中高效发现药效物质并揭示其作用靶点提供了新的研究策略。该研究发现：① 确定复方疗效：红景天提取物改善心肌肥大。② 确定作用靶点：SGK1 可能是 Ext.R 心脏保护作用的重要靶标。③ 确定药效物质：HBT 是红景天提取物中发挥作用的活性物质，还提出了一组具有 SGK1 抑制活性的 9 种黄酮类化合物，可用作寻找和设计心肌肥大以及其他 SGK1

驱动疾病的新疗法。④ 确定药效物质作用机制：HBT 通过可抑制 SGK1 磷酸化，降低其下游 FoxO1 和 GSK3β 磷酸化改善心肌肥大。[Zhang S, et al. Adv Sci (Weinh). 2022, 9(2): e2101485.]

29. 雷公藤甲素通过抑制线粒体己糖激酶-Ⅱ诱导 GSDME 介导的头颈部肿瘤焦亡

中南大学湘雅医学院向波团队发现天然产物雷公藤甲素（TPL）可以通过抑制线粒体己糖激酶-Ⅱ（HK-Ⅱ）诱导胃蛋白 E（GSDME）介导的头颈部肿瘤焦亡。研究发现，TPL 抑制了癌细胞中 c-myc 基因和 HK-Ⅱ的表达，而沉默 HK-Ⅱ可使癌细胞对 TPL 诱导的焦亡敏感。此外，TPL 抑制 NRF2/SLC7A11 轴，TPL 与溶质载体家族 7 成员 11 抑制剂 erastin 联合使用，对体外和裸鼠模型 GSDME 表达或不表达的肿瘤抑制发挥了协同作用，而且强调了线粒体 HK-Ⅱ在糖代谢与焦亡联系中的关键作用。该项研究为头颈部癌症中 TPL 的抗肿瘤活性研究提供了一种新的范例。[Cai J, et al. J Exp Clin Cancer Res. 2021, 40(1): 190.]

30. 雷公藤红素靶向 CAP1 抑制巨噬细胞炎症改善代谢综合征

南京大学医药生物技术国家重点实验室孙洋团队联合中国药科大学药物科学研究院叶慧团队发现，从中药雷公藤根茎中提取出的五环三萜类化合物雷公藤红素（Celastrol），可以通过抑制巨噬细胞炎症来显著改善小鼠代谢综合征。团队从整体动物水平评价 Celastrol 对高脂饮食诱导的小鼠代谢综合征的治疗效果。结果显示，Celastrol 能减轻小鼠肥胖、降低小鼠空腹血糖水平、提高胰岛素敏感性、改善小鼠脂质代谢异常，有效减轻小鼠发病情况。白色脂肪组织中的炎症在肥胖发生发展过程中发挥重要作用。Celastrol 能显著减轻代谢综合征小鼠附睾脂肪组织的肥大程度，降低小鼠附睾脂肪组织中炎性细胞浸润水平，尤其是 M1 型巨噬细胞的浸润。Celastrol 也能抑制小鼠血清中炎症因子的分泌水平。随着肥胖的发生发展，脂肪组织中巨噬细胞的浸润和促炎细胞因子的分泌加剧慢性低度炎症的进展。在肥胖状态下，脂肪组织产生抵抗素（resistin），resistin 与巨噬细胞上的 CAP1 受体结合并激活 cAMP-PKA-NF-κB 信号通路，促进下游促炎因子的表达。这些促炎因子一方面进一步促进脂肪组织的炎症和胰岛素抵抗，另一方面也加剧肝脏胰岛素抵抗和肝脂肪变性。Celastrol 与 CAP1 结合，抑制 resistin 和 CAP1 之间的相互作用，有效地减弱了随后的炎症反应，最终改善代谢综合征。[Zhu Y, et al. Acta Pharm Sin B. 2021, 11(5): 1200-1212.]

31. 雷公藤内酯酮作为可逆非激素雄性避孕药的研究

广东省计划生育专科医院唐运革、秦卫兵团队与美国内华达大学闫威团队合作研究发现传统中药雷公藤中提取的雷公藤内酯酮是一种口服、非激素的、高效男性避孕药。该研究表明口服雷公藤内酯酮可以诱导雄鼠和雄性食蟹猴精子畸形，使精子失去活力和受精能力，从而达到避孕效果。这种避孕效果近乎100%、无明显副作用，一旦停药，雄性的生育力可以完全恢复，并能生产出正常子代。进一步研究了雷公藤内酯酮的作用靶点和实现雄性避孕的分子机制。该研究认为，SPEM1蛋白通过其N末端与连接斑珠蛋白结合，但是雷公藤内酯酮以更高的亲和力与连接斑珠蛋白结合，这种结合破坏了SPEM1蛋白与连接斑珠蛋白之间的正常相互作用，从而导致了和SPEM1基因敲除相似的表型，即精子畸形和雄性不育。这项研究是非激素类男性避孕药研发领域的重要突破。[Chang Z, et al. Nat Commun. 2021, 12(1): 1253.]

32. 三七皂苷 Ft1 改善肥胖的研究

上海中医药大学杨莉、王峥涛团队发现三七皂苷Ft1是TGR5的激动剂，同时Ft1也是胆汁酸稳态调节重要因子FXR的拮抗剂，可缓解高脂饮食诱导的小鼠肥胖和胰岛素抵抗。该研究在体外筛选出三七皂苷Ft1为TGR5的配体，能促进cAMP与GLP-1的释放。通过药物组织分布测定发现三七皂苷Ft1主要分布于肠道，在代谢器官白色脂肪组织中含量很低。进一步研究表明三七皂苷Ft1抑制肠道FXR，减弱FXR-FGF15信号传导，负反馈增加肝脏胆汁酸合成酶的表达从而促进胆汁酸的合成。胆汁酸激活白色脂肪组织Tgr5-cAMP-PKA-pHSL通路而诱导脂质分解，同时增加能量代谢；通过激动肠道Tgr5促进GLP-1的释放，进而增加胰岛素的释放。在Tgr5基因敲除小鼠中，三七皂苷Ft1改善代谢表型的作用消失；而在胆汁酸合成显著降低的Cyp27a1基因敲除鼠中，三七皂苷Ft1通过胆汁酸介导能量代谢作用消失。[Ding L, et al. Acta Pharm Sin B. 2021, 11(6): 1541-1554.]

33. 贯叶金丝桃素促进脂肪组织产热并减重

上海市第六人民医院糖尿病研究所刘军力团队揭示了贯叶金丝桃素通过Dlat-AMPK信号轴触发脂肪组织中的产热以抑制肥胖的作用机制。该研究通过CMAP基因组系统关联技术，发现贯叶金丝桃素(贯叶连翘活性成分)可以通过促进脂肪组织产热，从而有效减重并改善代谢。研究者使用有限水解酶质谱法鉴定出Dlat为贯叶金丝桃素的直接分子靶标，并且揭示它对贯叶金丝桃素介导的脂肪细胞产热有至关重要的作用。该研究深化了对于脂肪棕色化和脂肪产热的认知，为抗肥胖症开辟一条全新研究方向：靶向"脂肪组织直接受冷刺激并诱发的产热"，有可能降低心血管疾病风险。[Chen S, et al. Cell Metab. 2021, 33(3): 565-580.e7.]

(二) 中药制剂研究

1. 新型四面体框架核酸搭载白藜芦醇的研究

四川大学华西口腔医院林云锋团队利用四面体框架核酸搭载中药单体白藜芦醇，通过调节先天性免疫及适应性免疫，抑制组织炎症，改善胰岛素抵抗，为胰岛素抵抗相关代谢疾病的治疗提供新策略。通过嵌合作用将中药单体白藜芦醇负载于四面体框架核酸中，不仅有效改善白藜芦醇水溶性，增强其稳定性，二者还可协同增效，控制胰岛素抵抗发生发展过程中的组织炎症进程。四面体框架核酸搭载白藜芦醇能够有效抑制 M1 型巨噬细胞极化及其细胞因子的释放，促进 M2 型巨噬细胞极化，调节机体适应性免疫，减少细胞毒性 T 细胞 Th1 和 Th17 数量，增加 Treg 和 Th2 的数量，通过 $CD4^+$ T 细胞与巨噬细胞之间的有效控制组织炎症，改善肝脏、骨骼肌糖原代谢及脂肪蓄积，缓解胰岛素抵抗。该研究首次提出将四面体框架核酸递送系统用于代谢性疾病，能够有效改善脂肪、肝脏及骨骼肌胰岛素抵抗，为开拓中药在代谢性疾病的应用提供了新思路。[Li Y, et al. Nanomicro Lett. 2021, 13(1): 86.]

2. 一种治疗牙周炎的白藜芦醇-脂质体载药系统的研究

上海交通大学赖红昌团队、中国科学院上海药物研究所黄永焯团队建立了一种治疗牙周炎的白藜芦醇-脂质体体系，通过调节 p－STAT1 和 p－STAT3 将巨噬细胞从 M1－样表型重编程为 M2－样表型来治疗牙周炎。通过抑制 NF－κB/NLRP3 信号通路，减少促炎细胞因子(IL－1β、IL－6、TNF－α、IL－12)的分泌，增加抗炎因子 IL－10，从而有效抑制炎症反应。该体系通过解决白藜芦醇自身稳定性和水溶性差，以及生物利用度低等问题，提高了其在医学上的应用，该体系的建立，为牙周炎的治疗提供了一种有前途的无抗生素治疗的方法。[Shi J, et al. J Nanobiotechnology. 2021, 19(1): 429.]

3. 基于吴茱萸碱的新型纳米脂质体的研究

南京大学医学院附属口腔医院韩伟团队、浙江省人民医院临床医学研究所蔡宇团队成功开发了一种基于吴茱萸碱的新型纳米脂质体，该脂质体提高了吴茱萸碱的水溶性，增加了基于渗透性和保留效应的肿瘤靶向性，表现出过氧化物酶样的催化活性和显著的抗肿瘤活性。在光学成像和 PET/CT 成像的指导下，采用化疗/化学动力学/光动力组合方式，对舌鳞癌进行治疗，吴茱萸碱脂质体对舌鳞癌表现出明显的抑制作用。该研究为后续进一步研究吴茱萸碱抗癌机制以及未来联合治疗口腔鳞状细胞癌药物开发提供了思路。[Wei Z, et al. Bioact Mater. 2021, 6(7): 2144－2157.]

4. 姜黄素特异性识别和促进铜离子体内排泄研究

成都中医药大学彭成团队利用天然姜黄素为母核构建一种新型高活性的氟硼姜黄素衍生物，其不仅能实现血液、组织细胞铜离子浓度的快速检测，还能够促进铜离子在体内通过肾脏和胆汁快速排泄，为治疗体内铜离子蓄积有关神经性和代谢性疾病提供新的思路。铜是人体内含量第三丰富的必需微量金属元素，是体内多种关键酶的辅因子，维持体内营养和能量的正常代谢。然而，铜在体内过度蓄积可引起神经细胞损伤并通过诱导淀粉样蛋白沉淀而引发阿尔茨海默病等特定的神经性疾病。姜黄素是中药姜黄中含量最高的有效成分，研究团队受此启发，开发的高活性氟硼姜黄素能从众多金属离子、阴离子、氨基酸等生物活性物质中选择性识别铜离子，且该分子细胞毒性低、膜穿透能力强，在 MCF－7、HepG－2 细胞和斑马鱼模型中表现出铜离子很好的检出率；同时，该分子能有效降低铜离子中毒引发的肝重比和肾重比，促使铜离子聚集小鼠的肾脏病理学特征明显减轻，恢复正常的病理结构，证实该分子在铜离子中毒解毒方面有较好的潜力，为开发治疗体内铜离子蓄积有关神经性和代谢性疾病奠定了基础。[Wang M，et al. J Hazard Mater. 2021，420：126490.]

5. 藤黄酸新型无辅料纳米载药系统的研究

上海中医药大学张彤团队选择中药活性成分藤黄酸(GA)为模型药物，与临床光敏剂二氢卟吩 e6(Ce6)及叶酸，构建一种新型的无载体纳米制剂(GA－Ce6－FA)。该纳米制剂利用叶酸的主动靶向作用，提高中药活性成分 GA 在肿瘤部位的聚集和摄取，发挥中药活性成分 GA 调节肿瘤微环境和诱导肿瘤细胞凋亡的多靶点优势。同时，该纳米制剂提高进入肿瘤细胞内 GA 消耗谷胱甘肽的能力，进一步调节肿瘤微环境，增强光动力疗法作用，实现中药组分提高光动力学治疗(PDT)的协同增效。该研究建立的多功能中药活性成分自组装无辅料纳米药物制剂，为未来中药活性成分新型给药系统的研究与应用提供了新思路和技术方法。[Lanab J，et al. CHEM ENG J. 2021，407(1)：127212.]

6. 一种双氢青蒿素二聚体纳米前药的研究

吉林医药学院冯宪敏团队、中国科学院长春应用化学研究所谢志刚团队利用二聚体自身自组装性能，创新性地将我国传统中药双氢青蒿素修饰为二聚体，并根据肿瘤细胞内环境特性，设计、合成得到以氧化还原敏感基团为连接单元的双氢青蒿素二聚体纳米前药。所制备获得的二聚体，能够在不加入任何助溶剂和表面活性剂的条件下，在水中自组装形成稳定的纳米聚集体。阐述了该二聚体策略对双氢青蒿素的载药量、自递送及体内外抗肿瘤疗效的影响，并采用生物学技术探讨了其作用机制。该研究展示了二聚体策略在高载药量、智能靶向型纳米药物制备及临床领域应用的巨大潜能，为开拓青蒿素类药物在抗肿瘤、抗原虫、抗感染等领域的应用提供了新思路和发展方向。[Li Y，et al. J Nanobiotechnology. 2021，19(1)：441.]

7. 一种含有光敏剂 Ce6 和雷公藤甲素的光活化脂质体的研究

南方医科大学喻志强团队、中山大学附属第一医院张诗军团队设计了一种包含光敏剂 Ce6 和雷公藤甲素的光活化脂质体，表现出显著的抗肝癌活性。该脂质体可增强通透性和滞留效应，使包封在脂质体中的雷公藤甲素积聚在肿瘤部位，在激光照射下，光敏剂 Ce6 产生活性氧（ROS）从而氧化不饱和磷脂，破坏脂质体，释放雷公藤甲素，实现肝癌药物的控释。同时，该脂质体不仅可通过 caspase - 3/PARP 信号通路诱导肝癌细胞凋亡，而且能减少游离雷公藤甲素含量，降低雷公藤甲素的毒性作用。[Yu L, et al. Acta Pharm Sin B. 2021, 11(7): 2004 - 2015.]

8. 一种包被小檗碱和姜黄素的小体脂质体系统的研究

贵州医科大学彭建庆团队、南京医科大学杜倩明团队以纳米囊泡 DEAE - DEX 为包被，开发了一种对非酒精性脂肪肝具有改善作用的包被小体脂质体体系。该体系延长了小檗碱和姜黄素的循环时间，增强了小檗碱和姜黄素的口服吸收，实现了小檗碱和姜黄素的同步生物分布，提高了治疗效果。该研究为口服联合用药提供了一种有前景的策略。[Chen Y, et al. J Nanobiotechnology. 2021, 19(1): 230.]

9. 纳米中药与光动力疗法协同免疫治疗结肠癌

天津大学常津团队、天津中医药大学陈曦团队报道了一种由先天免疫激活剂中药黄芪皂苷Ⅲ（As）和临床光敏剂 Ce6 共同组装的纳米系统（As+Ce6）@MSNs - PEG 对结肠癌的免疫光动力联合治疗方法。研究结果显示（As+Ce6）@MSNs - PEG 体外激活 NK 细胞并抑制肿瘤细胞的增殖，有效到达肿瘤部位，诱导免疫细胞渗入肿瘤，增强体内自然杀伤细胞和 $CD8^+$ T 细胞的细胞毒性。（As+Ce6）@MSNs - PEG 治疗无明显副作用，显著抑制肿瘤生长，延长荷瘤小鼠寿命。进一步的结果显示，经（As+Ce6）@MSNs - PEG 处理可增强免疫细胞分泌 IFN - γ 的能力，同时使 T 细胞高表达 T - box 转录因子（T - bet）。（As+Ce6）@MSNs - PEG 可作为一种有效、安全的平台，实现纳米中药和 PDT 联合应用，为结肠癌治疗提供一种新的治疗方法。[Wu X, et al. Biomaterials. 2021, 269: 120654.]

10. 天然抗氧化剂葛根素/阿魏酸/聚多巴胺水凝胶用于伤口愈合

中山大学光华口腔医学院王彦团队、王军团队研究发现通过聚多巴胺（PDA）纳米粒子（NPs）将葛根素（PUE）或阿魏酸（FA）加入聚乙二醇二丙烯酸酯（PEG - DA）水凝胶中，研制出水凝胶伤口敷料。由于 PDA 纳米粒的存在，这种水凝胶可以装载天然抗氧化药物，并将药物长时间保留在凝胶网络中。在氧化应激下，这种水凝胶可以提高超氧化物歧化酶和谷胱甘肽过氧化物酶的活性，降低活性氧和丙二醛的水平，从而防止细胞的氧化损伤，进而促进伤口愈合、组织再生和胶原蛋白积累。本研究提供了一种新的方法，通过抗氧化纳米颗粒共同传递草药中的多种抗氧化天然分子，用于伤口愈合和皮肤再生。[Ou Q, et al. J Nanobiotechnology. 2021, 19(1): 237.]

11. TAT TMP NPs 修饰的川芎嗪负载纳米粒子改善脊髓损伤靶向性

西南医科大学钟志容团队、周美玲团队为了提高川芎中活性成分川芎嗪(TMP)的溶解度和靶向性，开发了一种基于纳米技术的药物传递系统，即用 HIV 反转录激活剂(TAT TMP NPs)修饰的 TMP 负载纳米粒子。体内药代动力学研究结果表明，TAT TMP NPs 提高了 TMP 的生物利用度。体内药物分布的定量结果表明，TAT TMP NPs 在脊髓组织中分布更广，具有更高的组织靶向性。该靶向给药系统可以克服 TMP 溶解度低的缺陷，实现靶向性，具有进一步的临床应用前景。[Lin Y, et al. J Nanobiotechnology. 2021, 19(1): 28.]

12. 用于治疗淋巴瘤的纳米药物输送系统的构建

中南大学湘雅医院桂嵘、李健团队构建了一种基于癌细胞膜修饰的介孔二氧化硅纳米颗粒负载中药的低 pH 值敏感性药物传递系统。该系统可以降低全身毒性，提高肿瘤细胞靶向药物传递的治疗效果。本研究提出了一种基于负载中药异欧前胡素(ISOIM)的介孔二氧化硅纳米颗粒(MSN)的纳米平台的构建方法，该纳米颗粒被肿瘤细胞膜(CCM)伪装，称为 CCM@MSNs-ISOIM。CCM@MSNs-ISOIM 具有免疫逃逸、抗吞噬作用、高载药率、低 pH 值敏感性、良好的生物相容性和主动靶向肿瘤部位、阻断淋巴瘤细胞周期和促进线粒体介导的凋亡等特点。本研究为淋巴瘤的临床治疗提供了理论依据。[Zhao Q, et al. J Nanobiotechnology. 2021, 19(1): 8.]

13. 穴位纳米复合水凝胶模拟针刺和雷公藤内酯醇靶向给药治疗类风湿关节炎

南京中医药大学陈志鹏团队构建了一种穴位给药系统，该系统可以靶向传递抗炎药物并模拟针灸镇痛，它可以同时传递雷公藤内酯醇(TP)和 2-氯-N(6)-环戊基腺苷(CCPA)。CCPA 凝胶能特异性增强穴位的镇痛作用，而机械痛阈和热痛阈分别是非穴位的 4.9 倍和 1.6 倍。穴位与纳米复合水凝胶的结合可协同改善炎症、骨侵蚀和降低全身毒性。此外，CCPA 还可以调节炎症因子，恢复 Th17/Treg 细胞的平衡，为类风湿关节炎提供了一种新的有效治疗策略。本研究证明了由 TP 人血清白蛋白纳米粒组成的穴位纳米复合水凝胶(TP@HSANPs)和 CCPA 可有效治疗类风湿关节炎。穴位纳米复合水凝胶是一种新型的治疗方法，它在针灸与药物之间架起了一座桥梁，为传统医学与现代医学的结合奠定了基础。[Ren S, et al. J Nanobiotechnology. 2021, 19(1): 409.]

14. 黄柏皮基碳点(PCC-CD)改善小鼠银屑病

北京中医药大学屈会化团队采用电子显微镜、光学技术和 X 射线光电子能谱(XPS)等方法对以黄柏皮(PCC)为唯一前体的碳点(CD)进行了表征。荧光(量子产率=5.63%)和无毒 PCC 基 CD(PCC-CD)具有丰富的化学基团，表现出溶解度高，平均粒径为(1.93～0.53)nm，这可能有利于其固有的生物活性。此外，通过使用典型的咪喹莫特(IMQ)诱导的银屑病样皮肤小鼠模型，首次证明了制备的 PCC－CD 在改善外观、银屑病面积和严重程度指数(PASI)评分以及背部组织病理形态学方面具有显著的抗银屑病作用。抗银屑病活性的进一步潜在机制可能与抑制巨噬细胞 M1 极化和相对促进巨噬细胞 M2 极化有关。PCC－CD 有潜力成为临床应用治疗银屑病的候选药物，这不仅为进一步拓宽 CD 的生物学应用提供了证据，也为纳米药物治疗棘手疾病提供了潜在的希望。[Zhang M, et al. J Nanobiotechnology. 2021, 19(1): 105.]

15. 血余炭(炭化人发)碳点预处理对脑缺血再灌注损伤的神经保护作用

北京中医药大学屈会化团队研究分离鉴定了一种新的血余炭(Crinis Carbonisatus)碳点。研究中用大脑中动脉闭塞(MCAO)模型评价 Crinis Carbonisatus 碳点(CrCi－CDs)的神经保护作用。评估神经功能缺损评分和梗死体积，测量缺血半球伊文思蓝含量，测量皮质中肿瘤坏死因子－α(TNF－α)、白细胞介素－6(IL－6)的浓度，并测定脑内神经递质的水平。预处理 CrCi－CDs 可显著降低 MCAO 大鼠的缺血性损伤体积和血脑屏障(BBB)通透性，改善神经功能缺损，降低 TNF－α 和 IL－6 水平，抑制兴奋性神经递质天冬氨酸(Asp)和谷氨酸(Glu)，并提高 5－羟色胺(5－HT)水平。RNA 测序结果表明，这些活性背后的进一步潜在机制可能与抗炎作用和抑制神经兴奋性毒性有关。结果发现 CrCi－CDs 对脑缺血再灌注损伤具有神经保护作用，其机制可能与其抗炎作用有关，提示 CrCi－CDs 联合溶栓药物在急性中风患者的临床治疗中具有潜在价值。[Zhang Y, et al. J Nanobiotechnology. 2021, 19(1): 257.]

16. 中草药微针(CHMN)贴片在创面愈合中的应用

复旦大学商珞然团队、南京大学赵远锦团队、温州医科大学第一附属医院邵长敏团队合作研究提出了一种新的中草药微针(CHMN)贴片，将中药提取物、小叶牵牛花和积雪草与用于伤口愈合的微针微观结构相结合。CHMN 具有清热、解毒、消肿和止血的药用功效。研究证明了衍生 CHMN 在伤口闭合期间在抗菌、抑制炎症、胶原沉积、血管生成和组织重建方面取得了显著效果。这些结果表明，中药与先进技术的结合将促进中药在现代社会的发展和推广，中医药和中草药在疾病治疗和亚健康改善方面具有显著价值。[Chi J, et al. Bioact Mater. 2021, 6(10): 3507－3514.]

(三) 中药化学/合成生物学研究

1. 丹参中丹参酮的生物合成研究

中国中医科学院中药资源中心黄璐琦院士团队利用分子生物学技术结合合成生物学方法对丹参酮的生物合成进行了系统解析，获得了丹参酮生物合成的多个关键催化酶。通过对一个高纯合的丹参系进行了测序，显著改善了现有的基因组组装，并解析了丹参酮特征呋喃环的形成过程，同时发现丹参ERF第Ⅶ亚群转录因子SmERF73是丹参酮生物合成的正调控因子，且能够协同调控“丹参酮基因簇”中多个生物合成基因的表达，以响应诱导子诱导，同时暗示丹参酮合成可能与植物胁迫响应存在潜在联系。此外，还发现了一个与丹参酮生产相关的大型生物合成基因簇；共线性分析表明丹参酮在鼠尾草属中有更具体的来源。该研究为丹参酮类以及唇形科中广泛分布的松香烷型二萜类的生物合成起源和进化提供了研究思路，为丹参的品质提升和定向培育提供了指导。[Zheng H, et al. New Phytol. 2021, 231(5): 1940-1955.]

2. 乌头中二萜生物碱类成分的生物合成研究

中国中医科学院中药资源中心黄璐琦院士团队应用Pacbio全长转录组测序和13个组织的RNA测序相结合的方法获得了乌头的全长转录组，并首次鉴定了乌头Aconitum carmichaelii的萜类合酶基因家族，确定了14个萜类合酶基因的功能，其中ent-CPP是二萜生物碱生物合成的唯一前体，AcKSL1、AcKSL2s和AcKSL3-1分别负责C20-atisine和napelline型二萜生物碱的生物合成。该研究强调了atisine型C20二萜生物碱可能是药用C19二萜生物碱的主要前体，阐明了乌头中C20二萜生物碱的生物合成途径。[Mao L, et al. Acta Pharm Sin B. 2021, 11(10): 3310-3321.]

3. 黄花蒿二萜类化合物多样性及生物学功能研究

海军军医大学张磊团队联合加州大学戴维斯分校Philipp Zerbe等人，围绕黄花蒿二萜的代谢多样性及其在青蒿素合成、分泌性腺毛(GT)发育和抗逆性等方面的有益生物学功能开展研究，提出以二萜为靶点的模块化代谢工程具有提高天然产物含量和植物逆境抗性的应用前景。该研究鉴定了10个二萜合成酶，揭示了黄花蒿二萜合成的多样性；发现黄花蒿中存在一个复杂的二萜类化合物库，在GT形成、青蒿素积累和抗逆性中发挥着重要作用；同时二萜代谢工程提高了青蒿素产量和抗逆性，具有生物活性的GA_4/GA_1促进GT的形成。该研究证明基于二萜的模块化代谢工程，能够同时提高黄花蒿的GT密度、青蒿素含量和生物胁迫抗性，为提高腺毛定位的相关合成提供了依据。[Chen R, et al. New Phytol. 2021, 230(6): 2387-2403.]

4. 木脂素生物合成关键酶PLR的研究

上海中医药大学陈万生团队联合中国科学院分子植物科学卓越创新中心张鹏、海军军医大学张磊及江南大学周景文等研究者以三个底物选择性差异的松脂醇-落叶松醇还原酶(PLR)为研究对象，对PLR的催化机制和底物选择性开展研究。阐明了板蓝根*Ii*PLR1和拟南芥松脂醇还原酶 AtPrR1 和 AtPrR2 在载脂蛋白、底物结合和产物结合状态下的晶体结构，揭示了 PLR/PrR 催化底物反应的机制以及 PLR/PrR 底物特异性识别的机制，为以 PLR 为基础的木脂素类成分高效定向生产指明了方向。此外，该研究表明利用 *Ii*PLR 的靶向突变、基因编辑技术可以提高菘蓝中合成生物活性化合物的效率。[Xiao Y, et al. Nat Commun. 2021, 12(1): 2828.]

5. 抗肿瘤候选药物淫羊藿素的生物合成研究

中国科学院分子植物科学卓越创新中心周志华团队和中科院华南植物园王瑛团队合作首次搭建了晚期肝癌候选药物淫羊藿素的人工生物合成途径，并通过创建微生物细胞工厂，实现了以葡萄糖为碳源从头合成淫羊藿素。该研究从淫羊藿中挖掘和鉴定了一个异戊烯基转移酶 EsPT2，其高效催化黄酮类化合物山柰酚(KAE)的 C8 异戊烯基化合成 8 - 异戊烯基山柰酚(8P - KAE)；从大豆中鉴定出催化 8P - KAE 的 C4′- OH 甲基化的甲基转移酶 GmOMT2，搭建了淫羊藿素的人工生物合成途径。研究人员通过引入 11 个外源基因及改造 12 个酵母内源基因，构建了高产 8P - KAE 的酵母底盘。由于在弱酸性条件下 GmOMT2 的活性受到强烈抑制，导致其在 8P - KAE 酵母底盘细胞质中表达失去活性。通过将 GmOMT2 定位于弱碱性(pH7.2 - 7.5)的线粒体中进行表达，或将 8P - KAE 酵母底盘与表达 GmOMT2 大肠杆菌共培养，实现了淫羊藿素的合成，其产量分别为 7.2 mg/L 和19.7 mg/L。该研究不仅鉴定出两个新的生物元件，而且首次实现了淫羊藿素的从头人工合成，为规模化制备淫羊藿素及其衍生物奠定了基础，还为解决合成生物学研究可能面临的生物元件 pH 不适配问题提供了可借鉴的新策略。[Wang P, et al. Sci Bull. 2021, 66(18): 1906 - 1916.]

6. Securinega 生物碱 C - 2/C - 3 位取代衍生物的生物合成研究

中国科学院分子植物科学卓越创新中心肖友利团队、上海有机化学研究所唐功利和广东省微生物研究所章卫民等从一叶萩中分离鉴定了一个新的 C - 2 和 C - 3 位衍生化的 securinega 生物碱 fluesuffine A。并且发现了一个新的 BBE 家族的蛋白 *Fs*BBE，该蛋白可以催化 allosecurinine 和 LAA/DHA 生成 fluesuffine A，也可以催化 allosecurinine 和 isoascorbic acid 生成 fluesuffine A 的差向异构体 fluesuffine B。该研究为酶法合成 fluesuffine A 和 fluesuffine B 提供了方法，为酶法合成其他 C - 2、C - 3 位衍生化的 securinine 型生物碱提供了可能性。[Fan Z, et al. Acs Catalysis. 2021, 11(14): 8818 - 8828.]

7. 莨菪碱的生物合成及莨菪醛脱氢酶催化机制研究

西南大学廖志华团队、中国科学院昆明植物所黄胜雄团队采用多学科研究方法，从颠茄中鉴定了莨菪醛脱氢酶(HDH)，该酶又名莨菪醛还原酶(HAR)。蛋白质晶体研究发现

HDH 仅能够利用[4*R* -^{2}H] NADPH 作为还原力，这种较低的催化活性表明 HDH 是限速酶。因此，在颠茄发根中过表达 HDH 能够大幅度提高托品烷生物碱产量。HDH 的发现标志着以莨菪碱为代表的药用托品烷生物碱生物合成途径完整解析。该研究为 HDH 提供了及时的生化和代谢见解，为在植物中通过代谢工程生产托品烷生物碱提供了一条潜在途径。[Qiu F, et al. Acs Catalysis. 2021, 11(5): 2912 - 2924.]

8. 通过超分子主客体评估生物活性成分对 FMO3 活性影响的简易无标记荧光策略

天津中医药大学中医药研究院、组分中药国家重点实验室王跃飞团队利用超分子主客体对(磺化杯[4]芳烃-恶嗪 1)构建了一种简便、无标记的荧光指示剂置换分析(IDA)方法，应用"switch-on"模式实现了对 FMO3 酶催化体系中 TMA 的传感检测。以活血化瘀的经典方剂血府逐瘀汤为研究对象，系统开展了血府逐瘀汤中具有较好药代动力学行为的 10 个化合物对 FMO3 活性的调控作用。研究发现，柚皮苷、芍药苷、甘草酸、苦杏仁苷、芍药内酯苷、柴胡皂苷 A、β-蜕皮甾酮能够抑制 FMO3 活性，减少 TMAO 的生物。除 β-蜕皮甾酮外，分子对接成功地模拟了 FMO3 与活性成分之间的受体-配体复合物最佳构象。基于超分子传感策略，该研究为中药活性成分筛选提供新思路和技术方法，也有助于阐明活血化瘀方剂治疗 TMAO 相关血栓性疾病的机制。[Yu H, et al. Biosens Bioelectron. 2021, 192: 113488.]

(四) 中药资源研究

1. 紫苏起源进化及品质形成机制研究

中国中医科学院中药研究所陈士林团队、贵州农科院油菜所和英国 Sanger 研究院的研究人员，组装了高油高产紫苏品系 PF40 的染色体水平高质量基因组，发现紫苏的多倍体化发生在最近的一万年以内，是目前已知最年轻的多倍体植物之一。该研究首次成功测量了异源四倍体紫苏相对于其二倍体亲本的碱基突变速率(加速约 10%)，且碱基突变的方向主要为 G→A 的嘌呤转换；首次观察到了亚基因组间的平衡互换现象，并确认了同源替换在染色体近端粒区域富集的规律；通过全基因组重测序，全面揭示了四倍体紫苏的起源与进化路径；并在基因组解析和群体重测序的基础上，对紫苏的产量、千粒重、株型、脂肪酸含量、单萜类挥发性化合物等重要农艺和药学性状进行了全面深入的遗传学解析，获得了决定其表型的关键基因及其变异。结合药用成分定量评价，进行了紫苏新品种的定向杂交选育，已有 4 个新品种在北京、湖北等地获得审定。该研究不仅为著名群体遗传学家 JBS Haldane 的理论假说提供了实测数据的证实，也深入揭示了早期多倍化后新基因组的进化动态及其生物学机制，为进一步了解早期二倍体化以及紫苏和其他唇形科物种的遗传改良奠定了基础。

[Zhang Y, et al. Nat Commun. 2021, 12(1): 5508.]

2. 海马基因组、分布、进化研究

中国科学院南海海洋研究所林强团队基于 *Hippocampus erectus* 基因组进行从头组装，并对来自21个物种的358个海马样本重测序，研究海马在全球范围内的分布和生物地理模式。该研究通过对4 100万个全基因组SNPs分析推断每个海马物种都是相邻树中的一个单系组，且物种和染色体之间的遗传多样性差异很大。该研究发现海马普遍具有较高的进化能力，在渐新世晚期和随后的全球殖民路线中进化，并与洋流和航道开口的动态变化有关。除了沿着洋流漂流的非正统传播方式外，海马快速适应新环境并对变化做出反应的能力，可能是海马在全球多样化过程中取得成功的原因之一。[Li C, et al. Nat Commun. 2021, 12(1): 1094.]

3. 黄连基因组研究

湖北中医药大学刘义飞团队、中国中医科学院中药所陈士林团队、湖北省药品监督检验研究院汪波和聂晶、华中农业大学王学奎等人围绕黄连展开系统研究，首次公开发表了黄连的高质量染色体级别基因组，通过系统发育和比较基因组分析揭示了黄连的系统发育位置，并发现黄连与同为毛茛科的耧斗菜共享一次整基因组复制事件。基于高完成度的黄连基因组，阐明了黄连生物碱合成相关基因的基因组分布方式和进化途径。该研究为黄连药用资源的进一步开发应用奠定了坚实的基础，同时提供了早期分化的真双子叶植物基因组图谱，并为毛茛科植物的遗传学和应用研究提供了一个有价值的模式基因组。[Liu Y, et al. Nat Commun. 2021, 12(1): 3276.]

4. 红豆杉基因组研究

湖南农业大学园艺学院熊兴耀团队、中国农业科学院农业基因组研究所闫建斌、黄三文等研究者公布了超大复杂基因组裸子植物南方红豆杉染色体水平基因组及代谢组和转录组数据，全面解析了紫杉醇生物合成的遗传基础。该研究首次发现了由于基因复制事件形成的紫杉醇合成基因簇(由六个基因串联组成)，主要负责催化紫杉醇生物合成的前两步，进一步推动我国紫杉醇生物合成与调控研究以及产业的发展。[Xiong X, et al. Nat Plants. 2021, 7(8): 1026-1036.]

5. 银杏基因组研究

南京林业大学曹福亮、尹佟明团队及中国农业科学院农业基因组研究所阮珏等人基于最新的基因组测序和组装技术，获得了染色体级别的银杏参考基因组，是目前已发表的组装质量最高的裸子植物参考基因组。该研究准确注释了27 832个银杏基因组蛋白编码基因，

发现银杏编码基因内含子显著延长；阐明了银杏基因组扩张的机制，确定银杏基因组只发生了一次种子植物共有的全基因组复制事件，其基因组的大规模扩张主要是由长末端重复序列插入引起的。此外，研究还在基因组水平上阐明了银杏所表现出的特殊的花器官和叶片极性特征形成的遗传基础。[Liu H, et al. Nat Plants. 2021, 7(6): 748 - 756.]

6. 铁皮石斛基因组研究

南京师范大学丁小余团队利用 PacBio、Illumina 测序和 Hi - C 技术测序组装，获得了首个铁皮石斛染色体水平参考基因组，并确定了参与 3 种主要活性成分生物合成的候选基因。此外，根据铁皮石斛和 5 个相关物种的重新测序数据及其形态学特征，通过全基因组关联研究推断出 MWL1 基因可能有助于提高铁皮石斛产量(茎产量)。该研究报道的高质量参考基因组有助于药用植物的功能基因组学和分子育种研究。[Niu Z, et al. Acta Pharm Sin B. 2021, 11(7): 2080 - 2092.]

7. 红花高质量参考基因组及亚油酸和黄酮合成机制研究

中南民族大学覃瑞团队、华中农业大学作物遗传改良国家重点实验室张建伟团队首次公布了红花高质量的参考基因组，通过比较基因组揭示了红花与向日葵、朝鲜蓟分别在约60.5 和 30.7 百万年前分化；转录组等多组学联合分析揭示了脂肪酸去饱和酶 2(FAD2)和查尔酮合酶(CHS)的基因复制事件以及差异性调控在红花籽粒油酸及黄酮合成途径中发挥着重要作用。该研究为深入解析亚油酸和黄酮的分子调控机制提供了基础，有助于提升红花药用价值及其农艺性状的改良。[Wu Z, et al. Plant Biotechnol J. 2021, 19(9): 1725 - 1742.]

8. 牡丹和芍药的空间代谢组学研究

中国药科大学李萍团队对两种芍药科植物的根切片进行了高质量分辨率基质辅助激光解吸/电离质谱成像(MALDI - MSI)研究，系统表征了单萜和丹皮酚苷、单宁、黄酮类化合物、糖类和脂质等代谢物的空间分布，揭示牡丹和芍药在空间代谢组中的相似性和差异。此外，首次对没食子单宁生物合成途径中涉及的主要代谢物进行了可视化。该研究通过 MALDI - MSI 获得的空间代谢组可以填补分子和解剖表型之间的空白，并可用于测序基因组更深入的功能表征。[Li B, et al. New Phytol. 2021, 231(2): 892 - 902.]

(五) 临床研究

1. 桑枝总生物碱片治疗 2 型糖尿病的Ⅲa 期临床试验

北京协和医院梁晓春教授和田国庆教授牵头，23 家临床机构共同参与完成了桑枝总生物碱片与化药头对头比较的随机双盲相对疗效Ⅲa 期临床试验。试验选择国际公认的金标准“糖化血红蛋白”为主要疗效指标，共入组病例600例（桑枝总生物碱组360例，拜唐苹组240例），研究结果显示桑枝总生物碱可降低糖化血红蛋白0.93%，糖化血红蛋白达标为47.7%，与化学对照药相当，但胃肠不良反应减少近一半。药理学研究表明，桑枝总生物碱具有选择性抑制肠道的α-葡萄糖苷酶、促进GLP-1分泌、保护胰岛β细胞、改善胰岛素抵抗、调节肠道微生态等多重药理作用。除降低糖化血红蛋白外，还可有调节血脂、减轻体重，无低血糖风险，具有潜在肾脏保护和心血管等临床综合获益。桑枝总生物碱片是近10年首个糖尿病中药新药，由中国医学科学院、北京协和医学院药物研究所刘玉玲和申竹芳教授领衔研发，成为全球首个植物来源有效组分降血糖天然药物，为2型糖尿病患者提供了一种新的治疗选择。[Qu L, et al. Diabetes Care. 2021, 44(6): 1324-1333.]

2. 太极或常规运动对中老年人中枢性肥胖的影响的随机对照试验

香港大学Parco M Siu团队设计开展随机、对照、评估者盲法试验观察太极拳治疗中心性肥胖的疗效。543例50岁及以上患有中枢性肥胖的成年参与者按1∶1∶1的比例随机分为对照组、常规运动（包括有氧运动和力量训练）和太极组，干预持续了12周。测量基线、第12周和第38周患者腰围、体重、体质指数、高密度脂蛋白胆固醇、甘油三酯和空腹血糖水平、血压、中心性肥胖缓解率等指标评价结果。结果显示，太极拳是降低50岁以上中心性肥胖成人腰围的有效方法。[Siu P, et al. Ann Intern Med. 2021, 174(8): 1050-1057.]

3. 电针与普芦卡必利治疗严重慢性便秘的非劣效性试验

中国中医科学院刘保延团队、广安门医院刘志顺团队最新研究成果显示电针治疗严重慢性便秘疗效不劣于阳性药物普芦卡必利，且电针治疗停止后，疗效可持续24周。该团队前期研究《电针与假电针治疗慢性严重便秘的优效性随机对照试验》用1 075例数据证实了针刺对严重慢性便秘的确切治疗效应。在此研究基础上，将电针与阳性药物普芦卡必利进行对照，通过非劣效性研究的试验设计，进一步明确了电针的临床优势及后治疗效应优势。该研究在中国中医科学院广安门医院、浙江中医药大学附属第三医院、广东省中医院、四川大学华西医院等14家医院展开。采用非劣效性、多中心、随机对照试验设计，纳入560例严重慢性便秘患者，分别接受电针和普芦卡必利治疗。电针组患者接受8周共28次电针的治疗，并在治疗结束后随访24周。普芦卡必利组患者每日早餐前服用2 mg普芦卡必利，连续服用32周。主要结局指标为第3～8周完全自主排便次数达到3次及以上患者所占的百分比。结果显示，电针治疗严重慢性便秘疗效不劣于阳性药物普芦卡必利，且电针治疗停止后，疗效可持续24周，因此对于严重慢性便秘而言，电针为一项颇具潜力的治疗方法。[Liu B, et al. Am J Gastroenterol. 2021, 116(5): 1024-1035.]

4. 针刺治疗慢性前列腺炎、慢性盆底疼痛综合征的随机对照临床试验

中国中医科学院广安门医院刘志顺团队发表了针刺治疗慢性前列腺炎、慢性盆底疼痛综合征的随机对照临床试验。该临床研究由中国中医科学院广安门医院牵头设计和实施，中国中医科学院中医临床基础医学研究所临床评价中心、广东省中医院、四川大学华西医院、烟台市中医院、陕西省中医医院、北京中医药大学东方医院等单位共同完成，该研究纳入440例患者，通过中央随机系统分配到针刺组和假针刺组，两组分别接受针刺和模拟针刺8周20针次的治疗，治疗后随访24周。试验结果显示，针刺组改善症状明显优于对照组，组间差异具有临床意义，停止治疗后疗效可维持半年，治疗期间不良事件很少发生。此项研究用高质量的临床随机对照试验证据证实了针刺治疗慢性前列腺炎、慢性盆底疼痛综合征远期疗效确切，安全性好。[Sun Y, et al. Ann Intern Med. 2021, 174(10): 1357 - 1366.]

5. 强化针刺与假针刺治疗膝关节骨性关节炎的随机对照试验

北京中医药大学刘存志团队开展了针刺对比假针刺治疗膝骨关节炎的大样本随机对照试验。该研究由京津冀地区9家医院共同完成。480例患者被随机分配并接受为期8周的针刺或假针刺治疗。研究注重患者报告结局，疼痛和关节功能兼顾，以实现临床最小重要改善的患者比例为主要结局指标。结果表明，每周3次的电针治疗可明显减轻膝关节疼痛，改善膝关节功能，停止治疗后，疗效可维持半年，治疗期间不良反应较少。此项临床试验为电针治疗膝骨关节炎的临床疗效提供了高质量的证据。该团队同期在 *PAIN* 正式发表了不同针刺频次治疗膝骨关节炎临床研究，证实每周3次针刺治疗起效快，可用于膝骨关节炎急性发作期疼痛和功能障碍的快速缓解；每周1次的针刺治疗可用于膝骨关节炎的维持治疗，在保证治疗效果的同时，节约了人力、物力和财力。系列研究通过严谨的顶层设计和完善的质量控制保证研究的真实性，为中医针灸治疗膝骨关节炎的有效性提供了科学依据。[Tu J, et al. Arthritis Rheumatol. 2021, 73(3): 448 - 458.]

6. 经皮电刺激对胃食管反流病患者胃食管动力的综合作用及迷走神经机制

第二军医大学长征医院谢伟峰团队与密歇根大学 Jiande D Z Chen 团队合作完成了经皮电刺激对胃食管反流病患者胃食管动力的综合作用及迷走神经机制的研究。研究纳入30例食管动力低下的胃食管反流病患者，随机分为两组，分别给予假经皮电刺激治疗和经皮电刺激治疗，疗程为4周。采用胃食管反流病问卷、胃食管反流病健康相关生活质量问卷、高分辨率食管测压、营养饮料测试、胃电图和心电图来评估反流症状的严重程度、食管括约肌低压、远端收缩积分、胃调节、胃慢波和自主神经功能。研究证实，经皮电刺激治疗可改善反流相关症状，增加远端收缩积分，减少湿吞咽期间无效食管收缩发生率，并改善胃调节和慢

波。胃食管反流病症状的改善可能归因于经皮电刺激通过迷走神经机制对这些胃食管功能的综合作用。[Zhang B, et al. Am J Gastroenterol. 2021, 116(7): 1495–1505.]

7. 针刺增强体感传入通过岛叶 γ-氨基丁酸增加初级体感连接并减轻纤维肌痛

美国密歇根大学 Richard E Harris 团队,验证了针灸在纤维肌痛中的治疗作用,并探讨了其潜在作用机制。研究纳入了 76 例纤维肌痛患者,随机分为两组,分别接受有躯体感觉传入的电针组和无躯体感觉传入的模拟激光针刺组,每周 2 次,共 8 次。在治疗前后,使用简短疼痛量表评分对每组纤维肌痛患者的疼痛严重程度进行评估,并使用右前岛静息状态功能磁共振成像和质子磁共振波谱评估功能性脑网络连通性水平。研究旨在了解躯体感觉传入对改善临床疼痛的具体作用,以及所涉及的特定脑回路。结果证实,针刺的躯体感觉成分调节与岛叶神经化学相关的初级躯体感觉功能连接,以减轻纤维肌痛的疼痛程度。[Mawla I, et al. Arthritis Rheumatol. 2021, 73(7): 1318–1328.]

8. 电针或耳针与常规护理对癌症幸存者慢性肌肉骨骼疼痛的随机对照试验

美国斯隆凯特琳中心 Jun J Mao 团队为确定电针或耳针治疗癌症幸存者慢性肌肉骨骼疼痛的疗效设计了个体化电针与耳针的比较效果随机对照试验。研究纳入 360 例曾被诊断为癌症,但当前无症状,报告肌肉骨骼疼痛至少 3 个月的成年患者。按照 2∶2∶1 的比例将患者随机分为电针组、耳针组和常规护理组。干预组给予电针或耳针治疗,每周 10 次。从 12 周到 24 周,常规护理组接受了 10 次针灸治疗。主要结果为从基线到第 12 周简明疼痛量表的平均疼痛严重程度评分的变化。结果提示,电针和耳针比常规护理更能减轻患有慢性肌肉骨骼疼痛的癌症幸存者的疼痛。然而,耳针并没有显示出与电针的非劣效性,接受耳针的患者有更多的不良事件。[Mao J, et al. JAMA Oncol. 2021, 7(5): 720–727.]

(六) 针灸基础研究

1. 针灸驱动迷走神经—肾上腺抗炎通路的神经解剖学基础

美国哈佛大学马秋富团队、复旦大学王彦青团队与中国中医科学院针灸研究所景向红团队合作揭示了一类 PROKR2-Cre 标记的 DRG 感觉神经元,是低强度针刺刺激激活迷走神经-肾上腺抗炎通路所必不可少的。尤为值得关注的是,根据此类神经的躯体分布特点,可以预测在不同部位低强度电针刺激抗炎的效果,从而为穴位相对特异性的存在提供了现代神经解剖学基础。[Liu S, et al. Nature. 2021, 598(7882): 641–645.]

2. 电针通过激活 TFEB(转录因子 EB)的新机制改善阿尔茨海默病的 β-淀粉样蛋白病理和认知障碍

广州中医药大学针灸康复医学院宋聚先和唐纯志团队揭示了电针刺疗法(电针灸)可以

通过激活 TFEB 从而减轻阿尔茨海默病模型的 Aβ 病理并提高认知功能。研究者采用"益智三针针刺",即中间神庭穴 GV24(属于督脉穴)和两侧本神穴 GB13(属于足少阳胆经经穴)针灸疗法,对 5.5 月龄大的 5×FAD 小鼠进行"益智三针针刺"手术和假手术,然后应用 Morris 水迷宫和恐惧条件反射两个行为学实验分别评估小鼠的空间学习记忆能力和情境性恐惧记忆能力。研究证明"益智三针电针刺"在阿尔茨海默病动物模型中的认知增强作用。在机制方面,"益智三针电针刺"通过抑制 AKT - MAPK1 - MTORC1 通路激活下游 TFEB,从而改善大脑中的自噬-溶酶体途径,降解淀粉样蛋白前体蛋白和 Aβ,缓解神经毒性,最终发挥神经保护作用,增加认知功能。结果提示,"益智三针电针刺"是一种很有希望的治疗或辅助治疗阿尔茨海默病的潜在方法。[Zheng X, et al. Autophagy. 2021, 17(11): 3833 - 3847.]

3. 电针改善术后肠麻痹的炎症调控机制

北京中医药大学刘存志团队研究发现电针足三里穴可能通过迷走神经背核兴奋迷走神经,激活巨噬细胞上 α7nAChR 介导的 JAK2/STAT3 信号通路抑制炎症因子的表达,促进术后肠麻痹小鼠胃肠动力的恢复。为进一步明确电针刺激下肢足三里穴兴奋胃肠局部迷走神经的信号传导通路,采用脑室注射、神经切除等技术,发现迷走神经背核在其中发挥了关键作用。迷走神经背核是胃肠局部迷走神经传出纤维的起源,而电针通过降低迷走神经背核中乙酰胆碱能神经元上抑制性受体 GABAA 的表达,兴奋颈/膈下迷走神经,进而发挥抗炎作用。该项研究不仅为阐明针灸治疗术后肠麻痹作用机制提供思路,同时还为针灸融入现代医学加速康复外科(ERAS)理念提供科学依据。[Yang N, et al. Theranostics. 2021, 11(9): 4078 - 4089.]

4. 针刺治疗弱精子症的疗效及作用机制

北京大学神经科学研究所邢国刚教授团队通过 CatSper1 敲除和过度表达实验证实 CatSper 通道在弱精子症发病机制中的作用及电针治疗对弱精子症模型大鼠的治疗作用。研究采用计算机辅助精液分析评估精子活力,通过反转录酶-聚合酶链锁反应、蛋白质印迹、免疫荧光染色和钙成像分析检测 CatSper 通道的表达和功能,用超激活和顶体反应评价附睾精子的功能特征。研究结果证实 2 Hz 频率的经皮穴位电刺激和电针通过增强精子中 CatSper 通道的功能表达来提高精子活力。精子中基因沉默的 CatSper1 取消了 2 Hz 电针治疗弱精子症大鼠的疗效。精子中 CatSper 通道的功能性下调可能是部分弱精子症,尤其是特发性弱精子症的促因或下游指标,而 2 Hz 经皮穴位电刺激或电针治疗通过诱导精子中 CatSper 通道的功能上调对特发性弱精子症有治疗作用。该研究为某些弱精子症尤其是特发性弱精子症的发病机制提供了一种新的机制，并为 CatSper 治疗特发性弱精子症提供了一个潜在的治疗靶点。[Jin Z, et al. Theranostics. 2021, 11(6): 2822 - 2844.]

（七）新冠肺炎的中医药临床和基础研究

在抗击新冠肺炎疫情过程中，中医药广泛参与并深度介入了新冠肺炎的防治诊疗全过程，通过临床筛选出了抗疫良方——"三药三方"，有效发挥了积极作用。2021 年 3 月 2 日，基于"三方"研发而成的中药新药清肺排毒颗粒、化湿败毒颗粒、宣肺败毒颗粒，获得国家药品监督管理局上市批准。同年，一系列中医药防治新冠肺炎的临床和基础研究相继在高水平期刊发表，研究结果明确了中医药对新冠肺炎不同病程阶段的临床疗效，阐释了中医药在新冠肺炎不同病理环节的作用机制和物质基础，为中医药治疗新冠肺炎的有效性提供了高质量的循证医学证据和实验室依据。

■ 中医药临床研究

1. 化湿败毒方治疗新冠肺炎的临床研究

化湿败毒方作为"三药三方"之一，是治疗新冠肺炎疫毒闭肺证重型患者的推荐方。中国中医科学院黄璐琦院士团队在武汉开展的相关临床研究，逐级评价其对新冠肺炎重型患者的疗效。一项关于化湿败毒颗粒的临床随机对照试验，共纳入 204 例患者，随机分为治疗组和对照组，评价了在常规治疗的基础上，加用化湿败毒颗粒 14 日的临床疗效和安全性。结果显示，与单纯常规治疗相比，加用化湿败毒颗粒可明显改善患者发热、咳嗽、乏力、胸闷症状，治疗组的症状消失率明显优于对照组（$p<0.05$），且临床应用安全性良好。另外，在肺部炎症改善方面，服用化湿败毒颗粒能更有效减少肺部磨玻璃面积，改善肺部炎症整体 CT 表现（$p<0.05$）。在金银潭医院开展一项非随机对照试验，共纳入了 60 例新冠肺炎成年患者，非随机分为三组，分别在支持治疗的基础上给予洛匹那韦-利托那韦、化湿败毒方联合洛匹那韦-利托那韦、化湿败毒方治疗。结果显示，与单独使用洛匹那韦-利托那韦治疗相比，联合使用化湿败毒方与中药注射液可显著缩短临床缓解时间（$p<0.05$），并在临床缓解率和解除隔离率等方面显示出治疗优势。[Liu J, et al. Phytomedicine. 2021, 91: 153671.; Shi N, et al. Phytomedicine. 2021, 81: 153367.]

2. 清肺排毒汤治疗新冠肺炎的临床研究

中国医学科学院阜外医院李静和李希团队开展一项基于真实世界数据的大规模多中心回顾性分析，对清肺排毒汤的治疗与新冠肺炎住院患者在院死亡率之间的关系进行了研究。在纳入的 8 939 例患者中，有 28.7% 患者接受了清肺排毒汤治疗。服用清肺排毒汤患者与未服用清肺排毒汤患者的新冠肺炎相关死亡率为 1.2% *vs*. 4.8%。经调整患者特征与伴随治疗情况后，结果显示清肺排毒汤可使新冠肺炎住院患者相关死亡率降低 50%（风险比，0.50；95% CI，0.37～0.66，$p<0.001$）。在安全性方面，通过进一步比较各组患者肝肾损伤发生情况，发现两组急性肝损伤发生率为 8.9% *vs.* 9.9%（$p=0.658$），急性肾损伤发生率为1.6% *vs.* 3.0%（$p=0.318$），表明清肺排毒汤治疗可显著降低住院新冠肺炎患者死亡率，且不会增加急性肝损伤或急性肾损伤的风险。[Zhang L, et al. Phytomedicine. 2021, 85: 153531.]

3. 连花清瘟胶囊治疗新冠肺炎的临床研究

河北医科大学以岭医院院长贾振华、广州医科大学一附院钟南山院士等主持开展了一项前瞻性、多中心、开放标签的随机对照试验，以评价连花清瘟胶囊治疗新冠肺炎患者的安全性和疗效。纳入了 23 家医院 284 名患者，随机接受常规治疗或者联合连花清瘟胶囊治疗，为期 14 日。与对照组相比，治疗组的康复率明显较高（91.5% *vs.* 82.4%，$p=0.022$），症状恢复的中位时间明显缩短（中位数：7 日 *vs.*10 日，$p<0.001$），发热（2 日 *vs.*3 日）、疲劳（3 日 *vs.*6 日）和咳嗽（7 日 *vs.*10 日）的恢复时间也明显缩短（均为 $p<0.001$）。此外，治疗组患者胸部 CT 表现改善率（83.8% *vs.* 64.1%，$p<0.001$）和临床治愈率（78.9% *vs.* 66.2%，$p=0.017$）也明显提高。但两组在转重率和病毒检测结果方面未见明显差异（$p>0.05$）。在治疗期间连花清瘟治疗组中没有出现严重不良反应。研究结果提示，从安全性和有效性角度评价，可以考虑使用连花清瘟胶囊改善新冠肺炎患者的临床症状。[Hu K, et al. Phytomedicine. 2021, 85: 153242.]

4. 喜炎平注射液治疗新冠肺炎的临床研究

南昌大学第二附属医院叶小群团队开展喜炎平注射液治疗 130 例轻、中度新冠肺炎患者的前瞻性、多中心、非盲的随机对照试验。结果显示，较对照组患者（仅接受常规治疗或单纯常规支持治疗），喜炎平注射液联合常规治疗可显著缩短新冠肺炎患者咳嗽恢复、退热以及病毒清除时间，且转为重症的患者较少，无严重不良反应情况发生。结果表明，喜炎平注射液可加快轻、中度新冠肺炎患者的康复情况，安全且有效。[Zhang X, et al. Phytotherapy Research. 2021, 35(8): 4401-4410.]

5. 参黄颗粒治疗新冠肺炎的临床研究

上海中医药大学附属龙华医院方邦江团队开展一项多中心、非盲、随机对照临床试验，纳入 111 例新冠肺炎重症/危重症患者，随机分为对照组与参黄颗粒组。参黄颗粒组在常规治疗的基础上，予参黄颗粒口服，每日 2 次，持续 14 日，对照组仅给予西医常规治疗，最大随访时间为 75 日。结果显示，对照组的总死亡率为 75.9%，参黄颗粒组为 38.6%（$p<0.01$）。

事后分析显示，在重症患者中，对照组与参黄组死亡率为 58.8% *vs*. 5.3%($p<0.01$)；在危重型患者中，死亡率为 83.8% *vs*. 55.3%($p<0.05$)。经治疗后，两组重症患者有创机械通气比例为 58.8% *vs*. 0($p<0.01$)。提示参黄颗粒可显著降低重症/危重症患者死亡率，减少疾病过程中的不良事件，并阻止疾病进展。[Zhou S, et al. Phytomedicine. 2021, 89: 153612.]

6. 中药柴胡解毒颗粒和扶正祛邪颗粒治疗新冠肺炎的临床研究

广州医科大学附属第二医院郭建文团队，采用倾向性评分匹配方法开展了一项回顾性研究，以评价辨证施用中成药柴胡解毒颗粒和扶正祛邪颗粒治疗新冠肺炎重症患者在 28 日内的效果和安全性。结果显示，与接受常规治疗的患者相比，使用中成药颗粒治疗可有效减少重症患者 28 日的死亡率($p=0.049$)，并缩短了发热时间(4 日 *vs*. 7 日，$p=0.002$)，但对咳嗽、呼吸困难持续时间以及肺部 CT 变化无显著性改变。[Wang Y, et al. Phytomedicine. 2021, 85: 153404.]

■ 中医药基础研究

1. 宣肺败毒方基于巨噬细胞抑制炎症的研究

浙江大学和省部共建组分中药国家重点实验室(天津中医药大学)程翼宇和王毅团队基于高分辨率质谱的网络药理学、转录组学分析和多模态系统的生物测定，开展宣肺败毒方及其生物活性物质的药理机制研究。研究明确了宣肺败毒方中 104 种化合物及其调节炎症相关通路的主要靶点。在巨噬细胞细胞系和斑马鱼损伤模型中发现宣肺败毒方对巨噬细胞活化和迁移具有抑制作用。其中，虎杖、芦根和橘红能够显著下调巨噬细胞活化，虎杖苷、异甘草苷和毛蕊花糖苷是其主要活性成分。青蒿和麻黄能够明显抑制巨噬细胞迁移，麻黄碱、白术内酯Ⅰ和山柰酚是其主要活性成分。上述结果阐释了宣肺败毒方通过巨噬细胞抑制炎症反应的药理机制和有效成分，为该药治疗新冠肺炎的临床应用提供了实验室依据。[Lu Zhao, et al. Engineering. 2021, doi: 10.1016/j.eng.2021.09.007.]

2. 基于人体暴露和 ACE2 生物色谱筛选连花清瘟胶囊抗新冠病毒活性成分

厦门大学药学院吴彩胜团队联合海军军医大学柴逸峰团队在连花清瘟胶囊防治新冠肺炎的药理活性成分和机制研究方面取得新进展。研究基于 HRMS 和智能非靶向数据挖掘技术，全面分析了多次给药后人血浆和尿液中的连花清瘟胶囊成分，合成了全新的 ACE2 生物色谱固定相，筛选出 85 个人尿液样品潜在的 ACE2 靶向成分。采用 SPR 及 ACE2 活性抑制实验进一步明确了大黄酸、连翘酯苷 A、连翘酯苷Ⅰ、新绿原酸及其异构体均对 ACE2 具有较好的抑制作用，并通过虚拟分子对接验证了以上成分可有效地与 ACE2 和 S 蛋白复合物的表面结合。该研究明确了连花清瘟胶囊具有抑制新冠病毒与 ACE2 结合发挥抑制新冠病毒的潜在作用，为连花清瘟胶囊预防和治疗新冠肺炎提供了实验依据。[Chen X, et al. Acta Pharm Sin B. 2021, 11(1): 222-236.]

3. 八宝丹基于调控过度免疫反应发挥抗炎作用的药理研究

浙江大学范骁辉和应可净团队应用流感病毒 PR8(A/PR/8/34,H1N1)复合金葡菌感染诱导肺炎小鼠模型，TLR2/MyD88 和 TLR3/TRIF 共同激活的巨噬细胞模型，结合转录组学分析，明确八宝丹在体的抗炎活性及对巨噬细胞过度免疫反应的保护作用。其潜在机制与 NF-κB 和 MAPK 信号通路相关。对临床 7 例重症新冠肺炎患者进行血清学检测发现，八宝丹能够降低 IL-6 和 C 反应蛋白(CRP)血清浓度，且无患者进展到危重状态或需要机械通气，显示重症患者受益于八宝丹的药物治疗，提示八宝丹可能作为一种细胞因子靶向剂用于治疗新冠肺炎。[Qian J, et al. Biomed Pharmacother. 2021, 139: 111586.]

4. 清瘟解热合剂抗病毒、抗炎研究

昆明理工大学夏雪山和董书维、云南省中医医院温伟波研究团队应用液质联用技术表征了清瘟解热合剂中 53 种化合物，并在细胞水平明确了药物对新冠病毒和 3 种普通冠状病毒 HCoV-OC43、HCoV-229E 及 HCoV-NL63 具有广谱抗病毒和抗炎活性，其机制可能是通过调控 NF-κB/MAPK 信号通路相关，研究结果为病毒感染性疾病的防治提供了候选药物。[Xie P, et al. Phytomedicine. 2021, 93: 153808.]

5. 表没茶子儿茶素没食子酸酯抑制新冠病毒的 3CL 蛋白酶研究

中南大学夏赞贤和李善妮团队应用网络药理学、分子对接、表面等离子体共振和荧光共振能量转移等多种计算和实验策略，从中药复方中发现表没茶子儿茶素没食子酸酯(EGCG)与新冠病毒的 3CL 蛋白酶(3CLpro)之间具有良好的相互作用，*KD* 值为 6.17 μM。体外 3CLpro 抑制实验结果显示 EGCG 是 3CLpro 的有效抑制剂，IC_{50} 为 0.874±0.005 μM。研究结果为抗新冠病毒的药物研发提供了候选先导化合物。[Du A, et al. Int J Biol Macromol. 2021, 176: 1-12.]

6. 诃子鞣酸和安石榴苷抑制新冠病毒的 3CL 蛋白酶研究

山东中医药大学崔清华、伊利诺伊大学芝加哥分校研究团队发现诃子鞣酸(CHLA)和安石榴苷(PUG)在体外非细胞毒性浓度下剂量依赖性抑制新冠病毒的斑块形成，EC_{50} 分别为 9.76±0.42 μM 和 7.20±1.08 μM，显示两个化合物具有体外抗新冠病毒活性，酶抑制试验和动力学测定发现 CHLA 和 PUG 是可逆的、非竞争性的 3CLpro 抑制剂，IC_{50} 分别为 9.09±0.87 μM 和 4.62±0.27 μM，提示 CHLA 和 PUG 作为开发新的抗新冠肺炎病毒药物的先导化合物方面具有良好的潜力。[Du R, et al. Antiviral Res. 2021, 190: 105075.]

7. 基于分子对接及生物膜干涉技术鉴定抑制新冠病毒入侵的天然化合物

中国澳门科技大学中医药质量研究国家重点实验室刘良院士团队在鉴定抗病毒天然产物方面取得进展。研究团队以病毒入侵为切入点，经分子对接联合生物膜干涉技术从1 871种天然产物中得到表没食子茶素没食子酸酯(EGCC)、20(R)-人参皂苷Rg3(RRg3)、20(S)-人参皂苷(Rg3SRg3)、异补骨脂查尔酮(Ibvc)、异绿原酸A(ISCA)和补骨脂酚(Bkc 6)6种化合物可在100 μM浓度以下抑制假病毒入侵，EGCG、Ibvc、SalA和Isl可抑制新冠病毒对Vero E6细胞的毒性。其中，EGCG可抑制多种新冠病毒突变体毒性。并且EGCG、Bkc和Ibvc又可同时结合ACE2受体，对病毒入侵起到双重抑制作用。该研究为抗击新冠肺炎提供了候选化合物。[Zhang D, et al. Pharmacol Res. 2021, 172: 105820.]

8. 甘草酸抗新冠病毒刺突蛋白活性作用的研究

上海中医药大学中药创新研究中心和中西医结合研究所张建革与陈红专团队从新冠病毒本身入手，通过计算机辅助药物设计和生物验证的方法预测中药中具有抗新冠病毒活性的潜在化合物，并通过等离子表面谐振技术和NanoBit方法验证甘草酸抑制RBD活性的作用，MTT法检测化合物细胞毒性，最终筛选出甘草酸是有效且低毒的广谱抑制冠状病毒的化合物，有良好的抗新冠病毒潜力。[Yu S, et al. Phytomedicine. 2021, 85: 153364.]

9. 3种丹酚酸通过结合RBD和ACE2抑制新冠假病毒入侵

西安交通大学药学院贺浪冲教授团队揭示了3种丹参主要成分：丹酚酸A、丹酚酸B、丹酚酸C具有抗新冠病毒活性。通过分子对接和等离子表面谐振技术评估了3种活性成分与spike蛋白RBD区和人ACE2的结合能力，并最终利用假病毒感染ACE2高表达HEK293T细胞，验证了3种化合物的半数有效浓度分别是11.31 μM、6.22 μM和10.14 μM。由此揭示了丹酚酸通过结合RBD和ACE2双向抑制新冠病毒感染的作用。[Hu S, et al. J Med Virol. 2021, 93(5): 3143-3151.]

第七节 中医药科研平台与团队建设

一、省部共建国家重点实验室

为进一步完善国家实验室体系，推动地方实验室工作，根据科技部下发的《关于加强地方实验室工作的若干意见》精神，遴选一批受地方长期重视、与地方经济发展紧密联系、提供重大关键技术支撑的优秀地方实验室重点培育，科技部和地方以省部共建形式共同支持，通过典型示范和引导，提高地方实验室的整体水平。省部共建国家重点实验室是国家加强区域创新体系建设，肩负着提升区域自主创新能力之重任，处于国家科技创新的顶端。

2021 年中医药领域共获批 3 家省部[局]共建实验室，分别是中医湿证国家重点实验室、西南特色中药资源国家重点实验室、道地药材国家重点实验室。

（一）中医湿证国家重点实验室

省部共建中医湿证国家重点实验室于 2021 年 1 月获批建设，实验室依托单位是广州中医药大学，具体承建单位为广州中医药大学第二附属医院（广东省中医院）。实验室聚焦中医湿证理论内涵与源流、发病机制与规律、早期预警与干预、临床转化与治疗四个方向开展研究，推动我国湿证研究领域实现重大突破。实验室立足广东、面向华南、辐射全国，努力发展成为高水平科学研究、聚集和培养优秀科研人才、开展学术交流的重要基地，为促进中医药学发展，提高区域乃至全国健康水平提供有力支撑。

（二）西南特色中药资源国家重点实验室

西南特色中药资源重点实验室以成都中医药大学为依托单位，2021 年 1 月 12 日获科技部正式批准建设，2021 年 7 月 2 日正式授牌。在实验室主任彭成首创的“系统中药学”思想指导下，针对中药资源研究的关键核心问题，依托国家“双一流”建设学科中药学，形成西南特色中药种质的保存与创新、西南特色中药的多维评价、西南特色中药资源的转化机制与调控三个稳定的研究方向，长期以来围绕西南特色中药资源开展基础研究和应用基础研究。实验室紧紧围绕国家重点实验室的布局，按照国家中药发展的战略部署，全面提升西南特色中药资源研究的科学技术水平，推动我国中药资源基础研究的创新突破；大力开展西南特色中药资源的系统研究与开发，将资源优势转化为经济优势、产业优势、生态优势，推动西南区域经济社会生态的高质量发展；将实验室建设成为国内甚至国际西南特色中药资源的科学研究中心、中药人才培养中心和学术交流中心。

（三）道地药材国家重点实验室

道地药材国家重点实验室于2021年成立，依托中国中医科学院中药资源中心建设。实验室面向国家重大战略需求，开展跨学科合作，凝聚各行业力量，保障中药质量，强化管理体制和运行机制，推动中药产业高质量发展。在道地药材品质特异性、品质保障及可持续利用、多基因及表观遗传机制等方面重点开展科研攻关。

二、 国家地方共建现代中药创新中心

2021年5月14日，国家工业和信息化部批复组建国家地方共建现代中药创新中心，这是国内首家国家地方共建的现代中药产业创新中心。

国家地方共建现代中药创新中心由天津中医药大学牵头，联合天士力集团、扬子江药业集团、天津市医药集团、上海医药集团、天津红日药业等5家行业优势企业共同组建。中心精准定位现代中药及大健康产业关键共性技术问题，深入开展组分中药新药创制、中药绿色智能制造、中药制药品质提升、生物新技术研发、经典名方研究开发、中药国际化等方面技术创新研发，致力于推动中药现代化、产业化发展。

三、 国家药品监督管理局重点实验室

2021年2月7日国家药品监督管理局公布第二批共72个重点实验室名单。该批重点实验室聚焦药品监管和医药产业高质量发展需要，着力引导药品监管新技术、新业态和新模式发展。本次重点实验室遴选重点向中药领域倾斜，评定了14家中药重点实验室，涵盖蒙、藏、维药等民族药，见表3-12。

表 3-12　国家药监局第二批重点实验室名单(中医药类)

序号	实验室名称	依托单位	实验室主任	学委会主任
1	中医药研究与评价重点实验室	北京中医药大学	徐安龙	丁　健
2	中医药研究与评价重点实验室	中国中医科学院	黄璐琦	李大鹏
3	中药临床研究与评价重点实验室	中国中医科学院西苑医院	高　蕊	唐旭东
4	中药安全研究与评价重点实验室	河南中医药大学	苗明三	王升启
5	中药质量研究与评价重点实验室	深圳市药品检验研究院	王铁杰	仝小林
6	中医药循证评价重点实验室	天津中医药大学	张俊华	刘清泉
7	中药质量研究与评价重点实验室	安徽省食品药品检验研究院	周志凌	王广基
8	中药质量研究与评价重点实验室	黑龙江省药品检验研究中心	杨利红	杨宝峰
9	海洋中药质量研究与评价重点实验室	青岛市食品药品检验研究院	卢京光	郝小江
10	中药(蒙药)质量控制重点实验室	内蒙古民族大学	拉喜那木吉拉	段金廒
11	中药(藏药)质量控制重点实验室	青海省药品检验检测院	海　平	梅之南
12	中药材质量监测与评价重点实验室	广西壮族自治区食品药品检验所	张　涛	娄红祥
13	中药(维药)质量控制重点实验室	新疆维吾尔自治区药品检验研究院	于新兰	顾政一
14	中药(藏药)质量控制重点实验室	西藏自治区食品药品检验研究院	达娃卓玛	姚新生

四、国家中药材标准化与质量评估创新联盟

国家中药材标准化与质量评估创新联盟是 2021 年农业农村部主导成立的国家农业科技创新联盟框架下的产业联盟，其前身为中药材基地共建共享联盟。

联盟的宗旨是以各成员单位的中药材资源发展需求及各方共同利益为基础，以引导推进道地品种规范化、规模化现代中药农业企业的建设为重要内容，推进中药材质量标准化，努力拓展中药农业与中药工业协调发展新格局，探索建立药材质量、产量、价格可控的现代中药农业生产新组织体系，搭建中药行业经济和科技合作平台，为中药产业可持续稳定健康发展提供优质可持续中药材资源。

联盟提出“共建共享”理念，即农业企业共同建设基地，工业企业以不同形式共同分享基地资源。以大企业为主体，大品种为抓手，大基地为依托，形成中药材品质提升共识和标准规范并向全国推广，进而推动我国中药材产业升级。

联盟成立以来，围绕着中药材规范化生产、植物保护、饮片炮制、供需对接、药材标准、扶

贫、良种繁育等关键环节开展工作，为企业提供技术支持，旨在把中药工业骨干企业的中药材资源需求，聚集到目前规范化、规模化、组织化基础较好，又有发展前景的道地产区药材生产企业，共建共享现代中药农业资源基地。联盟首次提出了“三无一全”的概念，要求盟员单位要率先达到“无硫加工、无黄曲霉素污染、无公害，全过程可追溯”的标准，为行业树立标杆。

目前，创新联盟已有常务理事、理事、盟员单位共80余家，盟员优质药材基地面积超过260万亩，于19个省市自治区建立联络站，下设5个联盟工作组，10个专业委员会。

五、国家中医药管理局中医药创新团队

2021年国家中医药管理局遴选出10个国家中医药多学科交叉创新团队和10个国家中医药传承创新团队，见表3-13和表3-14。

表3-13 国家中医药多学科交叉创新团队清单

序号	团队带头人	团队名称	牵头单位	联合单位
1	刘清泉	中医药治疗新冠肺炎临床疗效评价和机理研究创新团队	首都医科大学附属北京中医医院	广州医科大学附属第一医院、首都医科大学附属北京朝阳医院、东南大学附属中大医院、北京市疾病预防控制中心、成都中医药大学、哈尔滨医科大学附属第一医院、武汉市金银潭医院、博奥生物集团有限公司、北京大学
2	李宏义	组织液循环创新团队	北京医院	中国医学科学院基础医学研究所、中国中医科学院针灸研究所、中国科学院计算技术研究所
3	张忠德	中医疫病多学科交叉创新团队	广东省中医院	东南大学附属中大医院、中山大学附属第一医院、北京蛋白质组研究中心、暨南大学、上海中医药大学附属龙华医院、广州医科大学附属第一医院、广东省疾病预防控制中心、湖北中医药大学、北京中医药大学、江苏康缘药业股份有限公司
4	张俊华	中医药疗效证据智能生产与转化创新团队	天津中医药大学	国家超级计算天津中心、中国科学院自动化研究所、南开大学、天津大学、上海明品医学数据科技有限公司
5	陈学东	中医药智能设备开发创新团队	国机集团科学技术研究院有限公司	中国中医科学院、郑州大学、中国农业大学、中国中医科学院西苑医院、中国中医科学院广安门医院
6	贾振华	肺络病防治研究多学科交叉创新团队	河北省中西医结合医药研究院	广州医科大学附属第一医院、上海交通大学、厦门大学、江南大学
7	高　月	中药研制与中药安全性创新团队	中国人民解放军军事科学院军事医学研究院	天津中医药大学、江西中医药大学

续 表

序号	团队带头人	团队名称	牵头单位	联合单位
8	曹　彬	急性呼吸道感染及新发呼吸道传染病中西医结合创新团队	中日友好医院	中国医学科学院北京协和医学院、中国疾病预防控制中心病毒病预防控制所、清华大学、北京中医药大学、上海中医药大学附属龙华医院、中国科学院微生物研究所、中国人民解放军陆军军医大学、南京医科大学附属儿童医院、沈阳药科大学、河南中医药大学第一附属医院、江苏省中医院、北京中医药大学第三附属医院、山东润中药业有限公司
9	彭　成	西南特色中药资源多维评价多学科交叉创新团队	成都中医药大学	四川大学、华润三九(雅安)药业有限公司、成都华神科技集团股份有限公司、成都第一制药有限公司、好医生药业集团有限公司
10	程　京	心力衰竭中医药多学科交叉创新团队	博奥生物集团有限公司	中国中医科学院广安门医院、中国科学院上海药物研究所、清华大学

表 3-14　国家中医药传承创新团队

序号	团队带头人	团队名称	牵头单位	联合单位
1	王　伟	心衰的中医病机与治法研究传承创新团队	广州中医药大学	北京中医药大学、中国科学院微电子研究所
2	王拥军	中医“肾主骨”传承创新团队	上海中医药大学附属龙华医院	复旦大学、上海交通大学、中国科学院上海生命科学研究院、中国科学院上海有机化学研究所
3	毛静远	中医药防治心血管疾病传承创新团队	天津中医药大学第一附属医院	中国医学科学院阜外医院、天津中医药大学、天津市胸科医院、天津中医药大学第二附属医院
4	卢传坚	中医药治疗难治性自身免疫病传承创新团队	广东省中医院(广州中医药大学第二附属医院)	澳门科技大学、北京蛋白质组研究中心、上海生物芯片工程研究中心、广州悦康生物制药有限公司
5	花宝金	基于调气解毒学说的中医肿瘤传承创新团队	中国中医科学院广安门医院	中国中医科学院中药研究所、中国医学科学院生物技术研究所
6	李建生	呼吸疾病中医药防治国家中医药传承创新团队	河南中医药大学第一附属医院	华中科技大学同济医学院附属同济医院
7	杨思进	中医药防治心脑血管重大疑难疾病传承创新团队	西南医科大学附属中医医院	成都中医药大学附属医院、四川大学、重庆华森制药股份有限公司
8	程海波	癌毒病机理论防治胃肠恶性肿瘤传承创新团队	南京中医药大学	上海中医药大学、广州中医药大学、南京大学
9	谢春光	中医药防治糖尿病大血管病变传承创新团队	成都中医药大学附属医院	四川大学、四川大学华西医院、上海伯豪生物技术有限公司、重庆医科大学
10	魏　玮	中医药防治消化道癌前疾病传承与创新团队	中国中医科学院望京医院	广东省中医院、北京大学第一医院、北京大学、中国医学科学院药用植物研究所、清华大学

第四章
中医药产业发展情况

本章重点围绕中医药产业发展年度状况进行分析，对中医药临床诊疗服务、中药工业发展、中药资源、中药新药研发、健康产业等方面进行总结梳理，系统介绍行业发展状况，并提出下一步发展的相关建议。

第一节
中医临床诊疗状况分析

中医药是我国独特的卫生资源，在治未病、重大疾病治疗、疾病康复中发挥了重要作用。特别是在防控新冠肺炎疫情的斗争中，中医药全过程、全方位发挥重要作用，中医药的特色优势再次得到彰显。在党中央、国务院大力支持下，中医药服务体系、服务能力和服务模式均不断提升完善，成为健康中国建设的一支主力军。

一、2021年度中医药资源配置及临床服务概况

根据国家卫生健康委员会统计数据，2021年全国中医类医疗卫生机构总数77 336个，比2020年增加4 981个。其中，中医类医院5 715个，中医类门诊部、诊所71 583个，中医类研究机构38个。与2020年比较，中医类医院增加233个，中医类门诊部及诊所增加4 753个。2021年，全国中医类医疗卫生机构床位150.5万张，包括中医类医院119.7万张（占79.5%）。与2020年比较，中医类医疗卫生机构床位增加7.2万张。2021年提供中医服务的社区卫生服务中心占同类机构的99.6%，社区卫生服务站占93.0%，乡镇卫生院占99.1%，村卫生室占79.9%。在中医药卫生人员配置方面，2021年全国中医药卫生人员总数达88.4万人，比2020年增加5.5万人（增长6.6%），其中中医类别执业（助理）医师73.2万人，中药师（士）13.6万人，两类人员较2020年均有所增加。在中医医疗服务能力提升方面，2021年全国中医类医疗卫生机构总诊疗人次12.0亿。其中中医类医院6.9亿人次（占57.3%），中医类门诊部及诊所2.0亿人次（占17.0%），非中医类医疗机构中医类临床科室3.1亿人次（占25.7%）。2021年全国中医类医疗卫生机构出院人次3 800.2万。包括中医类医院3 151.9万人次（占82.9%），中医类门诊部0.8万人次，非中医类医疗卫生机构中医类临床科室647.5万人次（占17.0%）。

二、"十三五"中医药资源配置及临床服务能力评价

为了系统评价中医药资源配置及临床服务能力发展变化，对"十三五"期间中医药临床服务数据进行梳理。"十三五"期间，全国中医类医疗卫生机构总数逐年升高，2016—2020 年间全国中医类医疗卫生机构分别为 49 527 个、54 243 个、60 738 个、65 809 个、72 355 个，见图 4-1。

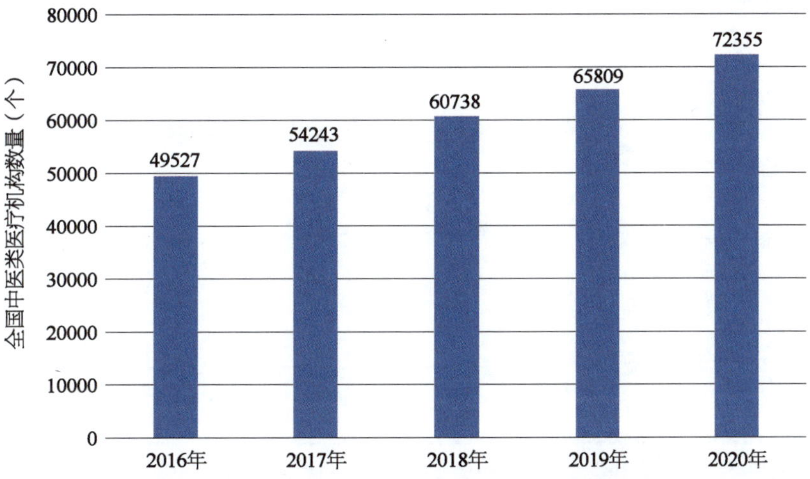

图 4-1 "十三五"期间全国中医类医疗卫生机构数量

2020 年全国提供中医类诊疗服务床位 132.4 万张，较 2016 年增加 29 万张；其中，中医类医院 114.8 万张（中医医院床位 98.1 万张、中西医结合医院床位 12.5 万张、民族医医院床位数 4.2 万张），占同年度中医类医疗机构总床位 86.7%，中医类门诊部 438 张。汇总"十三五"期间全国中医药相关机构及床位数，在一定程度上体现中医药临床服务能力的提升，见图 4-2。

根据国家卫生健康委员会数据，"十三五"期间提供中医服务的基层医疗卫生机构比重，2020 年提供中医服务的社区卫生服务中心占同类机构的 99.0%，社区卫生服务站占90.6%，乡镇卫生院占 98.0%，村卫生室占 74.5%，均较前有提升，见表 4-1。由图 4-3 可以看出，虽然基层医疗卫生机构中医比例逐年上升，而中医类诊疗服务仍主要由中医类医院提供，历年均占总体服务量 50%以上，提示门诊、诊所、社区卫生服务中心等中医药机构的基层服务能力提升仍有较大空间，见图 4-3。

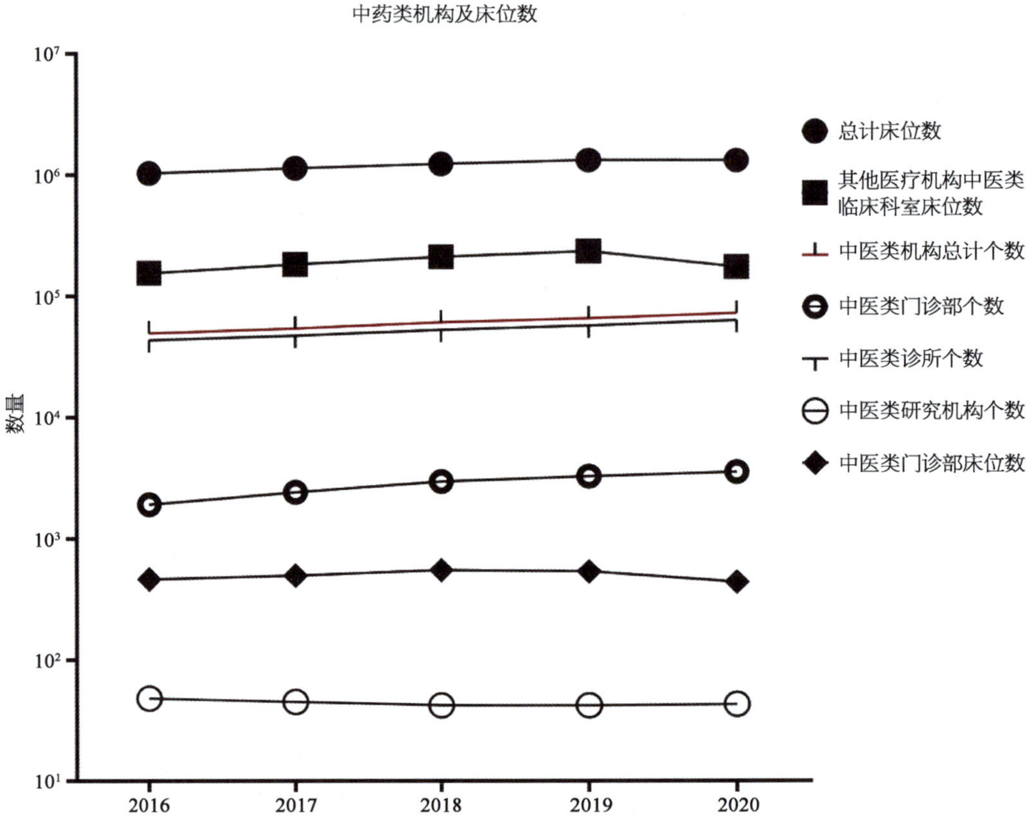

图 4-2 "十三五"期间中医类机构及床位数变化趋势

表 4-1 "十三五"期间提供中医服务的基层医疗卫生机构占同类机构比重

机　　构	2016 年	2017 年	2018 年	2019 年	2020 年
社区卫生服务中心(%)	97.5	98.2	98.5	98.3	99.0
社区卫生服务站(%)	83.3	85.5	87.2	85.9	90.6
乡镇卫生院(%)	94.3	96.0	97.0	97.1	98.0
村卫生室(%)	62.8	66.4	69.0	71.3	74.5

2016—2020 年全国中医类服务量占医疗服务总量分别为 15.8%、15.9%、16.2%、16.4%、14.5%。具体到中医药服务人次，2020 年全国中医类医疗卫生机构总诊疗人次达 9.2亿人次，其中中医类医院诊疗增加 0.20 亿人次、中医类门诊部诊疗增加 0.11 亿人次、中医类诊所诊疗增加 0.32 亿人次；而诊疗人次的降低主要体现在"其他医疗卫生机构中医类临床科室"，其诊疗服务降低了 1.09 亿人次，体现了中医药临床服务逐步规范化、专业化，同时可能与疫情防控相关的医疗资源配置调整有关，见图 4-3。

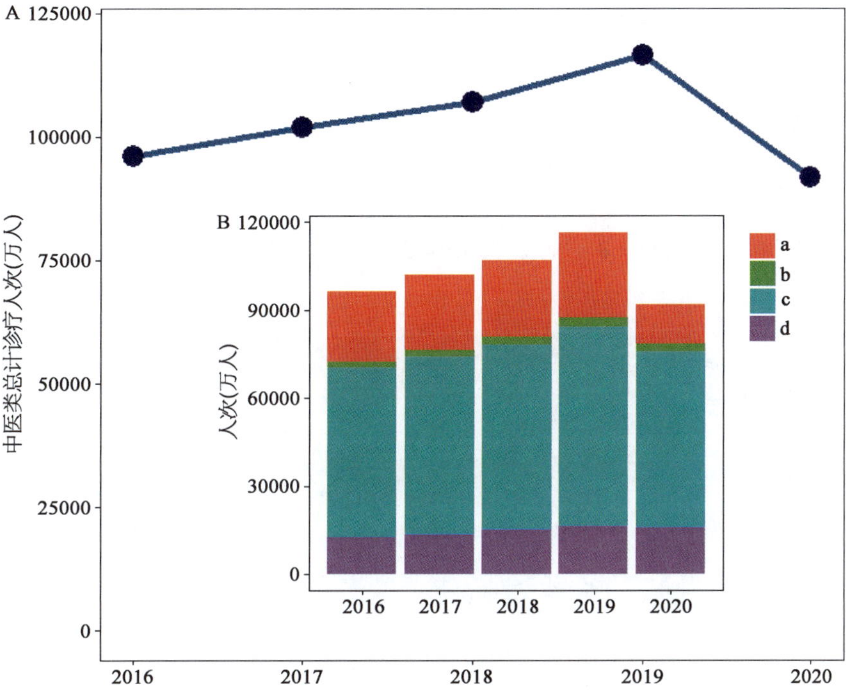

图 4-3　中医类服务诊疗人次分布图

注：图 4-3-A：中医类医疗机构提供医疗服务诊疗人次总计；图 4-3-B：不同类型中医医疗机构提供医疗服务诊疗人次。a. 其他医疗卫生机构中医类临床科室诊疗人次(万人)，b. 中医类门诊部诊疗人次(万人)，c. 中医类医院诊疗人次(万人)，d. 中医类诊所诊疗人次(万人)。

2020 年全国中医类医疗卫生机构出院人数 3 249.8 万人，比 2016 增加 300.8 万人。其中，中医类医院 2 907.1 万人(占 89.5%)，中医类门诊部 0.3 万人，其他医疗卫生机构中医类临床科室 342.4 万人(占 10.5%)，较其他年度有下降，和门诊诊疗服务人次呈相似趋势，见表 4-2。

表 4-2　中医类医疗机构出院人数　　　单位：万人

年度	中医类总计出院人数	中医类医院出院人数	中医医院出院人数	中西医结合医院出院人数	民族医医院出院人数	中医类门诊部出院人数	中医门诊部出院人数	中西医结合门诊部出院人数	其他医疗卫生机构中医类临床科室出院人数	中医类服务量占医疗服务总量出院人数(%)
2016	**2 949.0**	**2 556.7**	2 270.4	227.5	58.8	**2.1**	1.4	0.6	390.2	13.1
2017	**3 291.0**	**2 816.1**	2 481.9	259.9	74.3	**1.2**	1.1	0.1	473.7	13.6
2018	**3 584.7**	**3 041.0**	2 661.3	288.0	91.8	**0.7**	0.6	0.1	542.9	14.1
2019	**3 858.9**	**3 274.0**	2 866.6	311.5	96.0	**0.6**	0.5	0.1	584.3	14.6
2020	**3 249.8**	**2 907.1**	2 552.2	276.0	78.9	**0.3**	0.2	0.1	342.4	14.2

提升中医药临床服务能力，离不开中医药相关专业人才的培养。在中医药人力资源配置方面，2020 年全国中医药卫生人员总数达 82.9 万人，比 2016 年增加 21.6 万人。其中，中医类别执业（助理）医师 68.3 万人，中药师（士）13.1 万人，两类人员数量均呈上升趋势；但与全国总体医疗人力资源相比仍相对偏少，提示中医药人力资源配置明显不足，见表 4 - 3。

表 4 - 3 "十三五"期间全国中医药人员数量及占比 单位：万人

年度	中医药人员总数	中医类别执业（助理）医师	见习中医师	中药师（士）	中医类别执业（助理）医师占同类人员总数（%）	见习中医师占同类人员总数（%）	中药师（士）占同类人员总数（%）
2016	**61.3**	48.2	1.4	11.7	15.1	6.6	26.6
2017	**66.4**	52.7	1.6	12.0	15.5	7.7	26.6
2018	**71.5**	57.5	1.6	12.4	15.9	7.6	26.5
2019	**76.7**	62.5	1.5	12.7	16.2	7.9	26.3
2020	**82.9**	68.3	1.5	13.1	16.5	8.2	26.4

总体而言，"十三五"期间全国中医药资源配置及服务能力均有不同程度的提升，2021 年中医药总体数据也稳中有进。但与西医同类数据比较，仍有较大提升空间。当前，中医药发展不平衡、不充分问题仍然突出，中医药优质医疗服务资源总体不足，基层中医药服务能力仍较薄弱，中西医协同作用发挥不够，中医药参与公共卫生和应急救治机制有待完善，传承创新能力有待持续增强，中医药特色人才培养质量仍需提升，符合中医药特点的政策体系需进一步健全。"十四五"期间，中医药服务能力将会有进一步提升，为服务人民健康做出更大贡献。

第二节
中药工业运营分析

中药工业按国家统计分类，含中成药工业和中药饮片工业。2021 年，中药工业总体运营平稳，稳步增长。

一、中药工业实现高质量良性发展，营收与利润双增长

2021 年，中药工业年营业收入达到 6 919 亿元人民币，同比 2020 年的 6 156 亿元增长 12.39%。其中，中成药主营业务收入 4 862 亿元，同比 2020 年的 4 347 亿元增长 11.85%，中药饮片主营业务收入 2 057 亿元，同比 2020 年的 1 809 亿元增长 13.68%。利润总额 1 004.5 亿元，同比 2020 年的 733.1 亿元增长 37.02%。其中，中成药 755.2 亿元，同比 2020 年的 612.6 亿元增长 23.28%，中药饮片 249.3 亿元，同比 2020 年的 120.5 亿元增长 102.35%。

据国家统计局公布，2021 我国 GDP 增长 8.2%。医药工业表现抢眼，全国医药工业营业收入 32 772 亿元，同比增长 19.02%，比全国 GDP 增速高出 10.8 个百分点。医药工业 8 大子行业中，增长最为突出的是生物药品和基因工程，全年营业收入分别达到 5 918 亿元和 2 627 亿元，增速分别达到 1.13 倍和 6.2 倍。

中药的表现优于化药。化药 2021 年工业营业收入 12 824 亿元，同比 2020 年的 11 667 亿元，增长 9.92%，中药比化药快了 2.5 个百分点。其中，化药制剂 8 409 亿元，同比增长 8.07%，相比于中成药和中药饮片增速 12.39%，慢了 4.3 个百分点。受出口增长拉动的影响，化药原料增速快于制剂，全年营业收入 4 415 亿元，同比 2020 年的 3 886 亿元，增长 13.6%。

二、从运营情况分析，全年平稳增长，四季度创近年新高

中药工业营业收入分季度来看，一季度 1 576 亿元，同比 2020 年的 1 329 亿元大幅增长

18.59%；二季度1 585亿元，同比2020年的1 397亿元增长13.46%；上半年合计3 161亿元，同比2020年的2 726亿元大幅增长15.98%。三季度1 542亿元，同比2020年的1 441亿元增长7%，增幅下降到个位数之内。四季度形势较好，达到了2 216亿元，同比2020年的1 989亿元增长11.41%，增速重新回到二位数，环比三季度提高了4.4个百分点。全年四个季度看，工业营业收入均在1 500亿元之上，保持着平稳增长的态势，四季度更是超过了2 000亿元，是2018年以来单季营业收入最高，展现了良好的增长态势。

中药工业利润一季度166.6亿元，同比2020年一季度的133.9亿元，大幅增长24.42%；二季度工业利润再破200亿元大关，达到212.1亿元，同比2020年二季度的178.8亿元，增长18.62%，上半年利润总额累计达到378.7亿元，同比2020年上半年的312.7亿元，增长21.11%。三季度工业利润增长幅度有所放缓，利润173.2亿元，同比2020年三季度的157.8亿元增长9.76%，增速重新回落到10%以内。四季度利润创纪录增长，利润突破400亿，达到452.6亿元，同比2020年四季度的265.3亿元，增长70.6%，无论是利润额还是增长幅度都创下新高。

三、中成药营业收入与利润实现双增长，行业集中度提升

中成药全年营业收入累计4 862亿元，同比2020年的4 367亿元，同比增长11.85%，增速重回两位数。中成药全年利润累计755.2亿元，同比2020年的612.6亿元，大幅增长23.28%。

中成药全年实现营业收入与利润双增长，增速双双突破2位数，尤其是工业利润全年增速突破20%的大关，达到23.28%，反映了整个中成药工业保持了良好的增长态势。

进入统计的中成药工业企业共计1 551家，亏损企业数量下降10%，但亏损同比2020年大幅增长43%，与整个行业利润增长23.28%正好形成鲜明比照，反映行业的集中度在提升，整个行业竞争力在整合中进一步增强。

国家药品监管部门加快推进中药审评审批机制改革，以中医临床需求为导向，加快完善中药注册分类和申报要求，建立中医药理论、人用经验、临床试验"三结合"的中药注册审评证据体系。中药注册管理办法改革释放了中药新药研发动力。2021年我国中药新药获批数量达到12个，为近年来少有，对推动中药产业发展产生积极影响。

四、中药饮片市场发展增速显著，配方颗粒成为新增长点

中药饮片全年营业收入第一次跨过2 000亿大关，达到2 057亿元，同比2020年的1 809

亿元增长13.68%;利润实现翻番增长,达到249.3亿元,同比2020年的123.2亿元,大幅增长102.35%。2021年2月10日,国家药监局、国家中医药管理局、国家卫生健康委、国家医保局共同发布《关于结束中药配方颗粒试点工作的公告》,更多的中药企业参与中药配方颗粒的研发与生产,对于中药配方颗粒的发展起到了极大的促进作用,拉动中药饮片产业全年业绩大幅增长。

目前,中药配方颗粒产业的发展周期正处于成长期阶段。2021年11月1日结束中药配方颗粒试点后,中药配方颗粒市场开始进入全面竞争阶段。

五、编制循证指南,促进合理使用

中国中药协会组织开展中成药治疗优势病种的临床研究,制订《中成药治疗优势病种临床应用指南》,推动实现中西医并重,指导临床医师更合理使用中成药,更充分发挥中医药临床优势。2015年10月,国家中医药管理局立项启动《中成药治疗优势病种临床应用指南》标准化项目共立题45个优势病种指南,组织全国1 800个单位、2 000名中西医专家协同攻关,提出"循证为主、共识为辅、经验为鉴"的中成药推荐原则;采用分型、分期、分症状或指标、分证的中成药推荐方式;是我国首部将使用对象主要定位于全科医师、西医师的中成药循证实践指南,对于解决中成药临床应用的瓶颈,促进中药产业的发展具有重要意义。2020年底和2021年,共发布两批27个指南。两批指南遵循国际循证指南研制规范,结合中医药特点,从423 066项原始研究中纳入符合标准的2 651项研究,完成1 321个系统评价Meta分析,形成了318条主要推荐意见,最终从2 225个中成药中推荐了206个中成药。指南围绕中成药治疗有优势的病种,彰显中医药临床价值,坚持循证医学原则和中医药特点相结合,创新推荐原则。2021年2月至今,《中成药治疗优势病种临床应用指南》已累计发表24本,开展指南巡讲专场100余场,参与医师逾2万人次。中华中医药学会、中国中西医结合学会等国家学术团体,也组织制订了一批中医药临床应用指南,有力推动了中成药临床合理应用,更好服务重大疾病防治。

六、中成药集采将对中药工业发展带来影响

2021年12月21日,19省区联盟中成药集采开标。通过现场竞争,有97家企业、111个产品中选,中选率达62%,平均降幅42.27%,最大降幅82.63%。2022年,《全国中成药联盟采购公告》印发,我国30个省级单位(不包括湖南、福建和港澳台)将组成全国中成药联合采购办公室,由湖北医保局牵头。首次集采将涉及心脑血管疾病以及

复方斑蝥、复方血栓通、冠心宁、华蟾素等16种中成药。这标志着，中成药集采已经从区域试点向全国铺开。与此同时，各地也在中药配方颗粒、中药饮片等领域探索省级、省际联盟集采。

从当前形势看，中成药集采已经是大势所趋，中药企业要认真研究相关政策，要更加重视真正具有临床价值的创新药开发，以创新驱动中药产业高质量发展。

第三节
中药上市企业年报分析

我国中药境内上市71家企业，剔除5家数据暂未列入企业，余下66家企业业绩分析，全年营收增长9.35%、利润增长13.9%、研发投入增长8.41%、毛利润仍处于较高水平，66家公司总体呈高质量稳定发展态势。

66家中药境内上市企业主营业务以中药工业为主，部分企业主营业务中含非药产品和药品流通，如白云山、云南白药、同仁堂等具有优秀品牌的中成药企业。还有个别企业主营业务中有化药，如天士力。但66家企业主营业务总体上以中药工业为主。

中药境内上市企业是中药产业中优秀的企业群体，同时企业的管理与运营的阳光程度也颇高，数据相对更为准确，对上市企业的年报分析，能更好地把握中药产业的现行运营情况及未来发展方向。

一、全年营收稳定增长，增速低于中药工业

66家企业营收总额3 271亿元，同比2020年2 991亿元增长9.35%，低于2021年全国中药工业增速4个百分点。由于2020年中药工业增速低于当年中药上市公司4.2个百分点，66家上市企业两年营收总增速仍高于中药工业1.2个百分点。全部66家企业中，2021年正增长57家，占比86.36%，负增长9家，占比13.64%。

全年营收过百亿元和过10亿元的企业数与2020年持平，过百亿元的7家，过10亿元的44家。营收过百亿元的7家企业全年营收总额1 733亿元，同比2020年的1 569亿元，增长10.45%，高于66家企业9.35%增速1.1个百分点。营收过百亿元的7家企业中，除步长制药外，其余6家都为正增长，其中5家增长超过2位数，最高的以岭药业增速达到15.19%。排名前4位的企业同2020年位置不变，第1位白云山营收690亿元，同

比增长 11.93%；第 2 位云南白药营收 363.7 亿元，同比增 11.09%；第 3 位步长制药营收 157.6 亿元，同比微降1.52%；第 4 位华润三九营收 153.2 亿元，同比增长 12.34%。同仁堂与太极集团比 2020 年排名分别上升一位，排到第 5 位和第 6 位。以岭药业首次跨入百亿元俱乐部，营收达到101.2 亿元，同比 2020 年的 87.8 亿元，增长 15.19%。2020 年排名第 5 位的天士力营收下跌，从 2020 年的第 5 位跌至排名第 10 位。见表 4-4 和表 4-5。

表 4-4　2021 年中药境内上市企业营收超百亿元企业统计表

序号	企 业 名 称	营收(亿元)	同比增长(%)
1	白云山	669.14	11.9
2	云南白药	363.74	11.09
3	步长制药	157.63	−1.52
4	华润三九	153.19	12.34
5	同仁堂	146.03	13.86
6	太极集团	121.49	8.40
7	以岭药业	101.17	15.19

表 4-5　2021 年营收增速排名前 10 位中药企业统计表

序号	企 业 名 称	营收(亿元)	增速(%)
1	龙津药业	7.03	176.55
2	西藏药业	21.39	55.75
3	贵州三力	9.39	48.99
4	通化金马	15.15	36.31
5	佐力药业	14.57	33.60
6	健民集团	32.78	33.48
7	盘龙药业	8.87	32.40
8	新天药业	9.70	29.15
9	葵花药业	44.61	28.86
10	众生药业	24.29	28.13

66 家企业全年营收增速超过 10%的共有 40 家，超过 20%的有 21 家，营收超过 10 亿元

增速在10%以上的共有29家。全年增速最高的是龙津药业，增长176.55%；排名第2位的是西藏药业，增长55.75%；第3位是贵州三力，增长48.99%。

二、利润增速继续保持，企业业绩表现各不相同

66家境内中药上市企业2021年全年利润总额315.3亿元，同比2020年的276.8亿元增长13.9%。全国中药工业全年利润增长37.02%，中成药工业增长23.28%，66家企业的利润增速分别比全国中药工业低了23个百分点，比全国中成药工业也低了9个百分点。同比2020年，66家企业中全年利润增长的有46家，占比69.7%，同比下降的有20家，占比30.3%。

全年利润超过10亿元的企业有10家，与2020年持平；10家净利润合计209亿元，同比2020年的186.8亿元增长11.88%，与2020年排名前10家利润总额193亿元相比增长8.29%。2020年利润过10亿元排名前10的企业排位有较大变化，2020年排名第9位的广誉远2021年排名跌至第65位；2020年排名第18位的康恩贝大幅提升13位，进入2021年前五。其他企业如：步长制药从2020年的第三位跌到第9位，天士力由2020年的第8位上升到第4位。从全年利润总额看，白云山超过云南白药上升到利润第1位，全年利润总额37.2亿元；云南白药跌到第2位，全年利润总额28亿元；片仔癀上升到第3位，全年利润总额24.3亿元。10家企业中，8家净利润同比增长，增幅最大的为：康恩贝增长343.24%，天士力增长109.51%。

66家企业的主营业务含有药品流通与非药类产品，不同业务板块利润增长也不尽相同。从疫情后2020与2021两年数据看，2020年66家上市企业全年利润增速为25.78%，而同期全国中药工业利润则是下降了1.59%，两年累加66家企业增速达39.68%，而全国中药工业两年累加增速为35.43%，66家企业的利润增速比全国中药工业高出4.3个百分点，见表4-6和表4-7。

表4-6　2021年利润排名前10位中药企业统计表

序号	企　业　名　称	利润(亿元)	同比增减(%)
1	白云山	37.20	27.60
2	云南白药	28.04	−49.17
3	片仔癀	24.31	45.46
4	天士力	23.59	109.51

续 表

序号	企 业 名 称	利润(亿元)	同比增减(%)
5	华润三九	20.47	28.13
6	康恩贝	20.09	343.24
7	济川药业	17.19	34.60
8	以岭药业	13.44	10.27
9	步长制药	12.89	−30.72
10	同仁堂	12.27	19.00

表4-7 2021年利润增速排名前10位中药企业统计表

序号	企 业 名 称	利润(亿元)	增速(%)
1	东阿阿胶	4.40	917.43
2	康恩贝	20.09	343.24
3	康弘药业	4.21	256.04
4	特一药业	1.27	189.66
5	众生药业	2.78	165.08
6	健民集团	3.25	119.73
7	通化金马	0.35	109.81
8	天士力	23.59	109.51
9	佐力药业	1.79	102.03
10	华神科技	0.70	87.51

三、 研发费用有所增长，毛利率处于较高水平

66家上市企业2021年研发费用继续增长，全年研发费用总额100.5亿元，同比2020年增长8.41%，低于营收与利润的增速，研发费用与营收的总占比为3.07%。在研发投入方面高于全国中药行业的平均水平，但仍然大大低于全国医药行业的水平。66家企业中，全年研发费用增长的有46家，占比69.7%，下降的有20家，占比为30.3%。增长速度最快的分别是西藏药业715.86%、济川药业114.74%、片仔癀104.52%。下降幅度最大的3家企业分别是信邦制药80.18%、大理药业49.07%、广誉远42.01%。

全年研发费用过亿元的有28家企业，比2020年的24家增加了4家；其中，超过2亿元的12家，比2020年的8家同样也增加了4家。这12家之中有9家增长，3家下降。66家企业仍是康弘药业研发费用最高，达到10.1亿元，但同比2020年下降了39.84%；排名第2的是白云山8.7亿元，同比增长42.94%；排名第3的是以岭药业8.4亿元，同比增长13.7%；排名第4的是华润三九6.3亿元，同比增长21.82%；排名第5的是天士力的5.8亿元，同比下降15.93%。

66家企业的毛利率仍处于较高水平，超过60%的企业46家，占69.7%，其中毛利率超过80的企业有10家，占15.2%。毛利率最高的西藏药业高达96.13%。毛利率低于40%的有4家，最低的太龙药业仅为25.92%，见表4-8和表4-9。

表4-8 2021年全年研发费用超2亿元中药企业统计表

序号	企 业 名 称	研发费用(亿元)	增减(%)
1	康弘药业	10.08	−39.84
2	白云山	8.75	42.94
3	以岭药业	8.38	13.70
4	华润三九	6.31	21.82
5	天士力	5.80	−15.93
6	济川药业	5.23	114.74
7	康缘药业	4.99	31.27
8	步长制药	4.09	−23.40
9	云南白药	3.31	82.99
10	众生药业	2.09	16.10
11	红日药业	2.03	12.88
12	桂林三金	2.02	31.22
13	片仔癀	2.0	104.52

表4-9 2021年研发费用增速排名前10位中药企业统计表

序号	企 业 名 称	研发费用(亿元)	增速(%)
1	西藏药业	0.61	715.86
2	济川药业	5.23	114.74

续 表

序号	企 业 名 称	研发费用(亿元)	增速(%)
3	片仔癀	2.0	104.52
4	葫芦娃	1.0	94.40
5	云南白药	3.31	82.99
6	维康药业	0.37	81.37
7	华森制药	0.94	79.71
8	江中制药	0.88	58.09
9	嘉应制药	0.14	53.56
10	新天药业	0.20	53.26

四、 整体竞争力提升，科研投入仍需加强

2020年以来，由于在抗击新冠肺炎疫情中的独特作用，中医药的价值得到彰显，中药产业迎来了新的发展机遇期。中药上市企业是国内中药产业中表现最为突出的企业群体，也在很大程度上代表了中药产业的未来发展方向。66家上市企业的整体竞争力进一步增强，仅就2021年数据分析，其中全年营收过百亿的7家企业营收总额1 733亿元，同比2020年的1 569亿元，增长10.45%；7家过百亿公司的营收占66家上市公司总营收的52.98%，超过一半。全年利润超过10亿元的10家企业，净利润合计209亿元，同比2020年的186.8亿元增长11.88%，占66家上市企业总利润的66.29%，约占三分之二；年研发费用超过2亿元的13家企业总研发费用63.06亿元，占66家上市企业总研发费用100.5亿元的62.75%，将近占到三分之二。从营收、利润、研发费用这三项医药企业最重要的运营指标来看，66家企业中排名靠前的10家左右企业，无论是规模、盈利能力和未来发展潜力，相比较都具有更大的优势，在推动整个中药产业发展中起到引领示范作用。

第四节
中药新药审评审批

中药新药注册上市，是中医药临床、基础创新的重要转化出口，也是中药产业的源头活水。中药注册监管的理念、方法、质量与进度不仅与人民群众的用药安全与健康福祉息息相关，还有保障中药产品可及性、引导市场良性竞争的作用，直接影响着中药产业健康发展。随着一系列符合中医药特点的中药审评审批相关政策的出台，2021 年中药新药临床试验和上市申请数量、新药获批数量均创新高。

一、 中药新药审评审批制度改革

2021 年 2 月，国务院办公厅发布《关于加快中医药特色发展若干政策措施》，文件就优化中药审评审批管理、完善中药分类注册管理等问题做出要求，强调“加快推进中药审评审批机制改革，建立中药新药进入快速审评审批通道的有效机制”，“优化具有人用经验的中药新药审评审批”；“建立中医药理论、人用经验、临床试验‘三结合’的中药注册审评证据体系，积极探索建立中药真实世界研究证据体系”。国家药品监督管理局也出台了《关于促进中药传承创新发展的实施意见》等政策文件，持续推进中药审评审批机制改革，建立完善符合中药特点的注册管理制度和技术评价体系，加快促进中药新药研制。

中药新药审评审批制度改革的原则是坚持临床价值导向，体现中医药自身特色，尊重中药研发规律。注册分类上，强化临床价值导向，不再以物质基础作为划分中药注册类别的依据；加强古典医籍精华的梳理和挖掘，促进中药传承发展；完善全生命周期管理，鼓励中药二次开发；逐步确立了中医药理论、人用经验和临床试验相结合“三结合”的中药评审依据体系；审评模式上，注重“研审一体”，突出中药新药解决临床问题的研发导向。

“三结合”是指中医药理论、人用经验和临床试验相结合的中药注册审评证据体系，体现了传承精华、守正创新的原则，尊重中医药理论及传统用药经验，符合中药传承创新发展的需要。围绕构建“三结合”为核心的中药注册审评证据体系，国家药审中心先后制订、修订了系列中药评价技术指导原则，逐步建立完善中药新药全过程质量控制体系，既加强了对企业研发的指导，也进一步规范了审评工作。

二、 中药新药获批情况分析

2021 年获批上市的中药新药数量达到 12 个，是近 5 年来获批中药新药最多的一年(图 4-4)。12 个产品中，有 3 个是抗疫“三方”转化的新药(清肺排毒颗粒、化湿败毒颗粒、宣肺败毒颗粒)，其余 9 个来源于临床经验方或医疗机构制剂。这 12 个中药新药(表 4-10)全部为中药复方制剂，这种由“方”变“药”的转化，是“源于临床、回归临床”的生动实践。

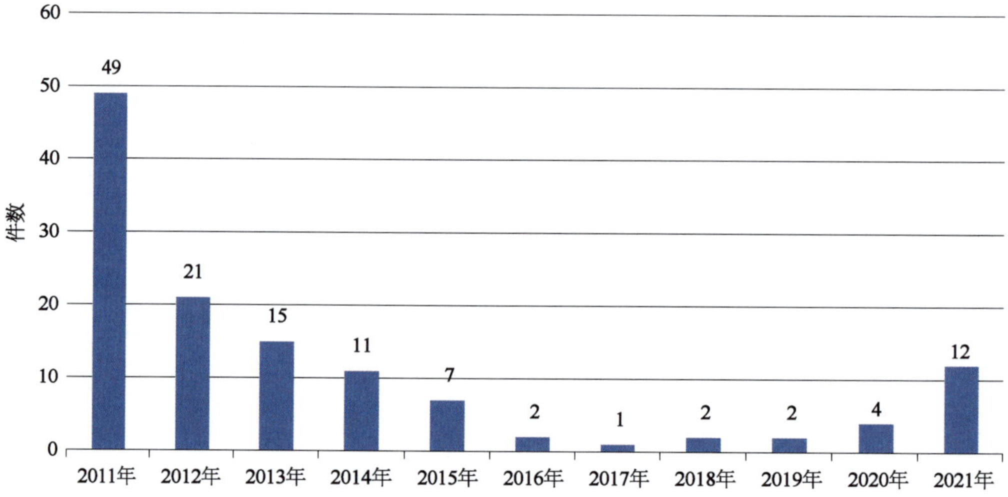

图 4-4 近年我国获批中药新药情况

数据来源：根据历年国家药监局发布的药品审评报告及公告整理。

表 4-10 2021 获批中药新药概览

序号	药品名称	成　分	治疗领域	上市许可持有人	功　效	适应证	症　状
1	清肺排毒颗粒	麻黄、炙甘草、杏仁、生石膏、桂枝、泽泻、猪苓、白术、茯苓、柴胡、黄芩、姜半夏、生姜、紫菀、款冬花、射干、细辛、山药、枳实、陈皮、藿香	呼吸道疾病其他用药	中国中医科学院中医临床基础医学研究所	散寒祛湿，理肺排毒	感受寒湿疫毒所致的疫病	发热恶寒，周身酸痛，困乏肢重，或咳嗽少痰，喘憋气促；或口淡无味，食欲不振，恶心呕吐，大便不爽；舌淡或胖，苔腻，脉滑或濡

续表

序号	药品名称	成分	治疗领域	上市许可持有人	功效	适应证	症状
2	宣肺败毒颗粒	麻黄、石膏、麸炒苍术、广藿香、青蒿、虎杖、马鞭草、薏苡仁、芦根、葶苈子、燀苦杏仁、化橘红、甘草	呼吸道疾病其他用药	山东步长制药股份有限公司	宣肺化湿,清热透邪,泻肺解毒	湿毒郁肺所致的疫病	发热,咳嗽,咽部不适,喘促气短,乏力,纳呆,大便不畅;舌质暗红,苔黄腻或黄燥,脉滑数或弦滑
3	化湿败毒颗粒	麻黄、广藿香、石膏、炒苦杏仁、法半夏、厚朴、麸炒苍术、炒草果仁、茯苓、黄芪、赤芍、葶苈子、大黄、甘草	呼吸道疾病其他用药	广东一方制药有限公司	化湿解毒,宣肺泄热	湿毒侵肺所致的疫病	发热,咳嗽,乏力,胸闷,恶心,肌肉酸痛,咽干咽痛,食欲减退,口中黏腻不爽等
4	七蕊胃舒胶囊	三七、枯矾、煅花蕊石、酒大黄	胃药(胃炎、溃疡)	健民药业集团股份有限公司	活血化瘀,燥湿止痛	轻中度慢性非萎缩性胃炎伴糜烂湿热瘀阻证所致的胃脘疼痛	胃脘疼痛;舌质紫黯或瘀斑瘀点,舌苔黄腻,脉弦涩或弦滑
5	解郁除烦胶囊	栀子、连翘、姜半夏、枳壳、茯苓、紫苏根、厚朴、甘草	抗抑郁药	石家庄以岭药业股份有限公司	解郁化痰,清热除烦	轻中度抑郁症气郁痰阻、郁火内扰证	情绪低落,心绪不宁,咽中如有异物,胸脘痞闷,食欲不振,易叹气,失眠多梦,头晕耳鸣,口苦咽干,大便秘结;舌红苔腻,脉弦滑等
6	坤心宁颗粒	地黄、黄芪、仙茅、淫羊藿、赤芍、石决明、合欢皮	妇女更年期用药	天士力医药集团股份有限公司	温阳养阴,益肾平肝	女性更年期综合征肾阴阳两虚证	潮热汗出,腰背冷痛,乍热乍寒,烦躁易激动,畏寒肢冷,阴道干涩,郁郁寡欢,眩晕,耳鸣,失眠多梦;舌淡苔薄白,脉沉细
7	芪蛭益肾胶囊	黄芪、地黄、女贞子、水蛭、炒僵蚕、土鳖虫、熟大黄、匙羹藤叶、青风藤、车前子	糖尿病用药	山东凤凰制药股份有限公司	益气养阴,化瘀通络	早期糖尿病肾病气阴两虚证	倦怠乏力,口干咽燥,五心烦热,食少纳呆,面色无华,肢体麻木;舌质淡,或舌质暗红或有瘀斑、瘀点,或少苔,脉细或细涩
8	玄七健骨片	延胡索、全蝎、三七、蒺藜等	骨科止痛用药	湖南方盛制药股份有限公司	活血舒筋,通脉止痛,补肾健骨	轻中度膝骨关节炎筋脉瘀滞证	膝关节局部疼痛,活动不利,局部肿胀、压痛,痛有定处,僵硬,活动受限;舌质暗红或有瘀斑,苔薄或薄白,脉滑或弦
9	虎贞清风胶囊	虎杖、车前草、女贞子、蜂房	骨科其他用药	一力制药股份有限公司	清热利湿,化瘀利浊,滋补肝肾	轻中度急性痛风性关节炎湿热蕴结证	关节疼痛、肿胀、发热,活动受限,口渴,烦闷不安;舌红,苔黄或黄腻,脉滑数
10	银翘清热片	金银花、葛根、连翘、知母、升麻等	感冒用药	江苏康缘药业股份有限公司	辛凉解表,清热解毒	外感风热型普通感冒	发热,咽痛,恶风,鼻塞,流涕,头痛,全身酸痛,汗出,咳嗽,口干;舌红,脉数

续　表

序号	药品名称	成　分	治疗领域	上市许可持有人	功　效	适应证	症　状
11	益肾养心安神片	制何首乌、酸枣仁(炒)、桑椹、灵芝、百合、知母、丹参、菊花、茯苓、合欢花	安神补脑药	石家庄以岭药业股份有限公司	益肾、养心、安神	失眠心血亏虚、肾精不足证	失眠,多梦,心悸,神疲乏力,健忘,头晕,腰膝酸软;舌淡红,苔薄白,脉沉细或细弱
12	益气通窍丸	黄芪、防风、炙麻黄、辛夷、白芷、白术、茯苓、柴胡、当归、牡丹皮、五味子、乌梅、黄芩、甘草	鼻科其他用药	天津东方华康医药科技发展有限公司	益气固表,散风通窍	季节性过敏性鼻炎肺脾气虚证	鼻痒,喷嚏,流清涕,鼻塞,乏力,纳差,恶风,怕冷;舌淡,苔白,脉弱

三、中药新药注册情况分析

新的审评审批机制下,中药企业创新活力得到初步释放。近年中药注册申请数量呈上升趋势,2021年注册申请数量更是“暴发”,共涉及51个品种,同比增长134.8%;2021年递交IND的数量达到52件,补充申请多达368件(图4-5)。临床试验的适应证方面,中药新药主要集中在精神神经、呼吸、消化、心血管和妇科5个领域,2021年精神神经和妇科类试验数量增长较快,显露出适应证的多元化拓展。

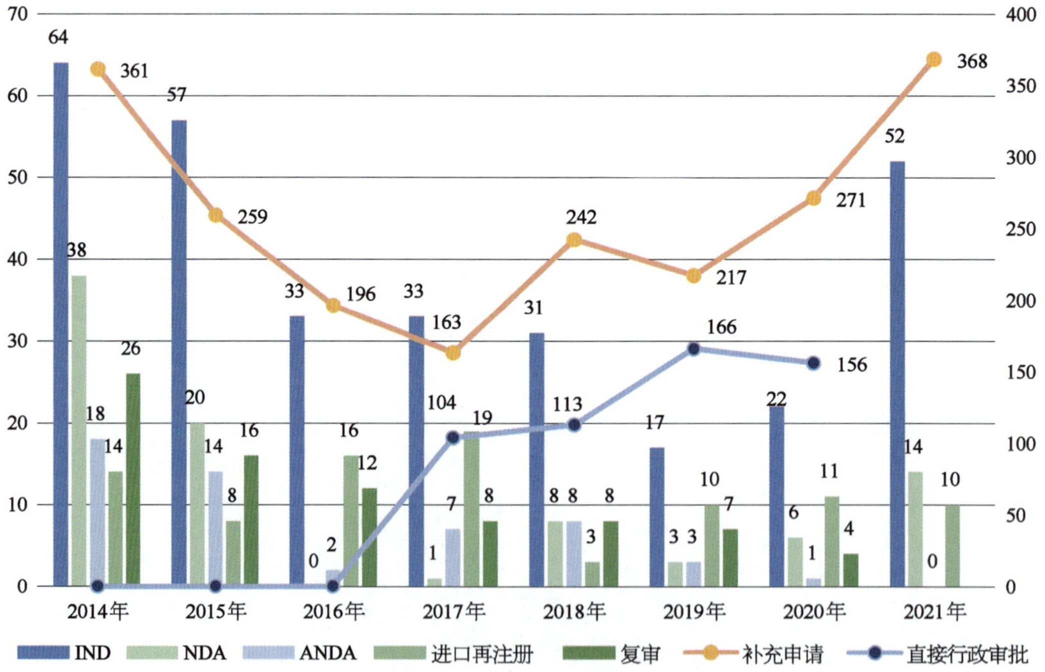

图4-5　2014—2021年中药注册申请受理情况

四、 中药新药进入医保目录提速

国家医保局一方面通过集采降低中成药的价格从采购端控制支出，另一方面通过医保目录动态调整，让更多的创新中成药进入医保目录，从支付端减轻患者的费用。2021 年 12 月 30 日，国家医保局、国家中医药管理局联合下发《关于医保支持中医药传承创新发展的指导意见》，明确医保部门支持中医药传承创新发展的政策趋势，提出“探索符合中医药特点的医保支付方式”，“鼓励实行中西医同病同效同价”。

从近几年的国家医保目录调整最终结果来看，2019—2021 年分别有 23 个、40 个和 3 个中成药纳入。2021 年国家医保目录调整后，目录内药品总数为 2 860 种，其中西药 1 486 种，中成药 1 374 种。截至 2021 年底，除金蓉颗粒尚未纳入医保目录外，其他 2021 年前获批药品均已纳入国家医保药品目录。特别是 2020 年获批上市的筋骨止痛凝胶、连花清咳片、桑枝总生物碱片，2021 年获批上市的化湿败毒颗粒、宣肺败毒颗粒等中药新药，获批当年就经谈判纳入了国家医保目录，这体现国家医保政策对中药创新药物的大力支持。

中药复方新药一直是我国中药新药研发的主体，并在中医临床医疗实践中发挥了重要作用，其批准情况在一定程度上反映出中药生产企业及新药研发机构对于中药新药研发的积极性。近年来，中药新药研发的创新性和质量明显提升，对满足人民群众健康需求、推动中药行业科技创新、提高中药企业市场竞争力均起到良好的示范作用。

第五节
中药资源发展现状

一、 中药材面积

近年来，中药材产业保持良好发展态势，中药材面积持续增长。2021 年，国家中药材产业技术体系综合各省(市、自治区)产业主管单位的数据、文献和调研，估算全国中药材种植面积超过 9 000 万亩，较 2020 年的 8 822 万亩有所增长。国家统计局数据显示，2020 年全国中药材播种面积达到 4 358 万亩，较 2011 年的 2 074 万亩年均增长率达到 8.60%，其中甘肃、湖北分别达到 430 万亩、405 万亩，陕西、云南为 340 万亩、335 万亩，贵州、河南、四川、内蒙古等四省超过 200 万亩，见图 4－6。

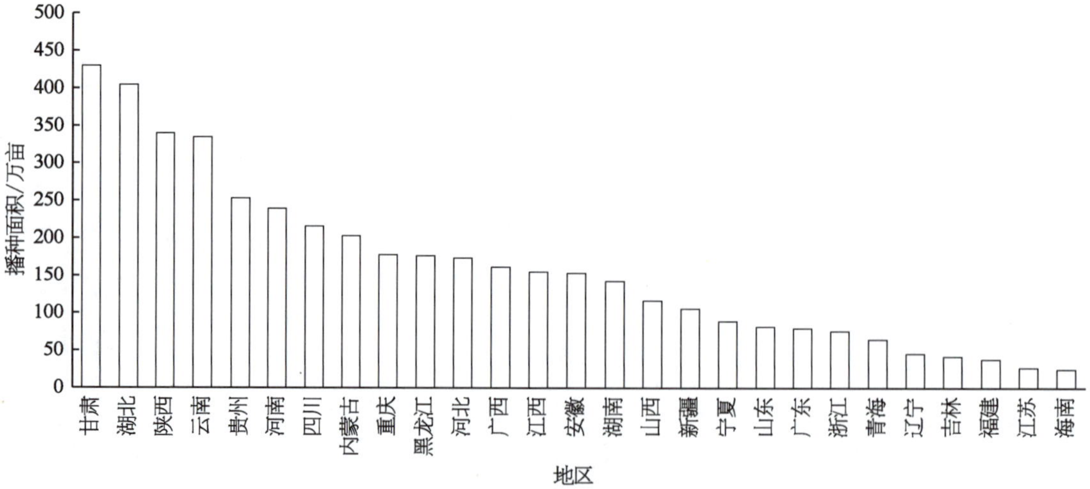

图 4－6　2020 年各地区中药材播种面积

数据来源：《中国农村统计年鉴—2021》。

二、中药材新品种保护

我国是全世界中药资源种类和蕴藏量最多的国家之一。第四次全国中药资源普查初步分析结果显示，我国可药用资源有 1.6 万余种，其中药用植物 14 409 种，药用动物 2 381 种，药用矿物 149 种。目前记载的中国特有种（维管植物）中，中国药用植物特有种为 3 150 种，分属于 153 科的 785 属。在空间分布上，特有种最丰富的是西南地区，其次是华中地区和西北地区，这些区域是综合开发和利用的重点区域，也是药用植物特有种保护的重点区域。

国家对中药材新品种保护力度越来越高。《中华人民共和国主要草种目录（2021 年）》公布，在牧草的基础上增加了生态修复用草、能源草、药用草等草种类型，标志着药用草种管理工作进入新阶段。《中华人民共和国植物新品种保护名录（林草部分）》共发布 8 批，直接涉及的中药材种（属）累计有 14 个，其中 2021 年发布的第 8 批，共计 9 个植物属（种），中药材相关的有 4 种，即黄耆属、苍术、独蒜兰属、虎耳草属。

中药材优良品种选育在近 10 年有了长足进步，截至 2019 年，选育出新品种的种类从 20 世纪 90 年代的 10 种左右达到 116 种，选育出新品种共计 537 个。2021 年，国家中药材产业技术体系新品种保护成效显著，首席科学家黄璐琦院士、岗位科学家郭兰萍研究员、王继永研究员入选第三届全国植物新品种测试标准化技术委员会委员；完成的黄花蒿、甘草属等《植物新品种特异性、一致性和稳定性测试指南》，通过技术委员会专家组审定，提交国家标准《中药材（植物药）新品种评价技术规范》（报批稿）；11 个新品种获得植物新品种授权或通过认定（鉴定、登记）。

三、中药材生态种植

2021 年，中国中医科学院中药资源中心继续引领中药生态农业研究与实践，丰富了基于“天地人药合一”和“逆境效应”的中药材“拟境栽培”生态种植理论，提出了三大核心策略：土壤综合治理、病虫害绿色防控和杂草绿色防控；阐明了四大核心机制：生态位最佳利用提升产量、逆境效应提升品质、生态系统稳态抗病虫害、土壤正反馈提高土壤质量；牵头获发布《中药材生态种植技术规范（55 项）》中华中医药学会团体标准，涉及药用植物 50 种，标志着中药材生态种植技术迈入标准化时期。同时，构建了中药生态农业经济效益评价体系，通过对林下种植、间套作、轮作等 30 种中药材的生态种植模式的分析，发现生态种植较常规种植每亩年均增收 4 000 余元，在其中 25 种生态种植模式下，中药材平均增产 17.58%，如苍术和玉米间套作较常规种植增产 45%，年均增收 4 000～5 000 元/亩。

2021 年国家林业和草原局印发《林草中药材生态种植通则》等三个指导性文件，规范全国林草中药材的生态种植。地方也对中药材生态种植的重视程度进一步提升，如湖北省连续 3 年将中药材生态种植相关技术作为农业主推技术推介，总结出一批示范效果好、轻简化的生态种植技术，如蕲艾“五改两促”轻简生态种植技术、菊花“一种二改三调”等生态种植技术。

四、 中药材机械化生产

近年来，农用机械在中药材种植中日益受到重视，中药材机械发展较快，正在经历从“可用”到“好用”的升级。国家中药材产业技术体系调研显示，在甘肃、宁夏、山东、内蒙古等平原地区，黄芪、党参、甘草、丹参等基本实现了全程机械化生产。

农业农村部中药材全程机械化指导专家组编制了《11 个中药材生产机械化模式与典型案例》，涉及丹参、黄芪、党参、柴胡、艾草、白及、黄芩、远志、人参、龙胆草等十种中药材，介绍了适宜品种和区域、主要环节作业要点与机具配置、机械化技术工艺路线、典型基地效益等内容。如宁夏黄芪主产区开展示范黄芪全程机械化生产示范，2019—2021 年年均示范 4 700 亩。黄芪规模化育苗毛利润 8 620 元/亩，对比当地传统人工育苗毛利润增加 1 940 元/亩；规模化机械起垄移栽成本 1 980 元/亩，对比当地传统人工起垄移栽成本节约 1 440 元/亩，毛利润增加 1 540 元/亩，合计比传统人工种植生产亩产利润增加 3 480 元。

五、 中药材质量

为保障人民群众的用药安全，提升中药材及饮片的质量，近年来各级药品监管部门持续增强监督检查和抽验力度，对违法违规企业和不合格产品依法查处和曝光，有效地提高并规范了市场秩序，促使生产企业质量责任主体意识越来越强。据报道，2020 年全国 31 个省(市、自治区)开展中药材及中药饮片的抽检，共抽检中药材及中药饮片 45 712 批，抽检合格率为 86.7%～100%，平均为 96%。主要质量问题包括伪品冒充正品、掺伪掺杂、栽培中药材品质下降、炮制不规范、虫蛀与霉变、硫黄过度熏蒸、染色和增重等。自 2013 年开展全国中药材及中药饮片专项抽检工作以来，2013—2020 年抽检合格率从 64%提升到了 96%。表明全国中药材及中药饮片整体质量呈现逐年提升的良好发展趋势。

中药材农残污染整体呈现下降的趋势，存在超标情况但不严重，农残污染得到了明显改善。杨昌贵等以 2020 年版《中国药典》和《美国药典》为限量标准，分析了 2016—2020 年的 5 000余条有效监测数据(2021 年数据量少，未纳入分析中)，发现有机氯类、氨基甲酸酯类、有机磷类、拟除虫菊酯类和其他类农药的超标率依次为1.77%、0.22%、1.48%、0和0。

六、中药材品牌建设

中药材产业集群建设持续推进。2020年以来，农业农村部、财政部创建优势特色产业集群，中药材累计入选6个，其中2021年新增4个：河北燕山太行山道地中药材产业集群、浙江浙八味道地药材产业集群、河南怀药产业集群与湖南湘九味中药材产业集群；2020年2个：吉林长白山人参产业集群、广西罗汉果产业集群。

区域品牌建设数量进一步增长。2020—2021年吉林首批道地药材优势品种、山西“十大晋药”、陕西“秦药”、江西“赣十味、赣食十味”，广西“桂十味”、山东“鲁十味”共6个区域品牌获发布。其中广西发布10种道地药材作为“桂十味”品种，还确定了31种区域特色中药材名单；山东省发布“鲁十味”省级中药材公用品牌，制定了《山东省道地药材和特色药材认定办法》，发布了道地药材、特色药材名录，分别收录道地药材80种、特色药材15种。此外，贵州省发布第一批道地药材目录，正式纳入天麻、黄精、白及等95种中药材。同时，2021年云南省成立“十大云药”品牌打造工作组，初步推选出“十大云药”品种；湖北在“一县一品”“1+10”优势品种的基础上，正积极推进“十大楚药”道地药材品牌打造工作；河北正组织开展“十大冀药”遴选和推介工作。

国家中药材标准化与质量评估创新联盟(简称创新联盟)作为农业农村部指导下的产业联盟，于2018年提出了优质药材“三无一全”质量标准，其内涵为：无硫黄加工、无黄曲霉毒素超标、无公害(无农残超标、无重金属超标、无使用生长调节剂促进采收器官的生长)、全过程可追溯。截至2022年，创新联盟已认定71个“三无一全”品牌基地，涉及50个企业，42个品种，基地涉及26个省级行政区，对推动中药品牌建设发挥重要作用。

第六节
中药大健康产业分析

中药大健康产业是以中药工业为主体、中药农业为基础、中药商业为枢纽、中药知识创新为动力的新兴产业，形成了包括中药相关产品研发、生产、流通、销售在内的跨行业、跨区域、跨国界的中药产业链。中药大健康产品包括中成药、中药保健品、中药化妆品、日化产品、中药兽药、中药饲料、中药加工设备等。

近年来，随着人口老龄化时代的到来及人们健康意识的普遍提高，疾病预防及早期干预成大趋势的背景下，以具有“治未病”特色的中药材为基原的大健康产品迎来了良好的发展机遇。《“健康中国2030规划”纲要》实施以来，中国大健康产品行业一举成为资本角逐的重点领域之一，可促进消费、保障和改善民生、拉动内需增长、调整产业结构等，具有巨大市场前景。2022年大健康市场规模已达7.4万亿元，预计2030年中国健康产业产值将达到16万亿元。随着国家多重政策推进，中药大健康产业稳步发展。

一、中医药健康服务行业市场发展规模

中药大健康服务行业是现代服务业的重要组成部分。目前，我国中药大健康产值仅占国内生产总值(GDP)的5%左右，而发达国家的健康服务业产值占GDP的10%以上，我国健康服务业的发展潜力巨大。

我国中医药大健康产业的市场规模持续上升，据相关数据显示，国内医疗健康服务行业由2015年的2.95万亿元涨至2021年的5.82万亿元，年复合增长率为12%。其中，中医大健康产业也伴随医疗健康服务行业的发展而扩大，2021中医药大健康市场规模1.14万亿元，约占整个医疗健康服务市场的19.6%，预计2030年达到2.97万亿元，年复合增长率为11.3%，同期增速快于中国整体医疗健康行业。

二、中医药大健康产品行业现状

（一）中药保健食品

随着人们生活水平的提高和健康理念的普及，保健食品消费也在不断增长，且年轻消费群体占比增长明显。截至 2021 年三季度，全国获得保健食品生产许可的生产企业近 1 700 家（其中硬胶囊 23.8%、片剂 22.7%、软胶囊 11.1%、口服液及粉剂、颗粒剂均为 9.0%左右）。据行业协会不完全统计，规模达到 1 亿元以上的企业数量约占 20.7%，近一半企业固定资产总额在 1 000 万元到 3 000 万元之间。根据我国经济发展状况，以及行业发展趋势，预计 2022 年中国保健食品行业市场规模将超过 2 000 亿元。

保健食品注册及备案产品数量激增，折射出企业研发需求旺盛。至 2021 年 12 月，我国共批准保健食品 16 000 多个，其中每年获批的中药保健食品占保健食品的比例在 43.83%～62.06%之间，平均为 49.63%。中药保健食品产品功效主要以增强免疫力、缓解疲劳、辅助降“三高”、保护胃黏膜、缓解视疲劳、改善睡眠、改善记忆、减肥、通便、保肝、祛黄褐斑、清咽为主，其中增强免疫力、缓解疲劳、辅助血脂、改善睡眠、对化学肝损伤有保护作用这 5 项功效排在前 5 位，见图 4－7 和图 4－8。中药保健食品在大健康产业中一直占有较大的市场份额，整体趋势良好。

从获批的中药保健食品产品研发配方分析表明，配方原料主要以补益类中药为主，化湿、理血、消化等类中药次之，其中 2021 年中药保健食品的主要原料使用频率排在前 5 位的分别为枸杞子、灵芝、西洋参、黄芪、人参，见图 4－9。

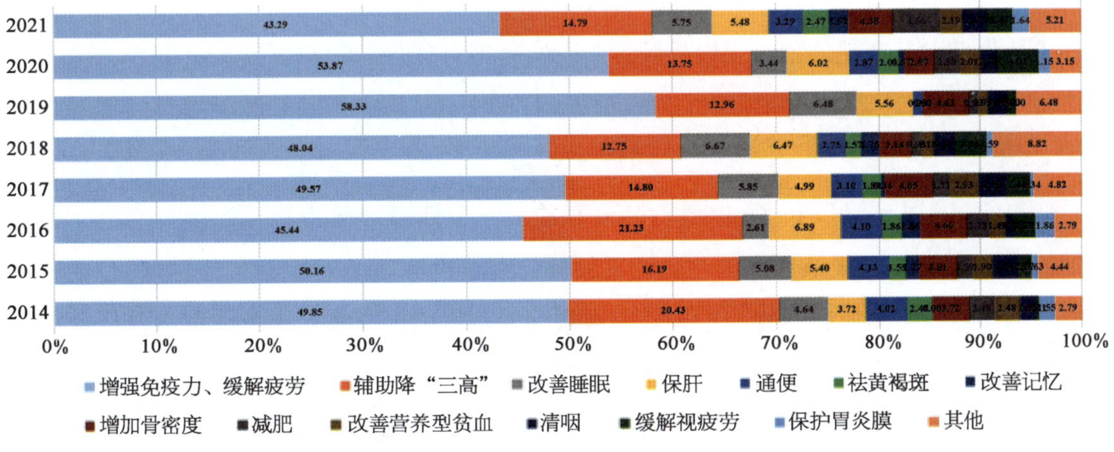

图 4－7 2014—2021 年度国家市场监督管理总局批准的中药保健食品功效种类及比例

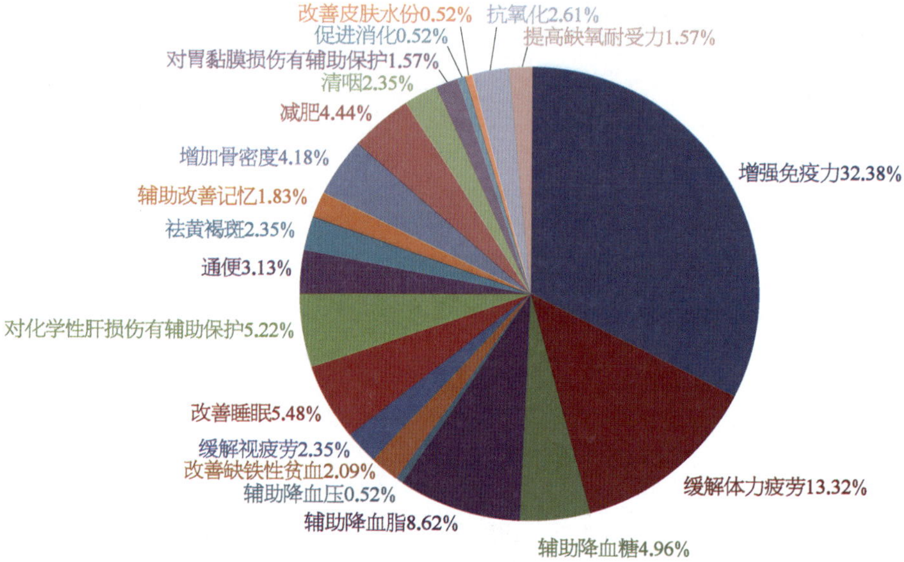

图 4-8　2021 年度国家市场监督管理总局批准的中药保健食品功效种类及比例

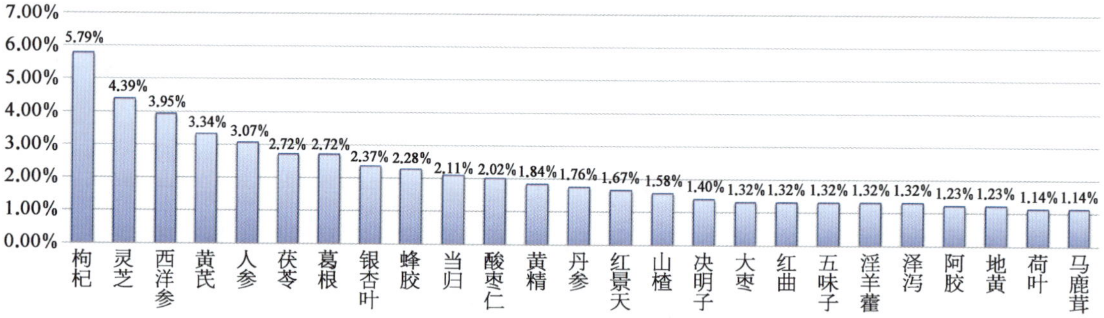

图 4-9　2021 年度国家市场监督管理总局批准的中药保健食品中药原料使用比例排名

中药保健食品产品剂型主要以硬胶囊、片剂、粉剂、口服液、颗粒剂四大类剂型为主。其中 2021 年仍以上述四大类剂型为主，茶、酒、饮品次之，尚有糖、饼干、膏剂、丸剂等剂型，详见图 4-10。

2021 年 10 月 8 日发布了《保健食品及其原料安全性毒理学检验与评价技术指导原则(2020 年版)》，进一步规范了保健食品及其原料的安全性毒理学的检验与评价，同时也为以中药作为保健食品新原料及视为中药新原料管理的原料提供了研发评价依据。保健食品行业的发展要明确中医药保健食品的食品属性和定位，清晰界定与其他食品、药品的区别。要规范、指导企业和检验评价机构的功能声称研发和验证，落实企业主体责任，促进中医药保健食品行业的创新和发展。

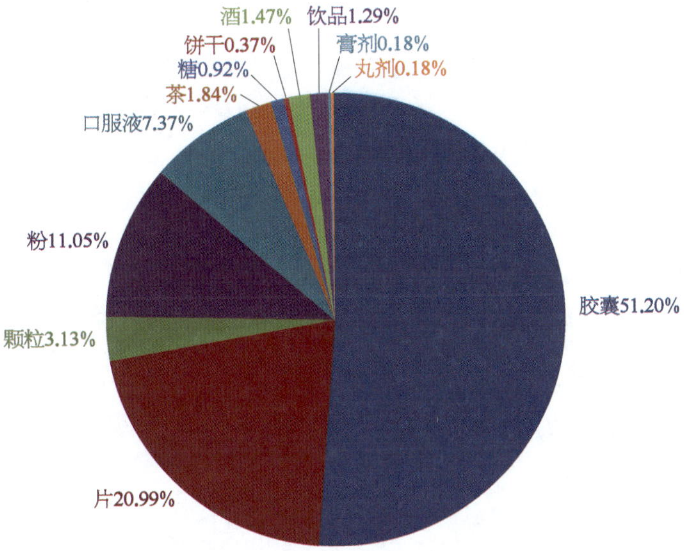

图 4-10　2021 年度国家市场监督管理总局批准的中药保健食品剂型种类及比例

（二）含有药食同源中药原料的食品

2021 年，据我国各省市企业标准信息平台检索，备案企业标准的以药食同源为基原的食品约为 6 000 余种，其中以植物饮料、固体饮料各 2 000 余种，压片糖果 1 000 余种，代用茶 500 余种，其他食品类型包括蜜饯、蜜羹、糖果等 1 000 余种，主要功能方向为补气类、补血类、祛湿类、安神类、止咳化痰类等具有提高免疫力、补充气血、抗疲劳、失眠、手脚冰凉、内分泌失调、月经不调等功效。

药食同源目录中的药材应用食品领域形式也非常丰富，主要产品剂型包括片剂，产品如玛咖片、人参枸杞片、葡萄籽片、砂仁茯苓片、牡蛎麻仁片、枸杞桂圆片、蛹虫草片等；粉剂即固体饮料，产品如莱菔子复合粉、木瓜葛根粉、芡实复合粉、食用菌粉等；颗粒剂，也属于固体饮料，产品如人参蛹虫草颗粒、桔梗白芷颗粒、牡蛎蛹虫草颗粒等；饮品或饮料，产品如薄荷阿胶饮品、植物饮料、玫瑰燕窝饮品、人参玉竹饮品等；配制酒，产品如蛹虫草酒、人参玛咖酒、佛手酒、茯苓酒等；茶类，包括代用茶、含茶制品、袋泡茶，产品如姜枣茶、人参茯苓代用茶、柿子黄茶（含茶制品）等；其他类别，如阿胶膏、龟苓膏、人参阿胶膏、燕麦饼干、膳食粉、代餐粉、酵素等。

截至 2019 年，全国保健食品市场，包括“药食同源”产品产值已达 3 000 亿元以上，每年以 14%的速度增长。随着国家政策持续发力，我国药食同源品种消费需求总量持续上涨，远高于非药食同源品种，具有良好发展前景。

（三）中药日化产品

随着我国经济的不断发展，国民消费潜力的不断释放，为我国日化行业的发展带来了坚实的保障。据统计数据显示，截止到2021年12月份，社会消费品零售总额41 269亿元，同比增长1.7%。其中我国化妆品类商品零售额达4 026亿元，同比增长18.4%。我国日化用品相关企业注册量整体也呈增长的趋势，年注册增速保持在25%以上。预测2020—2023年，我国日化行业将保持稳步发展，销售规模继续扩大，销售收入在2023年将增至6 609亿元以上，而化妆品市场也将迅猛发展，成为拉动整个日化行业的主力产业。随着消费人群对日化产品的需求愈发旺盛，“美丽消费”正成为一道亮丽的风景线。消费者对个人护理方面的需求也不仅仅停留于基础护肤层次，消费者需求被各日化品牌商细化并横向衍生出更加多元化与专业化的细分市场。

中药日化产品是中国传统中医与个人护理用品的完美结合。近年来，以作用温和又具有一定功效的中药提取物作为天然添加剂，应用于日化产品中已成为新产品开发的热点，促进了我国具有特色的含中药成分的日化产品品牌的创建。而现今国际大品牌日化产品的不断涌入中国市场，我国本土品牌仍占有重要的份额。许多本土日化品牌采用天然草本和植物精华等带有中药特色、更加适合中国人肤质的原料，备受国民青睐。最具代表的佰草集、百雀羚等这些中国本土日化品牌发挥了“中国民族品牌”的强大影响力。

目前，国内中药化妆品市场规模已突破600亿元。我国含有中药成分的化妆品行业利润率有逐渐升高的趋势。市场增长速度在20%左右，2019年为21%。2019年，中药化妆品行业的市场主要分布在华东地区，其市场占比达到26.94%，其次为华南市场，其市场占比为19.87%。含有中药成分的化妆品未来市场潜力巨大。

截至2022年1月，全国化妆品持证生产企业数量达5 400余家，各类化妆品注册备案主体8.7万余家，有效注册备案产品数量160余万。但总体来看，我国化妆品产业整体实力与发达国家相比还有一定差距，尤其中药化妆品市场在陆续壮大的同时也出现了一系列发展问题，如中药成分不清晰、中草药化妆品安全问题等。为了鼓励和支持化妆品生产经营者采用现代科学技术和先进管理规范，结合我国传统优势项目和特色中药资源研究开发化妆品，提高化妆品质量安全水平，2021年监管部门新颁布和修改了15项中国化妆品行业法规，其中与中药化妆品密切相关的有《化妆品监督管理条例》《化妆品注册备案管理办法》和《化妆品新原料注册备案资料管理规定》等行业法规。在2021年1月1日施行的《化妆品监督管理条例》标志着我国的化妆品行业迎来了与时俱进、权责明确的新时代。在《条例》第一章总则中的第四条规定，“按照风险程度对化妆品、化妆品原料实行分类管理，对风险程度较高的化妆品新原料实行注册管理，对其他化妆品新原料实行备案管理”。这种以风险程度来进行的分类管理制度及新原料备案程序的缩减，与国际通行做法相符，有利于提高我国中药化妆品企业的责任意识，从而推动化妆品企业对中药新原料的研发制作。在第二章原料与产品的第二十二条也规定，“化妆品的功效宣称应当有充分的科学依据”。第十六条，“用于染发、烫发、祛斑美白、防晒、防脱发的化妆品以及宣称新功效的化妆品为特殊化妆品。特殊化妆品以外的化妆品为普通化妆品”。这对于研究和开发我国特色功效型的中药资源原料及其新功能具有较大的促进作用。鼓励我国中药化妆品企业通过加强中药原料的基础研究，构建完善的中药植物原料的标准和功效评价体系，建立全生命周期的质量标准，规范化妆品的生产质量管理，来助推中医药化妆品产业的高质量发展。

（四）中兽药

中兽药行业起步于20世纪70年代，随着医药产业的发展，中兽药新制剂、新产品的研究开发在不断增强。《中国兽药典》1990年版二部收载中药成方制剂81种；2000年版二部收载成方制剂183种，增加102种；2005年版增加新的中兽药制剂20种；2015年版新增中药材和成方制剂9种，修订415种；2021年7月1日起施行新版《中国兽药典(2020年版)》加强了对中兽药生产、研发、管理的规范指导，收载中药材、成分制剂质量标准685种，新增了372个饮片标准及16个植物油脂和提取物标准，增收了“中药生物活性测定指导原则”，对于中兽药工艺技术的发展进步提供了技术标准和管理规范。

随着抗生素的限用和禁用，各大兽药企业纷纷投入中兽药的研发，仅2010—2018年期间获得中药类新兽药证书97个。但是近几年随着新兽药申报《药物非临床研究质量管理规范》(GLP)、《药物临床试验质量管理规范》(GCP)的要求提高，使新兽药研发成本升高，风险更大，这就要求各大中兽药企业不断加强创新研究，保证产品质量可控、疗效可靠、增加评价方法以及中药药理学的研究内容等。2020年农业部印发《关于促进兽药产业健康发展的指导意见》，提出要加大传统中兽药传承和现代中兽药创新研究力度，该政策将进一步推进新兽药的申报及推广。

随着近30多年，我国畜禽养殖业飞速发展，中兽药应用领域也在不断调整和改变，以迅速适应畜牧养殖业高速发展的需要。中兽药从大家畜(牛马)为主转向中、小畜禽(猪、羊、禽等)以及鸟兽鱼虫等特种经济动物；从个体治疗为主转向群体或集约化防治；从防治结合为主转向以防为主；从防治疾病为主转向既要防治疾病又要提高生产性能等。随着这些转变和畜禽养殖业的日益兴旺，中兽药从应用的深度和广度两方面得到扩展，成为如今畜牧业饲料与兽用医药研究的热点方向。

中兽药既可以预防和治疗疾病、促进动物生长，又不易产生危害人体健康的药物残留和耐药性，已逐步受到广大畜禽养殖者的重视，成为兽药企业研发和生产的重点产品之一。国内中兽药行业需求预计将持续增长，其增长驱动力主要来自规模养殖户占比提升带来中兽药渗透率的大幅提升等。2021 年我国中兽药行业规模为 61.26 亿元，其中散剂市场规模占比为 42%，注射液市场规模占比为 11%，口服液市场规模占比为 28%，颗粒剂市场规模占比为 17%。

中国有着宝贵的中兽医理论和丰富的中草药资源，应抓住促生长类药物饲料添加剂退出饲料行业机遇，充分利用中医药的资源和技术优势，发展中兽药产业。中兽药产业有广阔的发展前景，预计到 2028 年中兽药行业市场规模将达到 91 亿元。

三、 中医药老年健康服务行业现状

第七次全国人口普查数据显示，截至 2020 年 11 月 1 日，我国 60 岁及以上老年人口已达 2.64 亿人，人口老龄化程度达到 18.7%。预计到 2025 年我国老年人口将突破 3 亿，2033 年突破 4 亿，2053 年达到峰值 4.87 亿，占全球老年人口的 1/4。中国庞大的人口规模和快速发展的人口老龄化，使中国的老年人口数量增加迅速，并且随着我国医疗水平的进步和人民生活水平的不断提高，人口平均预期寿命的延长，老年人口中高龄老年人口的比例也在不断提高，老年人的健康、医疗、康复、护理等服务需求随之而来，老龄健康产业的市场需求不断提高。

2021 年 12 月 9 日，《2021 中国健康养老产业发展报告》在京发布，《报告》中指出“60 后”将引领品质康养时代。从未来 10 年的健康养老产业发展来看，在 2030 年之前，除了代表养老刚性需求的以“50 后”为代表的高龄老年群体，超 2 亿的以“60 后”为代表的低龄老年群体的需求市场将会激活，健康自理、不健康但能自理的老年人仍然占绝大比例，势必会在刚需养老需求市场之外，暴发以“预防”为特点的健康养老新市场。

“健康中国”战略及国家积极应对老龄化的支持重点仍然是围绕刚需人群和养老服务体系建设展开。中医药老年健康服务应进一步发挥中医药健康管理在基本公共卫生服务项目实施中的独特优势，积极推进面向老年人的中医药健康管理服务项目；鼓励中医医师积极参与家庭医生签约服务，为老年人提供个性化中医药服务；加强老年人养生保健行为干预和健康指导。以“预防”为指引的老年人医疗保障、医保保障、康复医疗、护理服务、中医药养生、慢性病管理等内容，将成为与养老服务深度融合发展的交融业态，并将催生出产业融合发展新赛道。

第七节
中医药技术装备

一、中医药装备产业发展现状

近 20 年，中医药装备的研究和开发虽有起伏变化，但从未间断。在“973”计划(包括之前的攻关计划和攀登计划)、“863”计划、支撑计划以及中医药现代化重点研发计划中，均有与中医药装备技术有关的研究内容，涉及“经络辨识技术研究”“四诊客观化技术研究”“中医诊断设备技术研究”“中医治疗设备技术研究”等，见图 4－11。

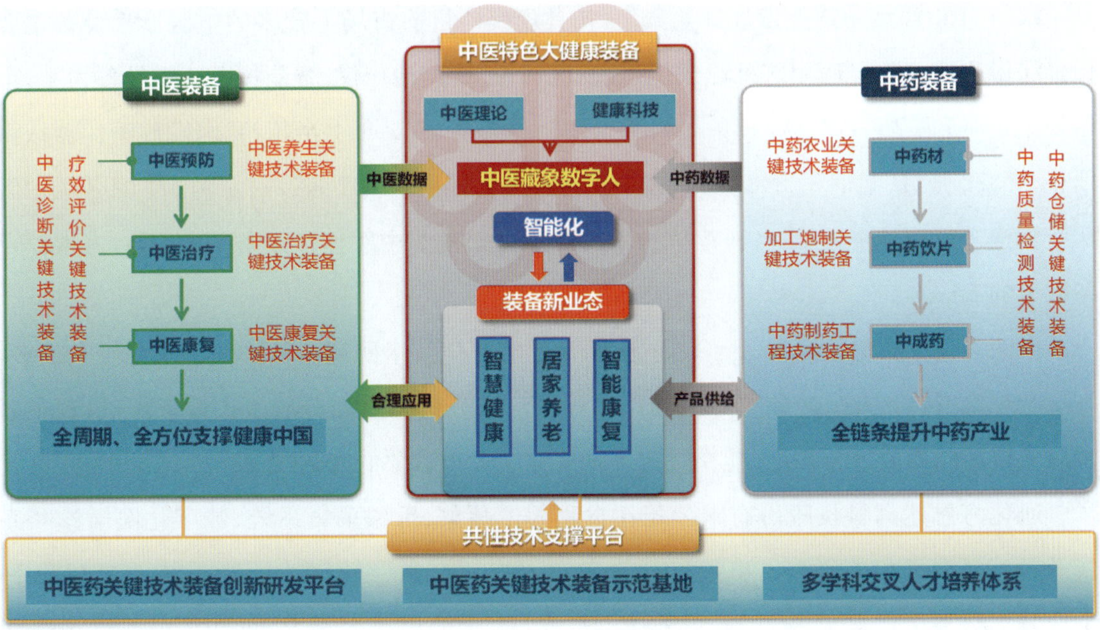

图 4－11　中医药装备产业全景图

截至 2021 年底，全国实有医疗器械生产企业 2.80 万家，其中：可生产第一类产品的企业 1.64 万家，可生产第二类产品的企业 1.37 万家，可生产第三类产品的企业 2 140 家。明确为中医医疗器械生产企业有 1 582 家，而与中医药器械相关的生产企业有 1.6 万家，与中医药相关的医疗器械达 1 712 亿元，见表 4-11。

表 4-11 中医药相关的医疗器械

序号	产品类别	地区	市场份额(亿元)	年份	数 据 来 源
1	按摩装备	全球	1 046.00	2020	《上海荣泰健康科技有限公司关于公开法相可转换公司债券募集资金运用可行性分析报告》
2	按摩器具	中国	150.00	2020	《中国按摩器具行业市场前景及投资机会研究报告》by 商产业研究院
3	养生壶	中国	20.50	2020	《2021—2026 年中国养生壶市场竞争策略及行业投资潜力预测报告》by 华经产业研究院
4	康复医疗器械	中国	280.00	2018	《中国康复医疗器械市场研究》
5	医疗软件	中国	37.00	2020	《中国医疗 SaaS 行业研究报告》
6	中医器械行业	中国	178.80	2021	火石创造数据库公开数据

(一) 2021 年中医装备技术领域的研发活跃，产业开始聚集

2021 年中医装备产业发展开始聚集，初具规模。目前市场上较多的中医诊疗设备主要以经络检测仪、TMT 医用红外热成像系统、电针仪、熏蒸治疗仪、智能按摩椅等设备为主，市场规模 10 亿元左右，占诊疗设备市场的 0.19%。截至 2017 年上半年，我国发放医疗器械注册证 77 372 张，备案证 37 848 张，其中中医诊疗装备注册证 301 张。对全国 129 家各级中医医疗机构进行的抽查显示，各医疗机构平均配备国家推荐中医诊疗设备 19.74 种，占推荐设备数量的 56.4%。

中医装备主要包括脉诊、舌诊、面诊、听诊的客观化技术研究。脉诊的客观化研究较多，在脉学理论、脉诊方法、脉象仪的研制以及脉象信息分析等方面开展了大量工作，研制了多种脉象仪对脉搏波进行描记，能在一定程度上客观重现脉象的变化规律。

通化海恩达高科技股份有限公司在远程人体脉象、舌象采集系统、数字化医学诊断系统等领域开展了相关研究。申报远程脉象、舌象采集，数字化医学诊断系统等专利共 19 项。其成果在中医经络检测仪、舌脉象、经穴、体质辨识采集分析仪等方面进行了转化应用。

上海道生医疗科技有限公司在舌裂纹识别方法、脉象数据采集、穴位温度检测等领域开展了相关研究。申报舌诊、脉诊采集及辨识装置等专利共24项。其成果在四诊仪、中医慢病管理系统、中医治疗未病数字管理系统等方面进行了转化应用。

苏州医疗用品厂有限公司(华佗,鱼跃子公司)在无线电子针灸仪、推车式针刺手法针疗仪等领域开展了相关研究。申报针灸仪、针灸生产装备、电磁波治疗仪等专利共308项。其成果在一次性使用无菌针灸针、揿针、磁疗贴等方面进行了转化应用。

杭州远舟医疗科技有限公司在红外热成像方法、图像提取、自动评估技术等领域进行了相关研究。申报红外影像、红外热成像采集、提取、评估等专利共20项。其成果在医用红外检查设备(中西医融合)方面进行了转化应用。

中医医疗器械厂商1 582家,整体厂商分布,山东占比最高,其次湖北、河南、广东、江苏等。其中生产Ⅰ类中医医疗器械的厂商达1 255家,生产Ⅱ类中医医疗器械厂商399家。

Ⅱ类中医医疗器械厂商399家,以江苏占比最高,其次河南、山东、广东、湖南,江苏在技术含量较高的Ⅱ类中医医疗器械生产上具有领先优势。

(二) 中药制药装备工业发展较为迅速,规模快速扩大

近年来,我国制药设备市场规模同样呈上涨趋势,市场规模由2021年212.1亿元增至2022年358.7亿元,年均复合增长率14.04%。2021年我国主流制药设备产量达49 350台,其中中药饮片加工相关机械及设备产量最大,占制药设备产量的40.68%。在需求端,我国制药设备中,药品包装机械设备占比近60%,原料药设备占比25.4%,制剂机械设备占比5.8%,(数据来源《2021—2026年制药机械及设备行业深度分析及投资价值研究咨询报告》)。近年来,制药企业对于制药机械设备自动化、智能化的需求和要求逐渐增高。制药设备企业需要逐渐从单纯的产品供应商向能为用户提供专业化的制药装备解决方案供应商转型。

二、 中医药装备主要研发机构

广东省新黄埔中医药联合创新研究院是在国家科技部等部门大力推动下成立的新型研发机构,由广州高新技术产业开发区与中国科学院、中国中医科学院、北京航空航天大学、中国家用电器研究院、中国食品药品检定研究院医疗器械检定所等22家国内中医药及信息领域研究机构、高等院校联合共建,旨在推动中医药与信息等多学科协同融合,建设中医药交叉学科“医工融合”的科技创新机构,见图4-12。

图 4-12 中医药联创院揭牌仪式(2021 年 3 月 19 日)

目前拥有近 4 000 平方米的研究大楼,已建立标准与检验检测、健康检测技术装备、针灸装备、中药装备、慢病管理、居家健康、中医特色智能穿戴装备 7 大研究中心;启动"膝关节骨性关节炎中医康复装置""中药注射剂早期风险预警与质量控制在线检测关键技术装备研究""中医畅气通络'智能佛手'中医治疗机器人的研发"等 52 个中医药装备研发项目。已建设中医药装备标准与检验检测重点实验室、名医活态传承智能 MDT、中医药大数据共享及安全等先行先试研究平台。

联创院集聚了中医药、大数据、集成电路、高端制造和新材料等多学科领域的优势力量,涵盖人工智能、现代物理技术(力、热、声、光、电、磁)、柔性电子技术、先进仿生传感技术、基因技术等现代科学技术,体现了中医药领域从未有过的多学科资源跨界融合和科技创新体制机制。

三、 中医药装备部分企业介绍

(一) 上海道生医疗科技有限公司

上海道生医疗科技有限公司在上海中医药大学 30 余年中医四诊客观化研究成果的基础上,与中国中医科学院、同济大学、上海大学等多所著名科研院校开展技术合作,专注于中医四诊设备技术研究与产品开发,并研发了 DS-01 等系列产品。

在《国家中长期科学和技术发展规划纲要(2006—2020)》提出的“疾病防治重心前移,坚持预防为主、促进健康和防治疾病结合”的政策方针指导下,道生医疗致力于推动传统中医医疗与预防保健服务向客观化、规范化与科学化方向发展,为建立有中国特色的医疗卫生保健体系贡献力量。

道生医疗作为上海市高新技术企业、上海市浦东新区企业开发机构,拥有医疗器械注册证 3 项、国内专利 33 项、国际专利 5 项、软件著作权 3 项,软件系统通过上海市软件测评重点实验室测试,系列产品现已进入百余家中医医疗机构应用。

2021 年道生医疗携手子公司岐黄科技在自主研发基础上,通过与中国中医科学院中医临床基础医学研究所、中国中医科学院中医基础理论研究所、中国中医科学院中医药信息研究所、国医大师刘敏如女科医系研究院等机构合作,成功研发了“道生智能四诊仪”“智能云中医”“岐黄数据 AI 工作站”“中医智慧屏”四大产品,天舟二号搭载道生航天四诊仪顺利升空,作为合作伙伴,应邀参加“华为中国生态大会 2021”「AI 使能医疗场景」联合方案展示,并实现了近 4 000 家医疗机构的应用落地。

(二) 慧医谷中医药科技(天津)股份有限公司

慧医谷中医药科技(天津)股份有限公司是一家专注于中医领域医、教、研解决方案的科技型企业,组建了一支涵盖中医学、理工类等相关专业领域,以博士、硕士为核心力量的研发团队。慧医谷高度重视研发投入,研发费用占年总营收 18%以上。截至 2022 年 4 月,已累计申请知识产权 188 项,授权知识产权 162 项,其中授权发明专利授权 6 项,实用新型 29 项,外观专利 28 项,软件著作权 95 项,著作权 5 项。公司已通过 ISO13485、ISO9001、GMP、知识产权贯标、两化融合体系认证。在智能中医诊断领域,首创多光源采集环境及动态舌面图采集、内置神经网络模型望诊特征识别,首创采用影像定位,实现脉诊自动化的产品,首创中医智能问诊、结合中医标准化数据的智能辨证系统。在中医教学培训领域,首创中医经络腧穴解剖教学产品,被评为天津市专精特新产品,处于国内领先地位。经过 7 年发展,慧医谷已经将涵盖中医智能诊断、中医理疗、中医示教、中医健康管理四大系列、20 余种设备及应用软件产品推向市场,并取得了首张中医便携四诊设备、中医软件医疗器械注册证。医疗器械注册产品涉及中医舌诊、脉诊、四诊、经穴检测、经络检测、便携四诊、中频治疗等 11 张,数量种类位于行业之首。

(三) 北博(北京)医疗器械有限公司

成立于 2011 年 3 月,坐落于北京市中关村科技园区昌平园,是一家集研发、生产、销售及学术培训服务为一体的国家高新技术企业。公司围绕传统中医创新理念,为中医针灸科室化建设研发新的治疗产品，创新产品有智能火针、远红外拔罐、磁热针、精准电热针等。北博医疗长期与各医疗机构中医科室交流与合作，设计开发的中医器具产品均具有创新性，并走在技术前沿，如智能火针(瞬间温度高达 600℃，温度及深度均可控可调)、磁热针(将电能转换成磁和热能应用于针灸针上)，以上技术领先于国内外。

第五章
中医药国际化

2021年中医药国际贸易、国际合作研究取得突出成绩。本章重点介绍2021年中药进出口贸易的发展现状及中药企业在国际产品注册方面的成果,以期为促进中医药走向世界提供参考。

第一节
中药进出口贸易

据海关统计数据显示，2021 年，我国中药贸易总额 77.41 亿美元，同比增长 19.1%。其中，出口额为 50.01 亿美元，同比增长 16.5%；进口额为 27.40 亿美元，同比增长 24.1%。

中药进出口贸易统计依据国际海关商品编码归类，口径与国内统计差异较大，进出口统计中的“植物提取物”不完全是中药提取物，中药材与饮片归为一类统计，同时有部分保健品纳入中药进出口贸易的统计之中。

一、中药出口贸易

（一）提取物出口放量增长

植物提取物一直是中药出口的大类商品，多年来保持较高的出口增速。其涉及的提取物品种已不仅仅是 20 年前的中药提取物简单概念，目前的植物提取物外延更为广泛，在药品、膳食营养补充剂、食品等多个领域都有应用。2021 年，我国植物提取物出口 10.52 万吨，同比增长 9.3%，出口总额 30.29 亿美元，同比增长 23.9%。

甜菊叶提取物、桉叶油、薄荷醇、万寿菊提取物、辣椒提取物、枳实提取物、越橘提取物、芦丁、银杏叶提取物、水飞蓟提取物等品种依旧是植物提取物出口大品种，出口额合计占总出口额 50%以上。伴随疫情常态化，健康饮食、治未病的观念在国外也逐步深入人心，终端膳食营养补充剂的销售增长，拉动我国植物提取物出口放量。

（二）中药材及饮片出口稳中有进

新冠疫情以来，中药材的海内外需求大幅提升，2020 年中药材及饮片出口一改颓势，由负增长转为增长 15%。疫情常态化以来，东南亚及日韩对新冠治疗方中相关的药材需求增长，国内中药材及饮片也因疫情原因不同程度的涨价。2021 年，我国中药材及饮片出口总额

13.53 亿美元，同比增长 2.3%，出口量 23.25 万吨，同比下降 7.6%。价格同比上涨 10.7%。

2021 年，中药材及饮片出口前十大品种分别为：肉桂、枸杞、人参、红枣、当归、黄芪、半夏、茯苓、党参、冬虫夏草。前十大品种出口额占中药材及饮片总出口额的 51%，集中度比较高。肉桂在经历两年的放量出口后，2021 年首现负增长，全年出口额 2.68 亿美元，同比下降 5.7%。

（三）中成药出口表现抢眼

中成药在中药产品整体出口额中占比不高，出口比例常年维持在 7%左右，相对于原料类产品仍处于弱势地位。2021 年，中成药出口额 3.07 亿美元，同比增长 17.9%，出口量 1.17 万吨，同比下降 7.2%。

具体到单品种，中成药前三位出口品种分别是片仔癀、清凉油、安宫牛黄丸。2021 年，片仔癀出口金额同比上涨 9.0%，清凉油出口金额同比上涨 23.3%。

（四）保健品出口势头强劲

目前，保健品在海关统计系统中比较特殊，有单独编码的保健品主要是鱼油、鱼肝油、蜂王浆、蜂花粉、卵磷脂、燕窝等，维生素及矿物类制剂产品并未统计在内，另外不少保健品是以食品的形式出口，也未纳入保健品项下，本报告中有关保健品贸易的数据为不完全统计。

2021 年，保健品出口额 3.12 亿美元，同比增长 18.2%。其中鱼油及鱼肝油类产品增长强劲，出口额 2.0 亿美元，同比增长 33.2%。蜂产品总体与 2020 年持平，鲜蜂王浆、蜂王浆制剂、鲜花粉及蜂蜡出口额同比提升，但鲜蜂王浆粉及其他蜂制品出口额同比下降。

二、中药进口贸易

疫情常态化后，海外供给恢复，2021 年中药类商品进口强势反弹，全年进口金额 27.4 亿美元，上涨 24.1%。

（一）植物提取物进口

2021 年植物提取物进口 9.63 亿美元，同比增长 22.5%。进口植物提取物中，精油类原料恢复明显，精油类进口额上涨 22.5%，进口量上涨 27.9%。其中，薄荷醇的进口量最大，其进口额占提取物总进口额的 30%以上，2021 年进口 3.12 亿美元，同比增长 24.5%。

（二）中药材及饮片进口

我国进口的中药材以国内稀缺和贵细品种为主，如西洋参、乳香、没药、血竭、鹿茸、人参、甘草、加纳籽、姜黄、番红花、小茴香等。近年来，由于国内药用资源的不足，土地、劳动力成本升高等原因，防风、北豆根、穿山龙等很多原产于国内的品种也大量进口，以补充国内用药需求，如新西兰的马鹿茸近两年进口增速明显。2021 年，中药材及饮片进口额 5.40 亿美元，同比增长 67.7%。2020 年同期进口下调幅度较大的品种如西洋参、姜黄，2021 年恢复正常进口量，增幅分别为 84.0%和 74.4%。近两年增幅较大的品种如鹿茸、番红花，2021 年依旧保持较高的增速，国内市场需求旺盛，进口额增幅分别为 114.5%和 182.1%。2020 年增长迅猛的丁香，2021 年上半年表现尚可，下半年进口量略显不足，全年进口下调 39.3%，属于阶段性下调。

（三）中成药进口

2021 年上半年，中成药进口延续 2020 年趋势继续下滑，进口额 1.33 亿美元，同比下降 15.7%。中成药进口量有所回升，进口量 8 200 余吨，同比增长 29.4%，呈现见底回升的趋势。2021 年下半年，中成药进口触底反弹。全年数据显示，2021 年，中成药进口额 3.61 亿美元，同比增长 24.5%；进口量 1.74 万吨，同比增长 63.4%。

（四）保健品进口

在国家扩大进口政策的引导下，近三年保健品进口业绩突出。2019 年进口额 5.6 亿美元，同比增长 24.8%；2020 年进口额 8.1 亿美元，同比增长 43.7%，2021 年，进口额 8.8 亿美元，同比增长 8.2%。其中，燕窝依旧是最受欢迎的保健品，2021 年进口额 5.4 亿美元，同比增长 0.8%。根据历年来的燕窝进口数据分析，当前的燕窝进口已基本与国内燕窝需求相吻合，短时间内难有更大的增长。

三、 中药主要出口市场

（一）美国

美国为我国中药类商品出口的第一大市场，对美出口的中药类商品主要是植物提取物，占比达到 80%以上。2020 年应对疫情需求推动植物提取物出口大涨，增幅达到两位数以上。2021 年，增长势头延续，出口至美国市场的植物提取物 7.7 亿美元，同比增长 25.9%。长期来看，植物提取物的需求不会改变，美国作为中药类商品出口第一大市场的地位仍将延续。

（二）欧盟与东盟

欧盟作为我国植物提取物出口的第二大市场，未来前景依然广阔。东盟市场一直以来都是我国中成药出口以及中药材进口的重要合作伙伴，加之 RCEP 协定的签署，可以预见未来我国与东盟的中药贸易往来将更加密切。

2021 年，我国外贸受临时性外需增加和价格因素影响较大，虽然当前外需尚未见顶回落，全球供需缺口仍在，但俄乌冲突可能引发的全球经济大动荡、新冠疫情及汇率振荡对进出口贸易的多方面影响，给我国中药外贸将带来不确定因素。预计2022年全年，中药类出口增速将略有下调，整体出口增速调整到5%～9%，中药进口增速在10%～20%。

（三）日本

日本为我国中药类商品出口的第三大市场，中药材及饮片和植物提取物是主要出口品种，产品大部分用作日本汉方药的原料。2021年，出口至日本的植物提取物2.45亿美元，同比上涨8.1%，出口至日本的中药材及饮片2.22亿美元，同比下滑5.1%。日本市场整体需求相对稳定。

第二节
中药国际注册

2021年,天士力医药集团股份有限公司开展了42项中药国际临床研究和国际注册申报项目,具体包括复方丹参滴丸(T89)、逍遥片(E03)、养血清脑颗粒、芪参益气滴丸等14个中药产品。在美国、荷兰、罗马尼亚、澳大利亚、印尼、越南等18个国家和地区获得3个国际临床试验批件及12个国际注册证书(1个E03欧盟传统药注册批件、11个"一带一路"国际注册批件)。

2021年,兰州佛慈制药股份有限公司生产的中药经典名方产品藿香正气丸、防风通圣丸、小柴胡汤丸三款产品获得乌兹别克斯坦卫生部颁发的药品注册证书。9月,湖南安邦制药股份有限公司生产的银黄清肺胶囊成功获津巴布韦注册批文。

2021年12月,由天津中医药大学研发,山东步长制药股份有限公司生产的"宣肺败毒颗粒"获得加拿大天然和非处方健康产品管理局加急审核通过并获准上市销售。2020年10月,由中国中医科学院研发,广东一方制药有限公司生产的"化湿败毒颗粒"获得阿拉伯联合酋长国卫生和预防部批准的植物药紧急产品标准注册,标志着化湿败毒颗粒正式以药品身份进入阿联酋市场。2021年柬埔寨卫生部紧急为化湿败毒颗粒签发了药品注册证书,并配发新冠肺炎患者定点收治医院。

截至2021年底,以岭药业生产的连花清瘟胶囊已在加拿大、俄罗斯、新加坡、印度尼西亚、菲律宾、科威特、肯尼亚等全球26个国家和地区获得注册批文和进口许可。在科威特、蒙古国等获批新冠适应证;在乌兹别克斯坦,连花清瘟胶囊入选了该国卫生部发布的抗疫药品白名单;在泰国、柬埔寨、印度尼西亚,获准进入新冠肺炎定点医院,用于治疗当地患者。

第六章
中医药标准和专利

中医药标准化工作和专利保护是促进中医药事业传承创新和产业高质量发展的重要内容。本章重点介绍中医药国内、国际标准和年度专利申请概况，以期为完善中医药国家标准体系，加强专利保护和成果转化，以及进一步促进中医药标准化、产业化发展提供参考。

第一节
中医药国内/国际标准

一、中医药标准化研究已有基础

2021年10月中共中央、国务院印发了《国家标准化发展纲要》(下文简称《纲要》)。《纲要》指出标准是经济活动和社会发展的技术支撑,是国家基础性制度的重要方面。新时代推动高质量发展、全面建设社会主义现代化国家,迫切需要进一步加强标准化工作。

在国家中医药管理局、国家标准化管理委员会的领导下,紧密围绕《纲要》要求,积极推进中医药标准化工作,以中医药标准为引领,促进中医药事业传承创新和产业高质量发展。加快推进中医药标准化成为"十四五"中医药发展规划重要内容。

目前我国已发布一系列中医药相关标准,围绕国家标准、行业标准、团体标准、地方标准、国际标准构建标准系统,标准体系雏形初见,但整体基础仍显薄弱,国内外标准衔接不够充分。

随着世界中医药市场的扩大和我国政府的积极推动,中医药标准化国际进程加快。ISO在2009年成立了国际标准化组织/中医药技术委员会(ISO/TC249),对促进中医药标准化和国际化具有极大意义。截至2021年,我国在ISO/TC249注册专家225位,5位担任国际职务,全方位参与委员会各项事务。

在强制性国家标准方面,主要集中于中药领域,例如:《中国药典》《国家药品监督管理局国家药品标准》《国家药品监督管理局国家中成药标准汇编》等,已经形成相对成熟、完善的中药相关标准管理体系。中医领域则相对欠缺,截至2020年仅发布强制性国家标准2项。

在推荐性国家标准方面,截至2020年,中医领域(含针灸)已发布推荐性国家标准29

项；中药领域已发布推荐性国家标准8项，见表6-1。

表6-1 1995—2020年中医药领域推荐性国家标准发布情况

类别	标准编号	标准名称
中医	GB/T 15657-1995	中医病证分类与代码
	GB/T 16751.1-1997	中医临床诊疗术语 疾病部分
	GB/T 16751.2-1997	中医临床诊疗术语 症候部分
	GB/T 16751.3-1997	中医临床诊疗术语 治法部分
	GB/T 20348-2006	中医基础理论术语
	GB/T 21709.1-2008	针灸技术操作规范 第1部分 艾灸
	GB/T 21709.2-2008	针灸技术操作规范 第2部分 头针
	GB/T 21709.3-2008	针灸技术操作规范 第3部分 耳针
	GB/T 21709.4-2008	针灸技术操作规范 第4部分 三棱针
	GB/T 21709.5-2008	针灸技术操作规范 第5部分 拔罐
	GB/T 21709.6-2008	针灸技术操作规范 第6部分 穴位注射
	GB/T 21709.7-2008	针灸技术操作规范 第7部分 皮肤针
	GB/T 21709.8-2008	针灸技术操作规范 第8部分 皮内针
	GB/T 21709.9-2008	针灸技术操作规范 第9部分 穴位贴敷
	GB/T 21709.10-2008	针灸技术操作规范 第10部分 穴位埋线
	GB/T 21709.11-2008	针灸技术操作规范 第11部分 电针
	GB/T 21709.12-2008	针灸技术操作规范 第12部分 火针
	GB/T 21709.13-2008	针灸技术操作规范 第13部分 芒针
	GB/T 21709.14-2008	针灸技术操作规范 第14部分 鍉针
	GB/T 21709.15-2008	针灸技术操作规范 第15部分 眼针
	GB/T 21709.16-2008	针灸技术操作规范 第16部分 腹针
	GB/T 21709.17-2008	针灸技术操作规范 第17部分 鼻针
	GB/T 21709.18-2008	针灸技术操作规范 第18部分 口唇针
	GB/T 21709.19-2008	针灸技术操作规范 第19部分 腕踝针
	GB/T 21709.20-2008	针灸技术操作规范 第20部分 毫针基本刺法
	GB/T 21709.21-2008	针灸技术操作规范 第21部分 毫针基本手法

续 表

类 别	标 准 编 号	标 准 名 称
中医	GB/T 21709.22 - 2008	针灸技术操作规范 第 22 部分 刮痧
	GB/T 33415 - 2016	针灸异常情况处理
	GB/T 33416 - 2016	针灸技术操作规范 编写通则
中药	GB/T 30219 - 2013	中药煎药机
	GB/T 31773 - 2015	中药方剂编码规则及编码
	GB/T 31774 - 2015	中药编码规则及编码
	GB/T 31775 - 2015	中药方剂编码规则及编码
	GB/T 32237 - 2015	中药浸膏喷雾干燥器
	GB/T 32239 - 2015	中药制丸机
	GB/Z 35038 - 2018	中药材(三七)产业项目运营管理规范
	GB/Z 35039 - 2018	中药材(川党参)产业项目运营管理规范

中医药行业标准由国家中医药管理局组织制定，涵盖中医、中西医结合、针灸、中药、中药材种子(种苗)及保健服务 6 个领域。截至 2020 年，国家中医药管理局发布的中医药行业标准主要集中在中医领域，已发布行业标准 9 项；其他相关部委发布了中药领域相关标准 35 项。

团体标准主要由各学术团体组织制定，作为新的标准形式，得益于制定周期相对较短，在中医药领域发展迅猛，成为中医药标准化体系的重要组成部分。在全国中医药学术团体中，中华中医药学会是中医药行业成立最早、规模最大的全国性学术团体，下设 80 多个专科分会，汇集全国中医药各领域的权威专家和学者，公信力较高。至 2020 年，中华中医药学会已发布团体标准 793 项。2017—2020 年，中国中西医结合学会已发布团体标准 25 项，发布数量逐年增加。

地方标准由各省、自治区、直辖市中医药标准化主管部门制定，主要聚焦于中药领域。

二、 中医药标准化新的进展

2021 年 12 月末，全国中医标准化技术委员会换届会议暨全国中医标准化技术委员会 2021 年年会在京召开。会议围绕中医药标准化工作的进展、瓶颈和发展规划，对中医药标准化进程取得的成果进行了总结，对未来继续推进中医药标准化建设进行了研讨。

在国家中医药管理局、国家标准化管理委员会的领导下，以补短板、提质量、重推广为方针，努力推动中医药标准化建设，中医药标准化专业人才队伍不断壮大，中医药标准化能力和水平得到显著提升。

（一）国家标准

2021 年，共有 19 项中医国家标准发布，11 项中医国家标准计划批准立项，1 项中药国家标准（GB/T 41221－2021 中药材种子检验规程）发布，中医药标准化体系得以完善，医、药标准化进程均衡发展。19 项新国标囊括了中医病症分类代码、临床诊疗术语、中医四诊操作规范等内容，补充了此前中医领域国家标准发布量少，发布时间过早的短板，对进一步完善我国的中医药国家标准体系，规范中医操作技术，提高中医诊疗水平等方面具有重要意义，为进一步促进中医药国际化标准建设提供有力支撑，见表 6－2。

表 6－2　2021 年中医药领域推荐性国家标准发布情况

类别	标准编号	标准名称
中医	GB/T 15657－2021	中医病证分类与代码
	GB/T 16751.2－2021	中医临床诊疗术语 第 2 部分：证候
	GB/T 40665.1－2021	中医四诊操作规范 第 1 部分：望诊
	GB/T 40665.2－2021	中医四诊操作规范 第 2 部分：闻诊
	GB/T 40665.3－2021	中医四诊操作规范 第 3 部分：问诊
	GB/T 40665.4－2021	中医四诊操作规范 第 4 部分：切诊
	GB/T 40670－2021	中医药学主题词表编制规则
	GB/Z 40669－2021	中医技术操作规范 外科 挂线法
	GB/Z 40671－2021	中医技术操作规范 外科 结扎法
	GB/Z 40893.1－2021	中医技术操作规范 儿科 第 1 部分：小儿内治给药方法
	GB/Z 40893.2－2021	中医技术操作规范 儿科 第 2 部分：小儿常用外治法
	GB/Z 40893.3－2021	中医技术操作规范 儿科 第 3 部分：小儿针灸疗法
	GB/Z 40893.4－2021	中医技术操作规范 儿科 第 4 部分：小儿推拿疗法
	GB/Z 40893.5－2021	中医技术操作规范 儿科 第 5 部分：小儿拔罐疗法
	GB/Z 40893.6－2021	中医技术操作规范 儿科 第 6 部分：小儿灯火燋法
	GB/Z 40666－2021	中医技术操作规范 皮肤科 中药蒸气浴

续 表

类 别	标 准 编 号	标 准 名 称
中医	GB/Z 40667 - 2021	中医技术操作规范 皮肤科 中药离子喷雾
	GB/Z 40668 - 2021	中医技术操作规范 皮肤科 中药面膜
	GB/Z 40902 - 2021	中医技术操作规范 皮肤科 中药药浴
中药	GB/T 41221 - 2021	中药材种子检验规程

（二）团体标准

中华中医药学会、中国中西医结合学会等学术组织充分发挥各自优势，坚持专业化原则，推进中医药标准化建设，已成为中医药标准制定和推广的重要力量。中华中医药学会作为全国规模最大、公信力最高的学术团体，2021 年新增发布团体标准 294 项。其他学术团体如中国中西医结合学会，新增发布团体标准 48 项，较此前增速明显，目前总数已达 73 项。

截至目前，我国已发布中医药国家标准 72 项、行业标准 9 项（406 个病种）、团体标准 1 919 项，ISO/TC249 中方主导发布标准 54 项。世界卫生组织在第 11 版国际疾病分类（ICD - 11）中首次纳入传统医学章节，中医药历史性地进入国际疾病分类体系。

（三）国际标准

■ 中药标准在国际主流药典的发展

1.《美国药典》标准情况

《美国药典》在促进国际药物质量标准统一中具有重要影响力。中药（主要是植物来源中药）在《美国药典》中主要作为膳食补充剂（Dietary Supplement，DS）或草药（Herbal Medicine，HM）进行标准管理。其中膳食补充剂的质量标准在美国药典出版的《美国药典：国家处方集》（USP - NF）中，作为单独一个章节呈现，并出版有单独的《膳食补充剂法典》（*Dietary Supplements Compendium*，*DSC*）；而未纳入膳食补充剂的草药，则在在线的《草药法典》（*Herbal Medicines Compendium*，*HMC*，https：//hmc.usp.org/）中免费对大众开放使用。相关植物膳食补充剂和草药标准的推荐和起草主要由 2012 年 9 月建立的东亚和南亚两个专家委员会（East Asia Expert Panel，South Asia Expert Panel，https：//hmc.usp.org/about/expert-panels-0）通过举行定期的会议进行管理。其中东亚专家委员会负责我国中药标准的起草和建立，现任主席为果德安教授，会议联络人为美国药典委员会的高级科学联络人 Cuiying Ma 博士。2021 年共举行三次会议（4 月 8 日、8 月 15 日和 10 月 26 日）。其标准管理分为推荐进入研究列表（High Priority List）、起草阶段、提交专家委员会讨论阶段、公示阶段、答复意见阶段、投票通过阶段和最后的发表阶段(进入 USP 中的 DSC 或进入 HMC)。其中,公示阶段分为:进入膳食补充剂的在《美国药典论坛》(Pharmacopeial Forum,PF)公示,PF 为一本在线双月刊杂志,主要收载通过专家委员会讨论的标准草案,供大众浏览和提出意见;而进入草药法典的则在其网页上进行公示并征求意见。表 6-3 是目前进入专家组讨论或进入美国药典膳食补充剂或 HMC 的 30 个品种情况汇总。其中已经有 13 个中药品种(未计入同品种的粉末标准和提取物标准)进入美国药典膳食补充剂或草药法典。此外还有 59 个研究列表中的中药正在进行标准起草研究。

表 6-3 2021 年中药标准在《美国药典》收载和起草研究情况汇总

编号	中药中文名	中药英文名	标准情况
1	丹参	*Salvia miltiorrhiza* Root and Rhizome	HMC,USP
2	灵芝	*Ganoderma lucidum* Fruiting Body	HMC,USP
3	三七	*Panax notoginseng* Root and Rhizome	HMC,USP
4	北五味子	Northern Schisandra (S. chinensis) Fruit	HMC,USP
5	何首乌	*Polygonum multiflorum* Root	HMC,USP
6	肉桂	Cinnamomum cassia Twig	HMC,USP
7	红景天	*Rhodiola crenulata* Root and Rhizome	HMC,USP
8	薏苡仁	Coix (Coix lacryma-jobi) Seed	HMC,USP
9	陈皮	Tangerine Peel (*Citrus reticulata*)	HMC,USP
10	黄芩	Chinese Skullcap (*Scutelleria baicalensis*) Root	HMC,USP
11	黄连	Coptis Species Rhizome	USP
12	化橘红	Pummelo Peel	USP
13	人参	Asian Ginseng Root and Rhizome	USP
14	西洋参	American Ginseng Root and Rhizome	PF 45 (4),投票通过
15	酸枣仁	Sour Jujube Seed	PF 45 (6),投票通过
16	白芍	White Peony Root	PF 46 (1),投票通过
17	菊花	Chrysanthemum Flower	PF 45 (1),投票通过
18	野菊花	Wild Chrysanthemum Flower	PF 45 (1),投票通过
19	川芎	Sichuan Lovage Rhizome	PF 47 (2)
20	当归	Dong Quai Root	PF 47 (3)

续 表

编号	中药中文名	中药英文名	标准情况
21	大枣	*Ziziphus jujuba* Fruit	HMC 公示
22	肉桂	*Cinnamomum cassia* Bark	实验室验证
23	锡兰肉桂	*Cinnamomum verum* Bark	实验室验证
24	黄连提取物	*Coptis chinensis* Rhizome Aqueous Dry Extract	讨论
25	红曲	Red Yeast Rice Powder	标准修改
26	蒲公英	Dandelion whole plant	收到标准草案
27	天麻	Gastrodia Rhizome	等对照物质
28	紫苏子	Perilla Fruit	标准起草中
29	桃仁	*Prunus persica* (Peach) Seed	收到标准草案
30	虫草	*Cordyceps militaris fruiting body*	收到标准草案

2.《欧洲药典》标准情况

《欧洲药典》(*European Pharmacopoeia*, *EP*)是全球最具影响力的药典之一,是 39 个欧盟成员国共同执行的法定药品标准。《欧洲药典》2021 年已发行至第 10 版,第 10 版累计有 8 个非累积增补本(10.1～10.8)。《欧洲药典》标准包括草药及其制剂(提取物、成药、药茶),如缬草根(Valerian Root),除了植物本身之外,还包括相关的缬草水提取物、醇提取物,以及缬草根切片、缬草根酊剂。正文项下主要包括定义、鉴别、检查项和含量测定 4 个方面,其中检查项根据项目的不同选择性包括外来杂质、干燥失重、总灰分、酸不溶性灰分等内容。

为了加速《欧洲药典》的更新,欧洲药典委员会每年举行三届会议,讨论决定在欧洲药典中增加或修订的内容。2021 年欧洲药典委员会分别在 3 月、6 月和 11 月举行了三届工作会议(Ph. Eur. Com 169th Session, March 2021、Ph. Eur. Com 170th Session, June 2021 和 Ph. Eur. Com 171st Session, November 2021),新增桃仁等 10 个中草药标准,具体见表 6－4。

表 6－4 2021 年《欧洲药典》新增中草药品种

编 号	2021 年《欧洲药典》新增中草药品种
1	Bitter apricot seed (2 935)
2	Notopterygium rhizome and root (2 662)
3	Peach seed (2 975)
4	Senna fruit dry aqueous extract, standardised (3 084)

续 表

编 号	2021 年《欧洲药典》新增中草药品种
5	Senna fruit dry hydroalcoholic extract, standardised (3 127)
6	Chinese motherwort (2 785)
7	Purple coneflower herb expressed juice, stabilised with ethanol (2 282)
8	Purple coneflower herb expressed juice, stabilised without ethanol (2 894)
9	Shepherds Purse (2 947)
10	Toadflax herb (2 962)

3.《英国药典》标准情况

英国有着悠久的草药应用历史,《英国药典》(*British Pharmacopoeia*, *BP*)有 100 多个国家采用。《英国药典》2007 年首次在正文品种中收载了甘草(Licorice),从而迈出了对在英联邦内使用的中药进行质量控制的重要一步。此后逐年递增,除了本国使用品种以外,还引入《欧洲药典》品种。并于 2009 年开始正式将草药与草药制剂作为单独一项列出,2011 年改为草药、草药制剂和草药产品项。其中,一些品种逐渐被《欧洲药典》标准替代。

2021 版《英国药典》法定生效时间为 2021 年 1 月 1 日,其在草药、草药制剂和草药产品(herbal drugs, herbal drug preparations and herbal medicinal products)的专论里新增泽泻等 5 个品种,删除狭叶番泻果实等 2 个品种,具体见表 6 - 5。

表 6 - 5　2021 年《英国药典》增减草药品种

编号	2021 年《英国药典》新增草药品种	编号	2021 年《英国药典》删除草药品种
1	Abelmoschus flower*	1	Tinnevelly Senna fruit
2	Alisma plantago-aquatica	2	Theobroma cacao oil
3	Rubus chingii leaf*		
4	Rehmannia root*		
5	Serratula Herb*		

注: * 表示新增专论来源于《欧洲药典》。

■ 中医药标准在 ISO 的研究进展

2021 年,中医药国际标准的制定有了新的突破: 国际标准化组织(ISO)正式发布了《中医药-诊断词汇-第一部分: 舌象》和《中医药-诊断词汇-第二部分: 脉象》2 项中医诊断名词术语的国际标准，正式发布了《中医药-生姜》《中医药-北沙参》《中医药-颗粒生产流程和质量控制的要求》等 11 项中医药国际标准，见表 6-6。

表 6-6 国际标准化组织（ISO/TC249）发布的中医药国际标准

标准编号	发布日期	标准名称
ISO 23961-1：2021	2021-11	Traditional Chinese medicine - Vocabulary for diagnostics - Part 1：Tongue
ISO 23961-2：2021	2021-11	Traditional Chinese medicine - Vocabulary for diagnostics - Part 2：Pulse
ISO 23419：2021	2021-12	Traditional Chinese medicine - General requirements for manufacturing procedures and quality assurance of granules
ISO 18666：2021	2021-11	Traditional Chinese medicine - General requirements of moxibustion devices
ISO 22467：2021	2021-10	Traditional Chinese medicine - Determination of microorganisms in natural products
ISO 23972：2021	2021-10	Traditional Chinese medicine - Zingiber officinale rhizome
ISO 23959：2021	2021-08	Traditional Chinese medicine - Glehnia littoralis root
ISO 23723：2021	2021-08	Traditional Chinese medicine - General requirements for herbal raw material and materia medica
ISO 23962：2021	2021-07	Traditional Chinese medicine - Processed Aconitum carmichaelii lateral root
ISO 23190：2021	2021-06	Traditional Chinese medicine - Determination of aristolochic acids in natural products by high-performance liquid chromatography (HPLC)
ISO 22466：2021	2021-05	Traditional Chinese medicine - Laser acupoint devices
ISO 19609-1：2021	2021-01	Traditional Chinese medicine - Quality and safety of raw materials and finished products made with raw materials — Part 1：General requirements
ISO 19609-2：2021	2021-01	Traditional Chinese medicine - Quality and safety of raw materials and finished products made with raw materials — Part 2：Identity testing of constituents of herbal origin

第二节
中医药国内外专利

随着专利制度在我国的普及与不断推进，中医药领域的技术发明创造不断涌现，中医药技术领域的知识产权主要是专利权、商标权和著作权。中药产品的知识产权保护有多种形式，采用何种形式取决于该知识产权的内容。如对于品牌的保护方式主要为商标保护，中药秘方的保护可以采用技术秘密的形式加以保护。目前，中药领域的知识产权大多表现为专利的形式，主要包括产品专利、方法专利和用途专利三种类型。

近年来，从国际化水平、质量和数量上中医药专利都取得了长足的进步，流程方面已经完全和国际接轨，权利要求类型与授权标准符合国际惯例，专利申请撰写质量和授权率显著提升，中药专利侵权基本得到法律的有效制止，中药专利保护的市场价值得以体现。

一、数据基础

利用大为 innojoy 专利信息检索系统，以(TAC='传统医学' OR TAC='汉方' OR TAC='中国医药学' OR TAC='中医' OR TAC='病因病机' OR TAC='补充疗法' OR TAC='替代医学' OR TAC='补充医学' OR TAC='辨证论治' OR TAC='祛邪' OR TAC='扶正' OR TAC='治法' OR TAC='治则' OR TAC='阴阳' OR TAC='气血' OR TAC='津液' OR TAC='正骨' OR TAC='外治法' OR TAC='熨法' OR TAC='熏洗' OR TAC='热敷' OR TAC='异病同治' OR TAC='同病异治' OR TAC='标本论治' OR TAC='辨病论治' OR TAC='八法' OR TAC='虚实' OR TAC='表里' OR TAC='舌象' OR TAC='舌诊' OR TAC='脉象' OR TAC='脉诊' OR TAC='中西医结合' OR TAC='种族植物学' OR TAC='民族药理学' OR TAC='民族药' OR TAC='植物药' OR TAC='药用植物'

OR TAC='植物提取物' OR TAC='天然产物' OR TAC='生药学' OR TAC='草药' OR TAC='中草药' OR TAC='中药' OR TAC='四气五味' OR TAC='炮制' OR TAC='中成药' OR TAC='矿物药' OR TAC='动物药' OR TAC='药用部位' OR TAC='地道药材' OR TI='针刺' OR TI='灸' OR TI='推拿' OR TI='按摩' OR TI='瑜伽' OR TI='武术' OR TI='太极拳' OR TI='气功' OR TI='五禽戏' OR TI='八段锦' OR TI='经络' OR TI='腧穴' OR TI='电针' OR TI='温针' OR TI='火针' OR TI='水针' OR TI='眼针' OR TI='头皮针' OR TI='手针' OR TI='舌针' OR TI='耳针' OR TI='体针' OR TI='毫针' OR TI='手捻针' OR TI='皮肤针' OR TI='梅花针' OR TI='经皮穴位电刺激' OR TI='针药并用' OR TI='刺法' OR TI='扬刺' OR TI='围刺' OR TI='透刺' OR TI='齐刺' OR TI='偶刺' OR TI='缪刺' OR TI='毛刺' OR TI='留针' OR TI='巨刺' OR TI='管针' OR TI='点刺' OR TI='浮刺' OR TI='刺血疗法' OR TI='刺络放血' OR TI='砭法' OR TI='穴位' OR TI='选穴' OR TI='取穴' OR TI='耳穴' OR TI='埋针' OR TI='埋线' OR TI='拔罐' OR TI='触发点'）AND（AD='2021'）为检索式，在表达式检索中进行检索，结合 IPC 分类号同时限定专利申请年为 2021 年，合并申请后结果显示 2021 年中医药相关专利申请量为 2.5 万余项，在 2020 年约 2.7 万项专利申请量，2021 年相比于 2020 年略有下降，但总体数额仍然可观。

二、专利概况

（一）专利类型

2021 年申请专利类型分布如表 6－7 所示，发明专利占 48.64%，与实用新型 43.10%占比相当，外观设计为 8.26%。

表 6－7　2021 年专利类型及数量

专利类型	专利数量(项)
发明专利	13 025
实用新型	10 860
外观设计	1 850

（二）法律状态

如表 6－8 所示，在 2021 年中医药相关 2.5 万余项申请专利中，后续获授权量占比为

53.17%，处于发明专利实审阶段为 38.78%，申请公开阶段为 5.67%，无效申请包含撤回以及驳回为 8.05%。

表 6-8　2021 年法律状态及数量

法律状态		数量（项）
有权	授权	13 682
审中	实审	9 981
	公开	1 459
无权	撤回	607
	驳回	5
	主动放弃	1

(三) 地域分布

专利申请量排名前 10 的省、自治区、直辖市如表 6-9 所示，广东省高居榜首，从数据中看出南方省份专利申请量较大于北方省份专利申请量。

表 6-9　2021 年专利申请地域分布(省、自治区、直辖市)及数量

省(自治区、直辖市)	专利数量(项)	省(自治区、直辖市)	专利数量(项)
广东	3 018	四川	1 390
山东	2 564	北京	1 176
江苏	2 168	安徽	1 165
浙江	1 734	湖北	1 018
河南	1 696	上海	978

(四) 技术分类

如图 6-1、表 6-10 所示，专利技术分类小类数量最多的是[A61K：医用、牙科用或梳妆用的配制品(专门适用于将药品制成特殊的物理或服用形式的装置或方法 A61J3/00；空气除臭，消毒或灭菌，或者绷带、敷料、吸收垫或外科用品的化学方面，或材料的使用入 A61L；肥皂组合物入 C11D)]6 100 项，其次为[A61P(化合物或药物制剂的特定治疗活性)]5 659 项。

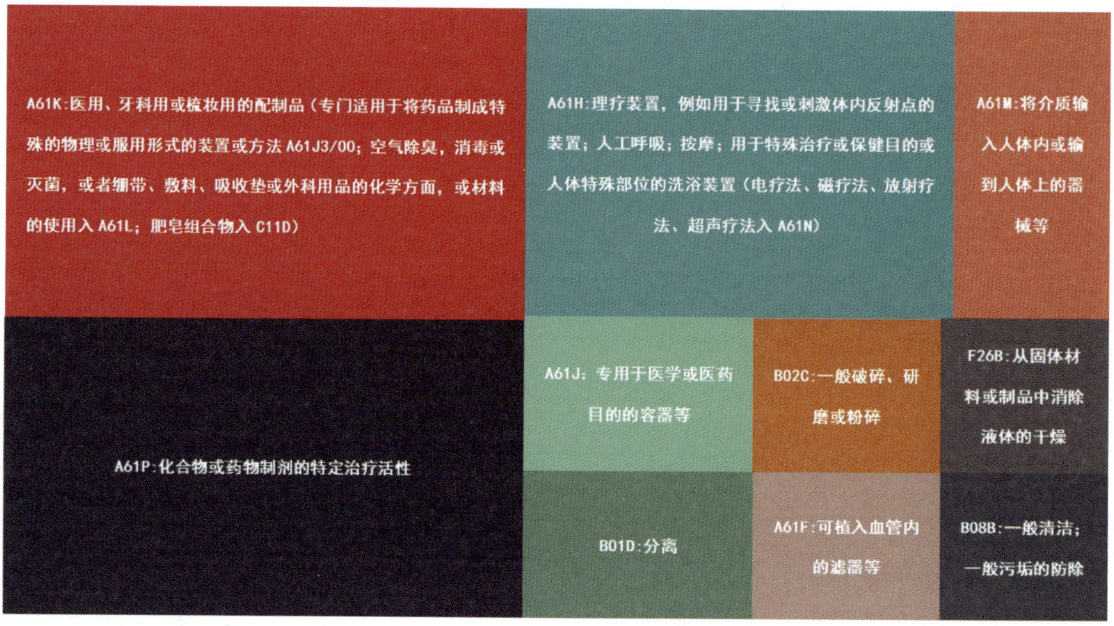

图 6-1 2021 年专利技术分类小类分布

表 6-10 2021 年专利技术分类小类及数量

小类	IPC 释义	专利数量(项)
A61K	A:人类生活必需品 A61:医学或兽医学;卫生学 A61K:医用、牙科用或梳妆用的配制品(专门适用于将药品制成特殊的物理或服用形式的装置或方法 A61J3/00;空气除臭,消毒或灭菌,或者绷带、敷料、吸收垫或外科用品的化学方面,或材料的使用入 A61L;肥皂组合物入 C11D)	6 100
A61P	A:人类生活必需品 A61:医学或兽医学;卫生学 A61P:化合物或药物制剂的特定治疗活性	5 659
A61H	A:人类生活必需品 A61:医学或兽医学;卫生学 A61H:理疗装置,例如用于寻找或刺激体内反射点的装置;人工呼吸;按摩;用于特殊治疗或保健目的或人体特殊部位的洗浴装置(电疗法、磁疗法、放射疗法、超声疗法入 A61N)	4 864
A61M	A:人类生活必需品 A61:医学或兽医学;卫生学 A61M:将介质输入人体内或输到人体上的器械(将介质输入动物体内或输入到动物体上的器械入 A61D7/00;用于插入棉塞的装置入 A61F13/26;喂饲食物或口服药物用的器具入 A61J;用于收集、贮存或输注血液或医用液体的容器入 A61J1/05);为转移人体介质或为从人体内取出介质的器械(外科用的入 A61B,外科用品的化学方面入 A61L;将磁性元件放入体内进行磁疗的入 A61N2/10);用于产生或结束睡眠或昏迷的器械	1 710

续 表

小类	IPC 释 义	专利数量(项)
A61J	A：人类生活必需品 A61：医学或兽医学；卫生学 A61J：专用于医学或医药目的的容器；专用于把药品制成特殊的物理或服用形式的装置或方法；喂饲食物或口服药物的器具；婴儿橡皮奶头；收集唾液的器具	1 290
B01D	B：作业；运输 B01：一般的物理或化学的方法或装置 B01D：分离(用湿法从固体中分离固体入 B03B、B03D，用风力跳汰机或摇床入 B03B，用其他干法入 B07；固体物料从固体物料或流体中的磁或静电分离，利用高压电场的分离入 B03C；离心机、涡旋装置入 B04B；涡旋装置入 B04C；用于从含液物料中挤出液体的压力机本身入 B30B9/02)	1 263
B02C	B：作业；运输 B02：破碎、磨粉或粉碎；谷物碾磨的预处理 B02C：一般破碎、研磨或粉碎；碾磨谷物(用破碎、磨碎或碾磨方法制取金属粉末入 B22F9/04)	1 060
A61F	A：人类生活必需品 A61：医学或兽医学；卫生学 A61F：可植入血管内的滤器；假体；为人体管状结构提供开口或防止其塌陷的装置，例如支架；整形外科、护理或避孕装置；热敷；眼或耳的治疗或保护；绷带、敷料或吸收垫；急救箱(假牙入 A61C)	1 024
F26B	F：机械工程；照明；加热；武器；爆破 F26：干燥 F26B：从固体材料或制品中消除液体的干燥(联合收割机的干燥装置)入 A01D41/133；干燥果实或蔬菜用的框架入 A01F25/12；干燥食品入 A23；干燥头发入 A45D20/00；干燥身体的器具入 A47K10/00；干燥家庭物品入 A47L；干燥气体或蒸汽入 B01D；脱水或类似的从固体分离出液体的化学或物理方法入 B01D43/00；离心设备入 B04；干燥陶瓷器入 C04B33/30；与其他处理方式结合的干燥纱线或纤维入 D06C；没有加热或正向空气循环的洗衣用干燥框架，家用洗衣干燥机或旋转式脱水机，拧干或热压洗衣入 D06	928
B08B	B：作业；运输 B08：清洁 B08B：一般清洁；一般污垢的防除(刷子入 A46；家庭或类似清洁装置入 A47L；从液体或气体中分离颗粒入 B01D；固体分离入 B03，B07；一般对表面喷射或涂敷液体或其他流体材料入 B05；用于输送机的清洗装置入 B65G45/10；对瓶子同时进行清洗、灌注和封装的入 B67C7/00；一般腐蚀或积垢的防止入 C23；街道、永久性道路、海滨或陆地的清洗入 E01H；专门用于游泳池或仿海滨浴场浅水池或池子的部件、零件或辅助设备清洁的入 E04H4/16；防止或清除静电荷入 H05F)	919

(五) 申请人分析

申请人排名前 20 位的申请人如图 6－2 所示，申请数量于前 20 位的申请人中有 11 个为高校，可见专利的主要力量仍然为高校。其中仲崇允申请数量达 43 项位列第一，申请量最多的高校是湖南中医药大学，为 36 项。

(六) 申请人专利分类小类分析

申请量排名前 20 位的申请人技术分类如图 6－3、表 6－11 所示：排名第 1 位的仲崇允在[A61K：医用、牙科用或梳妆用的配制品(专门适用于将药品制成特殊的物理或服用形式

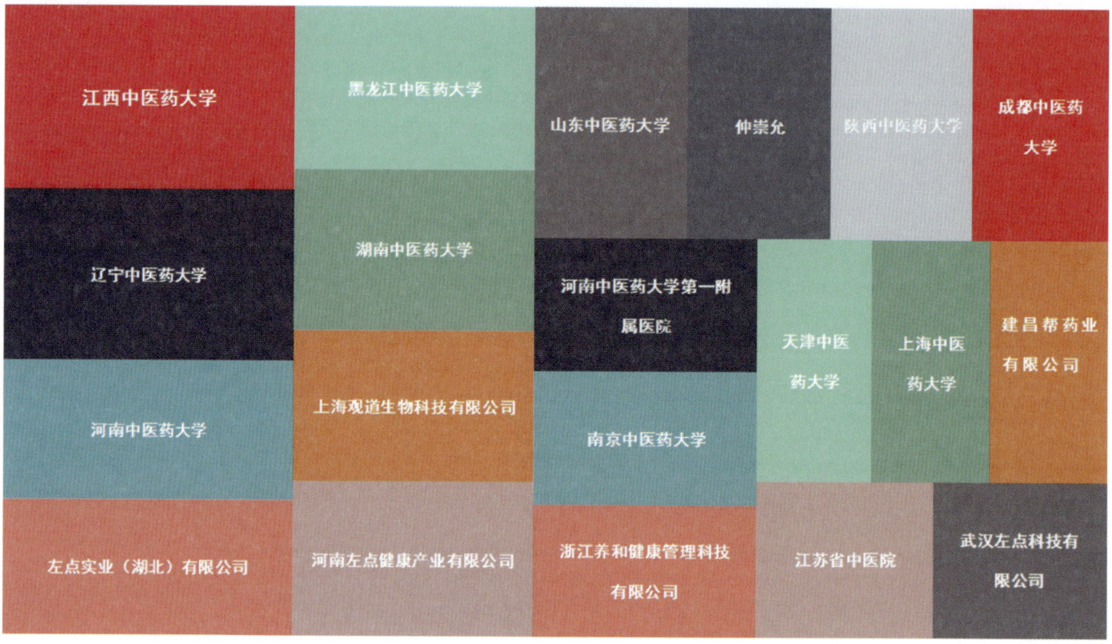

图 6-2　2021 年专利申请人分布

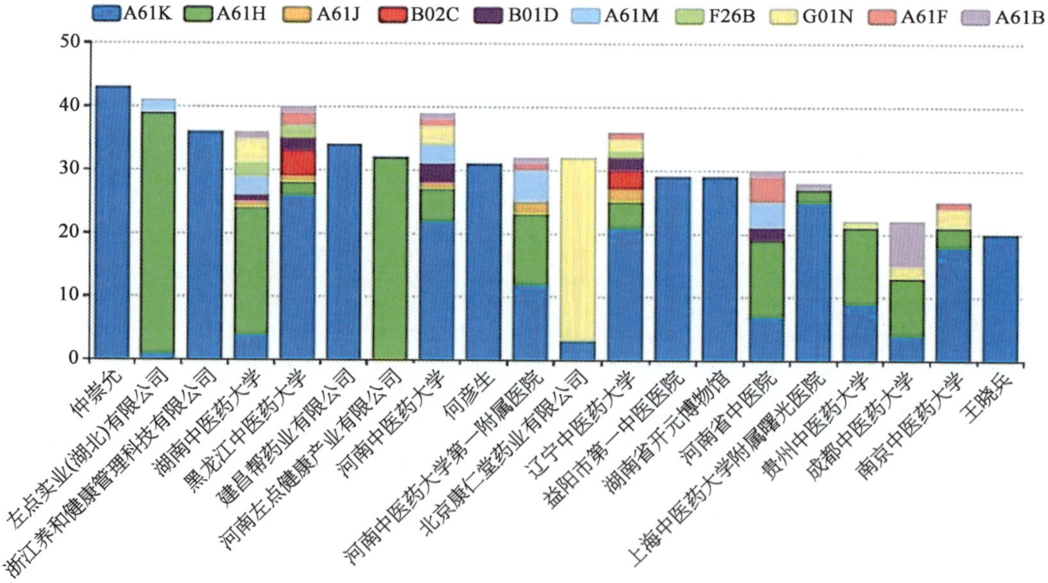

图 6-3　2021 年专利申请人专利类型小类分布

表 6-11　2021 年专利申请人专利类型小类及数量

主分类小类	IPC 释义	仲崇允	左点实业（湖北）有限公司	浙江养和健康管理科技有限公司	湖南中医药大学	黑龙江中医药大学	建昌帮药业有限公司	河南左点健康产业有限公司	河南中医药大学	何彦生	河南中医药大学第一附属医院	北京康仁堂药业有限公司	辽宁中医药大学	益阳市第一中医医院（益阳市残疾人康复医院）	湖南省开元博物馆	河南省中医院（河南中医药大学第二附属医院）	上海中医药大学附属曙光医院	贵州中医药大学	成都中医药大学	南京中医药大学	王晓兵	合计
A61K	A：人类生活必需品 A61：医学或兽医学；卫生学 A61K：医用、牙科用或梳妆用的配制品(专门适用于将药品制成特殊的物理或服用形式的装置或方法 A61J3/00；空气除臭，消毒或灭菌，或者绷带、敷料、吸收垫或外科用品的化学方面，或材料的使用入 A61L；肥皂组合物入 C11D)	43	1	36	4	26	34	0	22	31	12	3	21	29	29	7	25	9	4	18	20	374
A61H	A：人类生活必需品 A61：医学或兽医学；卫生学 A61H：理疗装置，例如用于寻找或刺激体内反射点的装置；人工呼吸；按摩；用于特殊治疗或保健目的或人体特殊部位的洗浴装置(电疗法、磁疗法、放射疗法、超声疗法入 A61N)	0	38	0	20	2	0	32	5	0	11	0	4	0	0	12	2	12	9	3	0	150
A61J	A：人类生活必需品 A61：医学或兽医学；卫生学 A61J：专用于医学或医药目的的容器；专用于把药品制成特殊的物理或服用形式的装置或方法；喂饲食物或口服药物的器具；婴儿橡皮奶头；收集唾液的器具	0	0	0	1	1	0	0	1	0	2	0	2	0	0	0	0	0	0	0	0	7
B02C	B：作业；运输 B02：破碎、磨粉或粉碎；谷物碾磨的预处理 B02C：一般破碎、研磨或粉碎；碾磨谷物(用破碎、磨碎或碾磨方法制取金属粉末入 B22F9/04)	0	0	0	0	4	0	0	0	0	0	0	3	0	0	0	0	0	0	0	0	7

续 表

主分类小类	IPC 释 义	仲崇允	左点实业（湖北）有限公司	浙江养和健康管理科技有限公司	湖南中医药大学	黑龙江中医药大学	建昌帮药业有限公司	河南左点健康产业有限公司	河南中医药大学	何彦生	河南中医药大学第一附属医院	北京康仁堂药业有限公司	辽宁中医药大学	益阳市第一中医医院（益阳市残疾人康复医院）	湖南省开元博物馆	河南省中医院（河南中医药大学第二附属医院）	上海中医药大学附属曙光医院	贵州中医药大学	成都中医药大学	南京中医药大学	王晓兵	合计
B01D	B：作业；运输 B01：一般的物理或化学的方法或装置 B01D：分离（用湿法从固体中分离固体入 B03B、B03D，用风力跳汰机或摇床入 B03B，用其他干法入 B07；固体物料从固体物料或流体中的磁或静电分离，利用高压电场的分离入 B03C；离心机、涡旋装置入 B04B；涡旋装置入 B04C；用于从含液物料中挤出液体的压力机本身入 B30B9/02）〔5〕	0	0	0	1	2	0	0	3	0	0	0	2	0	0	2	0	0	0	0	0	10
A61M	A：人类生活必需品 A61：医学或兽医学；卫生学 A61M：将介质输入人体内或输到人体上的器械（将介质输入动物体内或输入到动物体上的器械入 A61D7/00；用于插入棉塞的装置入 A61F13/26；喂饲食物或口服药物用的器具入 A61J；用于收集、贮存或输注血液或医用液体的容器入 A61J1/05）；为转移人体介质或为从人体内取出介质的器械（外科用的入 A61B，外科用品的化学方面入 A61L；将磁性元件放入体内进行磁疗的入 A61N2/10）；用于产生或结束睡眠或昏迷的器械	0	2	0	3	0	0	0	3	0	5	0	0	0	0	4	0	0	0	0	0	17

续 表

主分类小类	IPC 释 义	仲崇允	左点实业（湖北）有限公司	浙江养和健康管理科技有限公司	湖南中医药大学	黑龙江中医药大学	建昌帮药业有限公司	河南左点健康产业有限公司	河南中医药大学	何彦生	河南中医药大学第一附属医院	北京康仁堂药业有限公司	辽宁中医药大学	益阳市第一中医医院（益阳市残疾人康复医院）	湖南省开元博物馆	河南省中医院（河南中医药大学第二附属医院）	上海中医药大学附属曙光医院	贵州中医药大学	成都中医药大学	南京中医药大学	王晓兵	合计
F26B	F：机械工程；照明；加热；武器；爆破 F26：干燥 F26B：从固体材料或制品中消除液体的干燥（联合收割机的干燥装置入 A01D41/133；干燥果实或蔬菜用的框架入 A01F25/12；干燥食品入 A23；干燥头发入 A45D20/00；干燥身体的器具入 A47K10/00；干燥家庭物品入 A47L；干燥气体或蒸汽入 B01D；脱水或类似的从固体分离出液体的化学或物理方法入 B01D43/00；离心设备入 B04；干燥陶瓷器入 C04B33/30；与其他处理方式结合的干燥纱线或纤维入 D06C；没有加热或正向空气循环的洗衣用干燥框架，家用洗衣干燥机或旋转式脱水机，拧干或热压洗衣入 D06	0	0	0	2	2	0	0	0	0	0	0	1	0	0	0	0	0	0	0	0	5
G01N	G：物理 G01：测量；测试 G01N：借助于测定材料的化学或物理性质来测试或分析材料（除免疫测定法以外包括酶或微生物的测量或试验入 C12M，C12Q）	0	0	0	4	0	0	0	3	0	0	29	2	0	0	0	0	1	2	3	0	44

续 表

主分类小类	IPC 释 义	仲崇允	左点实业（湖北）有限公司	浙江养和健康管理科技有限公司	湖南中医药大学	黑龙江中医药大学	建昌帮药业有限公司	河南左点健康产业有限公司	河南中医药大学	何彦生	河南中医药大学第一附属医院	北京康仁堂药业有限公司	辽宁中医药大学	益阳市第一中医医院（益阳市残疾人康复医院）	湖南省开元博物馆	河南省中医院（河南中医药大学第二附属医院）	上海中医药大学附属曙光医院	贵州中医药大学	成都中医药大学	南京中医药大学	王晓兵	合计
A61F	A：人类生活必需品 A61：医学或兽医学；卫生学 A61F：可植入血管内的滤器；假体；为人体管状结构提供开口、或防止其塌陷的装置，例如支架；整形外科、护理或避孕装置；热敷；眼或耳的治疗或保护；绷带、敷料或吸收垫；急救箱（假牙入 A61C）	0	0	0	0	2	0	0	1	0	1	0	1	0	0	4	0	0	0	1	0	10
A61B	A：人类生活必需品 A61：医学或兽医学；卫生学 A61B：诊断；外科；鉴定（分析生物材料入 G01N，如 G01N33/48）	0	0	0	1	1	0	0	1	0	1	0	0	0	0	1	1	0	7	0	0	13

的装置或方法 A61J3/00;空气除臭,消毒或灭菌,或者绷带、敷料、吸收垫或外科用品的化学方面,或材料的使用入 A61L;肥皂组合物入 C11D)]技术分支中占有绝对优势,左点实业(湖北)有限公司在[A61H: 理疗装置,例如用于寻找或刺激体内反射点的装置;人工呼吸;按摩;用于特殊治疗或保健目的或人体特殊部位的洗浴装置(电疗法、磁疗法、放射疗法、超声疗法入 A61N)]领域一骑绝尘,而北京康仁堂药业有限公司在[G01N: 借助于测定材料的化学或物理性质来测试或分析材料(除免疫测定法以外包括酶或微生物的测量或试验入 C12M,C12Q)]领域申请 29 个专利,在该领域成果产出较多。

三、全球中医药相关专利概况

根据上述检索式,在中国境外范围内检索中医药相关专利,得到 258 项专利申请。

(一) 专利类型

中国境外申请专利类型 90.4%(254 件)为发明专利,其余为实用新型专利(27 件,占 9.6%),外观设计专利数量为 0。

如表 6-12 所示,申请数第一名为美国,其专利申请达 90 项,通过世界知识产权组织提交的专利申请为 54 项,除了 WO 成员国以外,专利布局遍布 22 个国家。

表 6-12　2021 年中国境外专利申请国及数量

授权组织	专利数量(项)
US-美国	90
KR-韩国	75
WO-世界知识产权组织	54
JP-日本	48
DE-德国	6
EP-欧专局	6
GB-英国	2
合计	281

(二) 申请人分析

如表 6-13 所示,中国境外中医药相关专利申请人中,美国、韩国、日本及德国的申请量

较高。其中申请量最大的是韩国的김태중机构，申请数量为 6。

表 6-13　2021 年中国境外专利申请人国别及数量

申请国	申请人	数量(项)
US-美国	ICU MEDICAL INC	4
	TIPPING POINT MEDICAL IMAGES, LLC	2
	TEPHA, INC.	2
	NALPROPION PHARMACEUTICALS LLC	2
	HILL ROM SERVICES INC	2
KR-韩国	김태중	6
	(주)메디헬프라인	3
	박옥남	3
	PARK OK NAM	2
	MEDI HELP LINE	2
WO-世界知识产权组织	LIU LI	4
	JIANGSU KANION PHARMACEUTICAL CO LTD	4
	CHENG YAWEI	4
	SIMCERE PHARMACEUTICAL CO LTD	3
	JIANGSU SIMCERE PHARM CO LTD	3
JP-日本	富士カプセル株式会社	2
	ファミリー・サービス・エイコー株式会社	2
	DEXERIALS CORP	1
	GLAUKOS CORP	1
	IWAGAMI MEIJI	1
DE-德国	CHOU TUNG JIH	1
	EDWIN ARNOLD E K	1
	FABRITZ NATALIJA	1
	FABRITZ PETER	1
	KAISER FRANZ JOSEF	1

（三）专利技术主要分类大组

如图 6-4、表 6-14 所示，专利申请数量前 3 位的技术分类为：A61H39（理疗用的定位或刺激人体特定反射点的仪器）、A61K36（含有来自藻类、苔藓、真菌或植物或其派生物，例如传统草药的未确定结构的药物制剂）及 A61K9/00（以特殊物理形状为特征的医药配制品）。

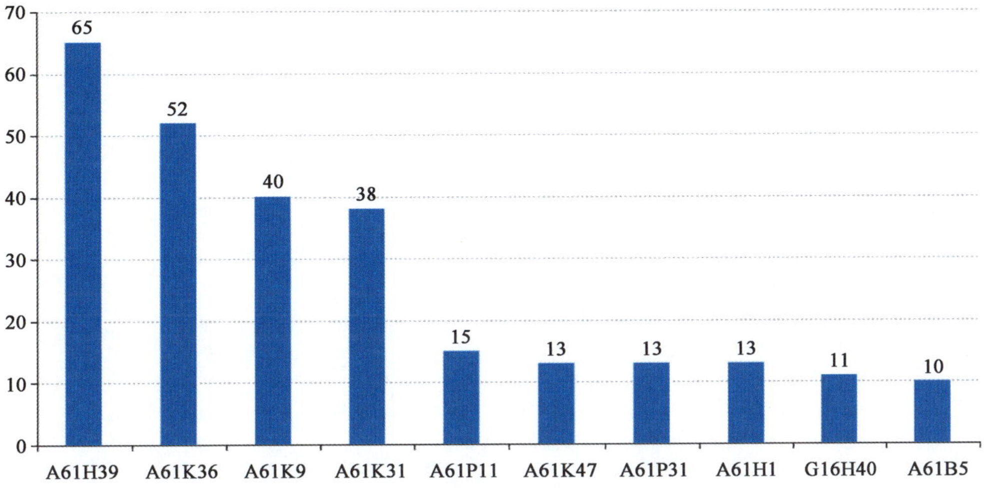

图 6-4 2021 年中国境外专利技术分类大组分布

表 6-14 2021 年中国境外专利技术分类大组及数量

大组	IPC 释义	专利数量(项)
A61H39	A：人类生活必需品 A61：医学或兽医学；卫生学 A61H：理疗装置，例如用于寻找或刺激体内反射点的装置；人工呼吸；按摩；用于特殊治疗或保健目的或人体特殊部位的洗浴装置(电疗法、磁疗法、放射疗法、超声疗法入 A61N) A61H39/00：理疗用的定位或刺激人体特定反射点的仪器，例如针刺(通过采用电流或磁场的方法定位入 A61B5/05；通过检测生物电信号的方法定位入 A61B5/24)[2006.01]	65
A61K36	A：人类生活必需品 A61：医学或兽医学；卫生学 A61K：医用、牙科用或梳妆用的配制品(专门适用于将药品制成特殊的物理或服用形式的装置或方法 A61J3/00；空气除臭，消毒或灭菌，或者绷带、敷料、吸收垫或外科用品的化学方面，或材料的使用入 A61L；肥皂组合物入 C11D) A61K36/00：含有来自藻类、苔藓、真菌或植物或其派生物，例如传统草药的未确定结构的药物制剂	52
A61K9	A：人类生活必需品 A61：医学或兽医学；卫生学 A61K：医用、牙科用或梳妆用的配制品(专门适用于将药品制成特殊的物理或服用形式的装置或方法 A61J3/00；空气除臭，消毒或灭菌，或者绷带、敷料、吸收垫或外科用品的化学方面，或材料的使用入 A61L；肥皂组合物入 C11D) A61K9/00：以特殊物理形状为特征的医药配制品[2006.01]	40
A61K31	A：人类生活必需品 A61：医学或兽医学；卫生学 A61K：医用、牙科用或梳妆用的配制品(专门适用于将药品制成特殊的物理或服用形式的装置或方法 A61J3/00；空气除臭，消毒或灭菌，或者绷带、敷料、吸收垫或外科用品的化学方面，或材料的使用入 A61L；肥皂组合物入 C11D) A61K31/00：含有机有效成分的医药配制品	38

续 表

大组	IPC 释 义	专利数量(项)
A61P11	A：人类生活必需品 A61：医学或兽医学；卫生学 A61P：化合物或药物制剂的特定治疗活性 A61P11/00：治疗呼吸系统疾病的药物[2006.01]	15
A61K47	A：人类生活必需品 A61：医学或兽医学；卫生学 A61K：医用、牙科用或梳妆用的配制品(专门适用于将药品制成特殊的物理或服用形式的装置或方法 A61J3/00；空气除臭，消毒或灭菌，或者绷带、敷料、吸收垫或外科用品的化学方面，或材料的使用入 A61L；肥皂组合物入 C11D) A61K47/00：以所用的非有效成分为特征的医用配制品，例如载体或惰性添加剂；化学键合到有效成分的靶向剂或改性剂[2006.01]	13
A61P31	A：人类生活必需品 A61：医学或兽医学；卫生学 A61P：化合物或药物制剂的特定治疗活性 A61P31/00：抗感染药，即抗生素、抗菌剂、化疗剂[2006.01]	13
A61H1	A：人类生活必需品 A61：医学或兽医学；卫生学 A61H：理疗装置，例如用于寻找或刺激体内反射点的装置；人工呼吸；按摩；用于特殊治疗或保健目的或人体特殊部位的洗浴装置(电疗法、磁疗法、放射疗法、超声疗法入 A61N) A61H1/00：被动锻炼用器械(A61H5/00 优先)；振动器；脊柱按摩装置，例如身体冲击装置，对未骨折的骨骼进行简单拉伸或校直的体外装置	13
G16H40	G：物理 G16：特别适用于特定应用领域的信息通信技术[ICT] G16H：医疗保健信息学，即专门用于处置或处理医疗或健康数据的信息和通信技术[ICT] G16H40/00：专门用于安排或管理医疗保健资源或设施的 ICT；	11
A61B5	A：人类生活必需品 A61：医学或兽医学；卫生学 A61B：诊断；外科；鉴定(分析生物材料入 G01N，如 G01N33/48) A61B5/00：用于诊断目的的测量(放射诊断入 A61B6/00；超声波、声波或次声波诊断入 A61B8/00)；人的辨识	10

附　录

附录一 关于加快中医药特色发展的若干政策措施

党的十八大以来，以习近平同志为核心的党中央把中医药工作摆在突出位置，中医药改革发展取得显著成绩。新冠肺炎疫情发生后，中医药全面参与疫情防控救治，作出了重要贡献。但也要看到，中医药仍然一定程度存在高质量供给不够、人才总量不足、创新体系不完善、发展特色不突出等问题。要坚持以习近平新时代中国特色社会主义思想为指导，全面贯彻落实党的十九大和十九届二中、三中、四中、五中全会精神，进一步落实《中共中央 国务院关于促进中医药传承创新发展的意见》和全国中医药大会部署，遵循中医药发展规律，认真总结中医药防治新冠肺炎经验做法，破解存在的问题，更好发挥中医药特色和比较优势，推动中医药和西医药相互补充、协调发展。为此，现提出如下政策措施。

一、 夯实中医药人才基础

（一）提高中医药教育整体水平。建立以中医药课程为主线、先中后西的中医药类专业课程体系，增设中医疫病课程。支持中医药院校加强中医药传统文化功底深厚、热爱中医的优秀学生选拔培养。强化中医思维培养和中医临床技能培训，并作为学生学业评价主要内容。加强“双一流”建设对中医药院校和学科的支持。布局建设100个左右中医药类一流本科专业建设点。推进高职中医药类高水平专业群建设。强化高校附属医院中医临床教学职能。（教育部、国家发展改革委、国家中医药局负责，排第一位的为牵头单位，下同）

（二）坚持发展中医药师承教育。增加多层次的师承教育项目，扩大师带徒范围和数量，将师承教育贯穿临床实践教学全过程。长期坚持推进名老中医药专家学术经验继承、优秀中医临床人才研修、传承工作室建设等项目。绩效工资分配对承担带徒任务的中医医师适当倾斜。在全国老中医药专家学术经验继承工作中，按程序支持符合条件的继承人以医古文代替外语作为同等学力申请中医专业学位考试科目。（国家中医药局、人力资源社会保障部、教育部、国家卫生健康委、各省级人民政府负责）

（三）加强中医药人才评价和激励。鼓励各地结合实际，建立中医药优秀人才评价和激励机制。将中医药学才能、医德医风作为中医药人才主要评价标准，将会看病、看好病作为中医医师的主要评价内容。在院士评选、国家重大人才工程等高层次人才评选中，探索中医药人才单列计划、单独评价。（人力资源社会保障部、国家卫生健康委、国家中医药局、工程院、中科院、各省级人民政府分别负责）

二、提高中药产业发展活力

（四）优化中药审评审批管理。加快推进中药审评审批机制改革，加强技术支撑能力建设，提升中药注册申请技术指导水平和注册服务能力，强化部门横向联动，建立科技、医疗、中医药等部门推荐符合条件的中药新药进入快速审评审批通道的有效机制。以中医临床需求为导向，加快推进国家重大科技项目成果转化。统筹内外部技术评估力量，探索授予第三方中医药研究平台专业资质、承担国家级中医药技术评估工作。增加第三方中药新药注册检验机构数量。（国家药监局、国家卫生健康委、科技部、国家中医药局负责）

（五）完善中药分类注册管理。尊重中药研发规律，完善中药注册分类和申报要求。优化具有人用经验的中药新药审评审批，对符合条件的中药创新药、中药改良型新药、古代经典名方、同名同方药等，研究依法依规实施豁免非临床安全性研究及部分临床试验的管理机制。充分利用数据科学等现代技术手段，建立中医药理论、人用经验、临床试验“三结合”的中药注册审评证据体系，积极探索建立中药真实世界研究证据体系。优化古代经典名方中药复方制剂注册审批。完善中药新药全过程质量控制的技术研究指导原则体系。（国家药监局、国家卫生健康委、国家中医药局负责）

三、增强中医药发展动力

（六）保障落实政府投入。各级政府作为公立中医医院的办医主体，落实对公立中医医院基本建设、设备购置、重点学科发展、人才培养等政府投入政策。支持通过地方政府专项债券等渠道，推进符合条件的公立中医医院建设项目。（国家发展改革委、财政部、国家卫生健康委、国家中医药局、各省级人民政府负责）

（七）多方增加社会投入。鼓励有条件、有实力、有意愿的地方先行一步，灵活运用地方规划、用地、价格、保险、融资支持政策，鼓励、引导社会投入，提高中医临床竞争力，打造中医药健康服务高地和学科、产业集聚区。将符合条件的中医诊所纳入医联体建设。鼓励有条件的中医诊所组建团队开展家庭医生签约服务，按规定收取签约服务费。鼓励街道社区为提供家庭医生服务的中医诊所无偿提供诊疗场所。（国家中医药局、国家卫生健康委、各省级人民政府负责）

（八）加强融资渠道支持。积极支持符合条件的中医药企业上市融资和发行公司信用类债券。鼓励社会资本发起设立中医药产业投资基金，加大对中医药产业的长期投资力度。鼓励各级政府依法合规支持融资担保机构加大对中医药领域中小企业银行贷款的担保力度。支持信用服务机构提升中医药行业信用信息归集和加工能力，鼓励金融机构创新金融产品，支持中医药特色发展。（国家发展改革委、人民银行、银保监会、证监会、各省级人民政府负责）

四、完善中西医结合制度

（九）创新中西医结合医疗模式。在综合医院、传染病医院、专科医院等逐步推广“有机制、有团队、有措施、有成效”的中西医结合医疗模式。强化临床科室中医医师配备，打造中西医结合团队，开展中西医联合诊疗，“宜中则中、宜西则西”，逐步建立中西医多学科诊疗体系。鼓励科室间、院间和医联体内部开展中西医协作。将中西医结合工作成效纳入医院等级评审和绩效考核。对医院临床医师开展中医药专业知识轮训，使其具备本科室专业领域的常规中医诊疗能力。（国家卫生健康委、国家中医药局负责）

（十）健全中西医协同疫病防治机制。中医药系统人员第一时间全面参与公共卫生应急处置，中医药防治举措全面融入应急预案和技术方案。建立国家中医药应对重大公共卫生事件和疫病防治骨干人才库，建设国家中医疫病防治和紧急医学救援队伍，强化重大传染病防控理论技术方法和相关现代医学技术培训。探索疾病预防控制机构建立中医药部门和专家队伍。（国家卫生健康委、国家中医药局负责）

（十一）完善西医学习中医制度。2021 级起，将中医药课程列为本科临床医学类专业必修课和毕业实习内容，增加课程学时。在高职临床医学专业中开设中医基础与适宜技术必修课程。允许攻读中医专业学位的临床医学类专业学生参加中西医结合医师资格考试和中医医师规范化培训。试点开展九年制中西医结合教育。加强临床医学类专业住院医师规范化培训基地中医药科室建设，逐步增加中医药知识技能培训内容。临床、口腔、公共卫生类别医师接受必要的中医药继续教育。研究实施西医学习中医重大专项，用 10～15 年时间，

培养相当数量的高层次中西医结合人才和能够提供中西医结合服务的全科医生。（教育部、国家卫生健康委、国家中医药局分别负责）

（十二）提高中西医结合临床研究水平。开展中西医结合学科（专科）建设。开展重大疑难疾病、传染病、慢性病等中西医联合攻关。逐步建立中西医结合临床疗效评价标准，遴选形成优势病种目录。开展试点示范，力争用5年时间形成100个左右中西医结合诊疗方案。（科技部、国家卫生健康委、国家中医药局负责）

五、实施中医药发展重大工程

（十三）实施中医药特色人才培养工程。依托现有资源和资金渠道，用5～10年时间，评选表彰300名左右国医大师和全国名中医，培育500名左右岐黄学者、3 000名左右中医药优秀人才、10万名左右中医药骨干人才，强化地方、机构培养责任，建立人才培养经费的中央、地方、机构分担机制。开展中医药卓越师资培养，重点加强中医基础、经典、临床师资培训。加强高校附属医院、中医规范化培训基地等人才培养平台建设。支持建设一批中医基础类、经典类、疫病防治类和中药炮制类、鉴定类高水平学科。开展基层中医药知识技能培训。（国家中医药局、教育部、国家卫生健康委、各省级人民政府负责）

（十四）加强中医医疗服务体系建设。省、委（局）共建一批中医（含中西医结合）方向的国家医学中心和区域医疗中心。加快打造中医临床能力强、中医药文化氛围浓郁、功能布局优化的中医药传承创新中心。推动省域、市域优质中医资源扩容和均衡布局，建设优势病种特色鲜明的中医医院和科室。依托高水平中医医院建设国家中医疫病防治基地，打造一批紧急医学救援基地，加强中医医院感染科、肺病科、发热门诊、可转换传染病区、可转换重症监护室等建设。打造中西医协同"旗舰"医院、"旗舰"科室、"旗舰"基层医疗卫生机构。（国家发展改革委、教育部、国家卫生健康委、国家中医药局、各省级人民政府负责）

（十五）加强中医药科研平台建设。有序推动中医重点领域生物安全三级实验室建设。围绕中医理论、中药资源、中药创新、中医药疗效评价等重点领域建设国家重点实验室。加强服务于中医药技术装备发展和成果转化应用示范的国家科技创新基地建设。聚焦中医优势病种和特色疗法等建设10～20个中医类国家临床医学研究中心。建设一批服务于应对突发公共卫生事件的中医药科研支撑平台。（国家中医药局、国家发展改革委、教育部、科技部、国家卫生健康委、中科院负责）

（十六）实施名医堂工程。以优势中医医疗机构和团队为依托，建立一批名医堂执业平台。国医大师、名老中医、岐黄学者等名医团队入驻名医堂的，实行创业扶持、品牌保护、自主执业、自主运营、自主培养、自负盈亏综合政策，打造一批名医团队运营的精品中医机构。鼓励和支持有经验的社会力量兴办连锁经营的名医堂，突出特色和品牌，打造一流就医环境，提供一流中医药服务。（国家中医药局、国家发展改革委负责）

（十七）实施中医药产学研医政联合攻关工程。依托高水平研究机构、高等院校、中医医院以及中药创新企业，建设一批代表国家水平的中医药研究和科技成果孵化转化基地，解决制约中医药发展的重大科技问题，制定一批中医特色诊疗方案，转化形成一批中医药先进装备、中药新药。支持中医医院与企业、科研机构、学校加强协作、共享资源，促进优秀研究成果投入市场应用。探索运用区块链等技术加强中医药临床效果搜集和客观评价。（科技部、国家发展改革委、教育部、工业和信息化部、国家卫生健康委、国家中医药局负责）

（十八）实施道地中药材提升工程。加强道地药材良种繁育基地和生产基地建设。制定中药材采收、产地初加工、生态种植、野生抚育、仿野生栽培技术规范，推进中药材规范化种植，鼓励发展中药材种植专业合作社和联合社。推动建设一批标准化、集约化、规模化和产品信息可追溯的现代中药材物流基地，培育一批符合中药材现代化物流体系标准的初加工与仓储物流中心。引导医疗机构、制药企业、中药饮片厂采购有质量保证、可溯源的中药材。深入实施中药标准化项目。加强中药材质量安全风险评估与风险监测，促进快速检测装备研发和技术创新，建设第三方检测平台。（农业农村部、国家林草局、工业和信息化部、商务部、市场监管总局、国家中医药局负责）

（十九）建设国家中医药综合改革示范区。改革体制机制，充分调动地方积极性、主动性、创造性，补短板、强弱项、扬优势，加快建立健全中医药法规、发展政策举措、管理体系、评价体系和标准体系，提升中医药治理体系和治理能力现代化水平，打造3～5个中医药事业产业高质量发展的排头兵。（国家中医药局、国家发展改革委、国家卫生健康委、工业和信息化部、国家药监局负责）

（二十）实施中医药开放发展工程。制定“十四五”中医药“一带一路”发展规划。鼓励和支持社会力量采取市场化方式，与有合作潜力和意愿的国家共同建设一批友好中医医院、中医药产业园。发展“互联网＋中医药贸易”，为来华接受中医药服务人员提供签证便利。协调制定国际传统医药标准和监管规则，支持国际传统医药科技合作。（国家发展改革委、商务部、外交部、海关总署、国家药监局、国家中医药局分别负责）

六、提高中医药发展效益

（二十一）完善中医药服务价格政策。建立以临床价值和技术劳务价值为主要依据的中医医疗服务卫生技术评估体系，优化中医医疗服务价格政策。落实医疗服务价格动态调整机制，每年开展调价评估，符合启动条件的及时调整价格，充分考虑中医医疗服务特点，完善分级定价政策，重点将功能疗效明显、患者广泛接受、特色优势突出、体现劳务价值、应用历史悠久的中医医疗服务项目纳入调价范围。医疗机构炮制使用的中药饮片、中药制剂实行自主定价，符合条件的按规定纳入医保支付范围。（国家医保局、国家卫生健康委、国家中医药局负责）

（二十二）健全中医药医保管理措施。大力支持将疗效和成本有优势的中医医疗服务项目纳入基本医疗保险支付范围，综合考虑有效性、经济性等因素，按规定合理确定目录甲乙分类。探索符合中医药特点的医保支付方式，发布中医优势病种，鼓励实行中西医同病同效同价。一般中医药诊疗项目继续按项目付费。鼓励商业保险公司推出中医药特色健康保险产品，建立保险公司与中医药机构的信息对接机制。支持保险公司、中医药机构合作开展健康管理服务。加强纳入基本医疗保险支付范围的中医药服务和费用监管。（国家医保局、国家卫生健康委、银保监会、国家中医药局负责）

（二十三）合理开展中医非基本服务。在公立中医医疗机构基本医疗服务总量满足人民群众需要、基本医疗费用保持平稳的基础上，支持其提供商业医疗保险覆盖的非基本医疗服务。探索有条件的地方对完成公益性服务绩效好的公立中医医疗机构放宽特需医疗服务比例限制，允许公立中医医疗机构在政策范围内自主设立国际医疗部，自主决定国际医疗的服务量、项目、价格，收支结余主要用于改善职工待遇、加强专科建设和医院建设发展。（国家卫生健康委、国家中医药局、银保监会、各省级人民政府分别负责）

七、营造中医药发展良好环境

（二十四）加强中医药知识产权保护。制定中药领域发明专利审查指导意见，进一步提高中医药领域专利审查质量，推进中药技术国际专利申请。完善中药商业秘密保护制度，强化适宜性保密，提升保密内容商业价值，加强国际保护。在地理标志保护机制下，做好道地药材标志保护和运用。探索将具有独特炮制方法的中药饮片纳入中药品种保护范围。（市场监管总局、国家知识产权局、国家中医药局、国家药监局分别负责）

（二十五）优化中医药科技管理。加强国家中医药科技研发工作，加强中医药科研方法学、疗效评价、伦理审查等研究。鼓励各省（自治区、直辖市）设立中医药科技专项，由中医药管理部门统筹实施。加强中医药科技活动规律研究，推进中医药科技评价体系建设。（科技部、国家中医药局负责）

（二十六）加强中医药文化传播。切实加强中医药文化宣传，使中医药成为群众促进健康的文化自觉。在中华优秀传统文化传承发展工程中增设中医药专项。加强传统医药类非物质文化遗产保护传承。建设国家中医药博物馆。支持改善一批中医药院校、科研机构的中医药古籍保护条件，提高利用能力。实施中医药文化传播行动，持续开展中小学中医药文化教育，打造中医药文化传播平台及优质产品。（中央宣传部、教育部、国家发展改革委、文化和旅游部、国家卫生健康委、广电总局、国家中医药局、国家文物局负责）

（二十七）提高中医药法治化水平。推动制修订相关法律法规和规章，加强地方性法规建设。加强中药监管队伍建设，提升中药审评和监管现代化水平。建立不良执业记录制度，将提供中医药健康服务的机构及其人员诚信经营和执业情况纳入统一信用信息平台，并将相关企业行政许可、行政处罚等信息通过"信用中国"网站、国家企业信用信息公示系统依法公示。（司法部、国家卫生健康委、市场监管总局、国家中医药局、国家药监局分别负责）

（二十八）加强对中医药工作的组织领导。充分发挥国务院中医药工作部际联席会议作用，及时研究解决重大问题。卫生健康行政部门要在工作全局中一体谋划、一体推进、一体落实、一体考核中医药工作，加强中医药传承创新、中西医结合，全面落实中医药参与健康中国行动、基本医疗卫生制度建设、优质高效医疗卫生服务体系建设等，在资源配置、政策机制、制度安排等方面向中医药倾斜。中医药管理部门要加大中医药标准制定、科学研究、人才培养、应急救治、文化宣传等工作力度。有关部门要各司其职，扎实推动各项工作落实。各地要进一步加强中医药管理机构建设。有关地方可结合实际进一步完善支持本地区少数民族医药发展的政策举措。（各有关部门、各省级人民政府分别负责）

——国务院办公厅.关于加快中医药特色发展的若干政策措施：国办发〔2021〕3号[EB/OL].(2021-02-09)[2022-05-03].

附录二

中医药领域科技奖励

(一) 中华中医药学会获奖情况

2021年度中华中医药学会科学技术奖(含子奖项)共评选出一等奖12项、二等奖20项,政策研究成果奖(2项),学术著作奖一等奖(5项)、二等奖(10项),中青年创新人才及优秀管理人才奖(14项),岐黄国际奖(1项)及2021年度中华中医药学会李时珍医药创新奖(4项)。其中,科学技术奖一等奖(12项)获奖情况如表附-1。

表附-1 中华中医药学会科学技术奖一等奖项目情况

项目名称	完成单位	主要完成人
中医药治疗提高重症肝病疗效的创新技术建立及推广应用(202101-01)	首都医科大学附属北京地坛医院	王宪波、王融冰、杨志云、江宇泳、刘慧敏、高方媛、冯颖、侯艺鑫、曾辉、陈佳良朱鏐娈、刘遥、孙乐、万钢、杨雪
基于"五脏相关"理论的中医药治疗慢性肾脏病基础研究与临床应用(202101-02)	中日友好医院、西北大学、广东省中医院(广州中医药大学第二附属医院)、西安世纪盛康药业有限公司	李平、赵英永、刘旭生、苗华、吴芳、严美花、陈丹倩、邹川、赵婷婷、张浩军、彭亮、赵海玲、张鹏、卢富华、苏国彬
基于虫类创新中药研发与上市后再评价的关键技术体系创建与应用(202101-03)	牡丹江友搏药业有限责任公司、天津中医药大学、中国医学科学院药用植物研究所、中国医学科学院药物研究所、九芝堂股份有限公司	李振国、孙晓波、胡利民、务勇圣、倪开岭、张金兰、韩立峰、郑顺亮、周剑波
眼科活血利水法的研究与推广应用(202101-04)	湖南中医药大学、湖南中医药大学第一附属医院	彭清华、姚小磊、彭俊、李建超、曾志成、龙达、喻娟、蒋鹏飞、欧阳云、周亚莎、吴权龙、魏为、朱志容、李文杰、刘晓清
中医药临床循证评价与证据转化关键技术创建及应用(202101-05)	天津中医药大学、四川大学华西医院、兰州大学、河南中医药大学第一附属医院、陕西摩美得气血和制药有限公司、广西梧州制药(集团)股份有限公司、天津天士力之骄药业有限公司、正大青春宝药业有限公司、神威药业集团有限公司	张俊华、李幼平、田金徽、黄宇虹、郑文科、王辉、李春晓、王保安、刘春香、杨丰文

续 表

项目名称	完成单位	主要完成人
冠心病"阳微阴弦"病机的现代内涵及辨治方案研究(202101-06)	天津中医药大学第一附属医院	毛静远、王贤良、毕颖斐、张磊、朱明军、李应东、郭冬梅、袁天慧、戴小华、万强、邓悦、林谦、薛一涛、牛天福、赵英强
基于整合策略的活血化瘀代表方剂复杂作用解析研究(202101-07)	中国中医科学院中药研究所、中国中医科学院医学实验中心、山东丹红制药有限公司、陕西步长制药有限公司、漳州片仔癀药业股份有限公司	杨洪军、吴宏伟、张晶晶、卫军营、郭非非、唐仕欢、张方博、郭娜、李贤煜、王益民、张旻昱、卢朋、张毅、刘峰、于娟
中药材商品规格等级标准体系的构建研究及其应用(202101-08)	中国中医科学院中药研究所、中国中药有限公司、河北中医学院、广西壮族自治区药用植物园、中国医学科学院药用植物研究所海南分所、湖北中医药大学、北京联合大学、皖西学院、江西中医药大学、康美药业股份有限公司	黄璐琦、詹志来、康利平、郭兰萍、杨健、周海燕、郑玉光、缪剑华、刘洋洋、刘大会、康传志、张元、韩邦兴、杨光、乐智勇
精神分裂症痰瘀交互理论的构建及中医药干预关键技术的研究与应用(202101-09)	黑龙江神志医院	赵永厚、柴剑波、赵玉萍、于明、曲秀杰、白冰、徐飞、贺苏、高潇、王万宇
补肾除湿法结合软骨修复技术治疗早期膝骨关节炎的临床应用及基础研究(202101-10)	中国中医科学院望京医院	张洪美、荆琳、何名江、秦伟凯、董永丽、王秀均、单鹏程、艾奇、潘丽、刘兴兴
航天中医药学基础构建及应用实践(202101-11)	中国航天员科研训练中心、天津中医药大学、上海中医药大学、中国中医科学院中药研究所	李勇枝、郭义、黄伟芬、徐冲、高建义、许家佗、郭立国、石宏志、刘军莲、王佳平、刘宇、杨庆、范全春、赵爽、王绵之
皖药资源保护与持续利用体系构建及产业化应用(202101-12)	安徽中医药大学、皖西学院、九仙尊霍山石斛股份有限公司、霍山县长冲中药材开发有限公司、金寨森沣农业科技开发有限公司、亳州市皖北药业有限责任公司、宣城市金泉生态农业有限责任公司	彭代银、陈乃富、俞年军、彭灿、韩岚、吴德玲、韩荣春、桂双英、陈存武、彭华胜、戴亚峰、何祥林、李雷、张雨雷、姚勇

(二)中国中西医结合学会获奖情况

2021年度中国中西医结合学会科学技术奖共评出一等奖6项、二等奖15项、三等奖18项、科普奖4项。其中科学技术奖一等奖(6项)获奖情况如表附-2。

表附-2 中国中西医结合学会科学技术奖一等奖项目情况

项目名称	完成单位	主要完成人
中西医结合防治脓毒症肺损伤的基础研究及临床实践	天津市中西医结合医院(南开医院)、温州医科大学附属第二医院	余剑波、王西墨、金胜威、史佳、王倩、郝钰、杨磊、张圆、宫丽荣、董树安、李棣华、吴咸中
"从毒论治"痛风及其重要并发症的临床应用及作用机制研究	天津中医药大学第一附属医院、中国人民解放军总医院第一医学中心、浙江中医药大学附属第二医院、南昌大学第一附属医院、安徽中医药大学第一附属医院、贵州中医药大学第二附属医院、首都医科大学附属北京中医医院、山东中医药大学附属医院	刘维、张磊、冯哲、吴沅皞、范永升、吴锐、刘健、王新昌、赵俊、马武开、王北、张迪、薛斌、金玥、王熠、刘滨、刘晓亚、蔡悦、段然、邢丽丽、张博、杨小纯

续 表

项目名称	完成单位	主要完成人
眼表疾病中西医结合理论基础及创新诊疗策略研究	首都医科大学附属北京同仁医院、山东中医药大学附属眼科医院、北京市眼科研究所、中国中医科学院眼科医院、中国人民解放军总医院、安徽省双科药业有限公司	接英、陈小鸟、温莹、宋剑涛、田磊、马科、王丽强、潘志强、于静、吴玲玲、李爽、李傲、邱礼新、彭跃芹
创新中医药临床疗效评价关键技术与转化应用	中国中医科学院西苑医院、天津中医药大学、北京中医药大学、北京大学公共卫生学院、中国中医科学院医学实验中心、正大青春宝药业有限公司	高蕊、张俊华、陈可冀、陆芳、夏如玉、翁维良、陈大方、王毅、訾明杰、李睿、李庆娜、赵阳、孙明月、曹唯仪、林徐剑、孙娅楠、王木兰、刘捷
解郁活血法治疗子宫内膜异位症不孕的临床应用与机制研究	中国中医科学院广安门医院、首都医科大学附属北京妇产医院、广州中医药大学第二附属医院、安徽中医药大学第一附属医院、广州中医药大学第一附属医院、北京医院	赵瑞华、孙伟伟、刘永、时光、卢丹、武颖、王小云、李伟莉、曾诚、孟庆伟、余燚薇、杨艳环、崔阳阳、李田田、韩倩、徐彩、常欢、张娟、唐仪、吴天思
基于病证结合的气血相关理论创新研究与应用	中国中医科学院西苑医院、河南中医药大学第一附属医院、北京中医药大学附属东方医院、中国人民解放军总医院、首都医科大学附属北京安贞医院、中国中医科学院中药研究所	刘建勋、任钧国、朱明军、郭蓉娟、刘秀华、柳景华、胡晓梅、孙明谦、付建华、李磊、苗兰、张晶晶、范晓迪、陈进成、张业昊

（三）2021—2022年度全国各省份中医药成果获奖情况

2021—2022年度全国各省份中医药成果获科技进步奖一等奖、自然科学奖一等奖获奖情况如表附-3（按照省级行政区代码排序）。

表附-3　2021—2022年度全国各省份中医药成果获科技进步奖一等奖、自然科学奖一等奖项目情况

省份	奖项名称	项目名称	完成单位	主要完成人
天津市	科学技术进步奖一等奖	中药质量标志物理论创建与关键技术创新及其应用(2021JB-1-027)	天津药物研究院有限公司、天津天士力之骄药业有限公司、南开大学、天津达仁堂京万红药业有限公司	刘昌孝、张铁军、白钢、许浚、鞠爱春、王磊、姜民、王玉丽、张洪兵、李德坤、武卫党、卜睿臻
		中医国际标准化策略及实践(2021JB-1-035)	天津中医药大学、世界中医药学会联合会、中国中医科学院中医临床基础医学研究所、苏州医疗用品厂有限公司、广东省中医院、上海中医药大学	郭义、李振吉、刘保延、曹炀、杨毅、赵雪、李慧、桑滨生、杨华元、陈波、陈泽林、何丽云
吉林省	科学技术进步奖一等奖	“寒湿疫”诊疗体系的创立及在COVID-19防治中的应用	长春中医药大学、湖北省中医院、中国中医科学院广安门医院、武汉市中西医结合医院、江苏康缘药业股份有限公司	仝小林、李晓东、王檀、连凤梅、苏文、何丽云、王辉、李修洋、冷向阳、周亚娜、王健、肖明中、赵林华、张清、章晨峰

续表

省份	奖项名称	项目名称	完成单位	主要完成人
黑龙江省	自然科学奖一等奖	中药体内药效物质基础研究的系统方法学	黑龙江中医药大学	王喜军、孙晖、张爱华、闫广利、韩莹
		黑龙江产中草药化学及药理作用研究	黑龙江中医药大学	杨炳友、刘艳、梁军、孙延平、匡海学
	科学技术进步奖一等奖	基于痰瘀交互理论的愈癫汤治疗精神分裂症的理论创新和机制研究	黑龙江神志医院	赵永厚、柴剑波、赵玉萍、于明、白冰、高潇、张浩、王万宇
浙江省	科学技术进步奖一等奖	系统性红斑狼疮中医病机演变规律及其序贯疗法的应用研究	浙江中医药大学、香港大学、浙江大学医学院附属第二医院、浙江中医药大学附属第二医院、浙江中医药大学附属第一医院、浙江中医药大学附属第三医院	温成平、范永升、吕力为、谢志军、宋欣伟、吴华香、胡长锋、何志兴、黄琳、鲁科达、孙静、王新昌、杨辉
安徽省	科学技术进步奖一等奖	安徽省中药质量标准体系的构建和应用	安徽省食品药品检验研究院（安徽国家农副加工食品质量监督检验中心）、安徽济人药业有限公司、中国中医科学院中药研究所、九仙尊霍山石斛股份有限公司、安徽省药品审评查验中心（安徽省药品核查中心）	张亚中、彭华胜、金斌、周志凌、刘军玲、班永生、蒲婧哲、程世云、朱强、戴亚峰
江西省	科学技术进步奖一等奖	中药提取智能化绿色制造关键技术开发及产业化	江中药业股份有限公司	刘旭海、张细和、王谷洪、乐渝宁、朱明辉、邓攀、熊静、钟志坚、冷胡峰、梁川、谢兵兵、赵昌平、范平、郑猷潇、龙勇涛
山东省	科学技术进步奖一等奖	基于“治未病”理念的糖尿病干预体系及智慧平台构建与应用	山东中医药大学	徐云生、陈守强、黄延芹、张铁峰、部帅、武少玮、赵帅、倪琳琳、黄杰、李捷、安文蓉
河南省	科学技术进步奖一等奖	中医药防治慢性心力衰竭诊疗体系的创建应用及作用机制研究（2021-J-003）	河南中医药大学	朱明军、王永霞、李彬、谢世阳、王新陆、彭广操、崔琳、高原、于瑞、邢冬梅、邢作英、胡宇才、杜廷海、任红杰、朱新峰
湖南省	科学技术进步奖一等奖	原发性青光眼中医证治研究及创新药物研发与推广应用（20214244）	湖南中医药大学、中南大学湘雅二医院、湖南中医药大学第一附属医院（中医临床研究所）、中国中医科学院眼科医院	彭清华、蒋幼芹、姚小磊、彭俊、江冰、张丽霞、喻娟、周亚莎、龙达、曾志成、谭涵宇、蒋鹏飞
广东省	科学技术进步奖一等奖	益气活血化瘀法治疗急性心肌梗死关键技术体系创建及临床推广应用（J16-1-01）	广州中医药大学第二附属医院、新疆医科大学、北京中医药大学东方医院、河南中医药大学第一附属医院、江苏柯菲平医药股份有限公司、广州中医药大学	张敏州、郭力恒、王萧、毛帅、祁建勇、安冬青、林谦、朱明军、秦引林、曾锐祥、周袁申招煦杰、张晓璇、陈茂生、孔勇杰
		中药配方颗粒国家标准体系建立与关键技术创新应用（J16-1-02）	广东一方制药有限公司、江阴天江药业有限公司、国药集团广东环球制药有限公司、国药集团德众（佛山）药业有限公司、国药集团同济堂（贵州）制药有限公司、广东省第二中医院（广东省中医药工程技术研究院）、暨南大学、广州中医药大学、澳门科技大学	程学仁、魏梅、孙冬梅、陈向东、刘燎原、陈盛君、李松、袁春平、林碧珊、杨雄辉、孙宜春、毕晓黎、刘中秋、周华、黄晓君

续 表

省 份	奖项名称	项目名称	完成单位	主要完成人
广西壮族自治区	科学技术进步奖一等奖	“四象脾土和五脏”治未病模式的构建与应用	广西中医药大学第一附属医院、广西中医药大学、柳州市中医医院(柳州市壮医医院)、广西中吴智达健康产业发展集团有限公司	谢胜、刘园园、刘倩、周晓玲、廖婷、彭柳莹、刘礼剑、梁谊深、廖薇、劳祥婷、张丽敏、潭金晶、陈雅璐、黎丽群、吕志华
重庆市	科学技术进步奖一等奖	重庆市中药资源调查与多维评价关键技术研究与应用	重庆市中药研究院、重庆市药物种植研究所、江西中医药大学	瞿显友、钟国跃、刘正宇、刘翔、张军、银福军、王昌华、林茂祥、舒抒、韩如刚、喻本霞、廖光平、张植玮、金江群、危永胜
		《长江三峡天然药用植物志》	重庆第二师范学院、重庆市农业科学院、上海中医药大学、重庆三峡医药高等专科学校、重庆科技学院、重庆大学出版社有限公司、长江师范学院、重庆市万州食品药品检验所、重庆市药物种植研究所、重庆大学附属三峡医院	陈绍成、谭君、赵欣、柯剑鸿、石燕红、易思荣、戴传云、杨粮、江波、熊有明、蒲盛才、李柏群、任彦荣、张涛、况刚
四川省	科学技术进步奖一等奖	针刺穴位效应循经特异性及生物学基础研究	成都中医药大学、复旦大学、四川大学	梁繁荣、曾芳、赵凌、吴曦、姚伟、蔡定均、孙鑫、洪肖娟、兰霍、孙睿睿
宁夏回族自治区	科学技术进步奖一等奖	枸杞基因组与重要农艺性状基因研究	宁夏农林科学院枸杞科学研究所福建农林大学、宁夏枸杞产业发展中心、北京林业大学、深圳华大基因科技服务有限公司、武汉迈特维尔生物科技有限公司	曹有龙、李彦龙、赵建华、樊云芳、罗青、安巍、刘仲健、尹跃、王亚军、秦垦、戴国礼、陈金焕、何军、李越鲲、祁伟
		氧化苦参碱及其组合物治疗顽固性皮肤病的临床研究与应用	宁夏医科大学总医院	施惠娟、陈冬梅、夏鹤春、张小鸣、周茹、周慧、赵倩颖、宋洪彬、王立鹏、司佳薇、邹倩、李承、李永雯、薛潇潇、王芳
新疆维吾尔自治区	科学技术进步奖一等奖	中医药防治动脉粥样硬化性心血管病秽浊痰阻证的作用机制一体化研究	新疆医科大学	安冬青、孙龙飞、张华、赵明芬、谢晓柳、张选明、刘宏炳、汪建萍、古丽加玛力·尼亚孜、谢阳、王思静、马文慧
		民族药标准体系构建及关键技术的产业化示范	中国科学院新疆理化技术研究所、新疆银朵兰药业股份有限公司、新疆维吾尔药业有限责任公司	阿吉艾克拜尔·艾萨、信学雷、李俊、尹强、阿不拉江·图拉克、李俊、热依木古丽·阿布都拉、穆丹丹、吴涛、陈菊、买吾兰江·买提努尔、赵江瑜

附录三
中医药院士

2021年11月18日，中国工程院2021年院士增选结果公布。共选举产生84位中国工程院院士和20位中国工程院外籍院士。在中国工程院增选的医药卫生学部11人中有3名中医界人士，分别是：

田金洲，中医脑病专家，主要从事阿尔茨海默病、血管性痴呆、帕金森病以及失眠等脑病的中医药防治研究。1956年12月出生于湖北省天门市。1989年、2005年分别毕业于北京中医学院和英国曼彻斯特大学，获博士学位。

肖伟，制药工程学专家，主要从事中药新药创制、生产过程质控、智能制造领域研究。1959年12月出生于江苏省南京市。2004年毕业于南京中医药大学，获博士学位。

朱兆云，中药资源（民族药方向）专家，主要从事低纬度高原地区中药、民族药和天然药物的研发研究。1954年3月出生于云南省巍山县。1982年毕业于云南中医学院，获学士学位。

附录四
第四届国医大师

2022 年 2 月 7 日，国家中医药管理局根据《人力资源社会保障部 国家卫生健康委员会 国家中医药管理局关于评选第四届国医大师的通知》（人社部函〔2021〕144 号）精神，经逐级推荐和评审，发布了第四届国医大师拟表彰人选公示的公告（30 名，按姓氏笔画排序），见表附-4。

表附-4　第四届国医大师表彰人选

序号	国　医　大　师	单　位　及　职　称
1	丁　樱（女）	河南中医药大学第一附属医院主任医师、教授
2	王永钧	杭州市中医院主任医师
3	王自立	甘肃省中医院主任医师
4	王庆国	北京中医药大学主任医师、教授
5	王晞星	山西省中医院主任医师
6	王新陆	山东中医药大学教授
7	皮持衡	江西中医药大学主任医师、教授
8	孙申田	黑龙江中医药大学附属第二医院主任医师、教授
9	严世芸	上海中医药大学教授
10	李文瑞	北京医院主任医师
11	杨　震	西安市中医医院主任医师
12	肖承悰（女）	北京中医药大学东直门医院主任医师、教授
13	何成瑶（女）	贵州中医药大学第二附属医院主任医师、教授
14	余瀛鳌	中国中医科学院中国医史文献研究所主任医师、研究员

续 表

序号	国 医 大 师	单 位 及 职 称
15	张伯礼	天津中医药大学教授
16	张静生	辽宁中医药大学附属医院主任医师、教授
17	陈民藩	福建中医药大学附属人民医院主任医师、教授
18	陈彤云(女,回族)	首都医科大学附属北京中医医院主任医师
19	陈绍宏	成都中医药大学附属医院主任医师
20	林　毅(女)	广州中医药大学第二附属医院主任医师
21	林天东	海南省中医院主任医师
22	旺　堆(藏族)	西藏藏医药大学主任医师、教授
23	南　征(朝鲜族)	长春中医药大学附属医院教授
24	涂晋文	湖北中医药大学主任医师、教授
25	施　杞	上海中医药大学主任医师、教授
26	姚希贤	河北医科大学第二医院主任医师、教授
27	翁维良	中国中医科学院西苑医院主任医师、研究员
28	黄瑾明(壮族)	广西中医药大学第一附属医院教授
29	韩明向	安徽中医药大学第一附属医院主任医师、教授
30	潘敏求	湖南省中医药研究院主任医师

附录五
第二届全国名中医

2022年2月8日，根据《国家卫生健康委员会国家中医药管理局关于评选第二届全国名中医的通知》(国中医药人教函〔2021〕202号)精神，经逐级推荐和评审，并经第二届全国名中医评选表彰工作领导小组审核，拟授予102人全国名中医称号(102名，按姓氏笔画排序)，见表附-5。

表附-5　第二届全国名中医

序号	全国名中医	单位及职称
1	丁丽仙(女)	贵州中医药大学第一附属医院主任医师
2	王　阶	中国中医科学院广安门医院主任医师、教授
3	王　檀	长春中医药大学附属医院主任医师
4	王毅刚	重庆市中医院主任医师
5	尤昭玲(女)	湖南中医药大学教授
6	牛兴东	内蒙古自治区中医医院主任医师
7	毛静远	天津中医药大学第一附属医院主任医师、教授
8	邓尔禄	青海省中医院主任医师
9	艾儒棣	成都中医药大学附属医院教授
10	石印玉	上海中医药大学附属曙光医院主任医师、教授
11	卡　洛(藏族)	果洛州藏医院主任医师
12	卢化平	银川市中医医院主任医师

续 表

序号	全国名中医	单位及职称
13	旦松扎巴(藏族)	索县藏医院副主任医师
14	田振国	辽宁中医药大学附属第三医院主任医师
15	田维柱	辽宁中医药大学附属医院主任医师
16	史载祥	中日友好医院主任医师
17	乐德行	新疆医科大学附属中医医院主任医师、研究员
18	冯五金	山西省中医院主任医师
19	吕志平	南方医科大学主任医师、教授
20	吕绍光	福建省立医院主任医师
21	刘光珍	山西省中医院主任医师
22	刘华为	陕西省中医药研究院(陕西省中医医院)主任医师
23	刘华宝	重庆市中医院主任医师
24	米烈汉	陕西省中医药研究院(陕西省中医医院)主任医师
25	孙同郊(女)	西南医科大学附属中医医院教授
26	孙伟正	黑龙江中医药大学附属第一医院教授
27	孙国杰	湖北中医药大学教授
28	买买提·哈斯木(维吾尔族)	新疆维吾尔自治区维吾尔医医院主任医师
29	苏木亚(蒙古族)	内蒙古自治区国际蒙医医院主任医师
30	杜惠兰(女)	河北中医学院主任医师、教授
31	李　冀	黑龙江中医药大学教授
32	李曰庆	北京中医药大学东直门医院主任医师、教授
33	李兴培	新疆医科大学第二附属医院主任医师、教授
34	李应东	甘肃中医药大学主任医师、教授
35	李灿东	福建中医药大学教授
36	李乾构	首都医科大学附属北京中医医院主任医师
37	杨　华	海南省中医院主任医师
38	杨　骏	安徽省中医院主任医师、教授
39	杨积武	辽宁中医药大学附属医院主任医师
40	连　方(女)	山东中医药大学附属医院主任医师

续 表

序号	全国名中医	单位及职称
41	连建伟	浙江中医药大学主任医师、教授
42	肖定远	福建中医药大学附属第二人民医院主任医师
43	吴以岭	河北以岭医院主任医师、教授
44	吴荣祖	昆明市中医医院主任医师
45	吴勉华	南京中医药大学主任医师、教授
46	何念善	新疆生产建设兵团医院主任医师
47	何晓晖	江西中医药大学主任医师、教授
48	何嘉琳(女)	杭州市中医院主任医师
49	张志明	甘肃省中医院主任医师
50	张良英(女)	云南中医药大学教授
51	张奇文	潍坊市中医院主任医师
52	张忠德	广州中医药大学第二附属医院主任医师、教授
53	张佩青(女)	黑龙江省中医药科学院主任医师
54	张炳厚(满族)	首都医科大学附属北京中医医院主任医师、教授
55	张洪春	中日友好医院主任医师、教授
56	陈　意	浙江省中医院主任医师
57	陈日新	江西中医药大学主任医师、教授
58	陈抗生	香港注册中医学会
59	陈宝田	南方医科大学主任医师、教授
60	陈新宇	湖南中医药大学第一附属医院主任医师、教授
61	林　兰(女)	中国中医科学院广安门医院主任医师、研究员
62	杭盖巴特尔(蒙古族)	内蒙古自治区国际蒙医医院主任医师
63	郁仁存	内蒙古自治区国际蒙医医院主任医师
64	罗　铨	云南省中医医院主任医师
65	罗颂平(女)	广州中医药大学第一附属医院教授
66	周天寒	重庆医药高等专科学校主任医师
67	周超凡	中国中医科学院中医基础理论研究所主任医师
68	庞国明	开封市中医院主任医师

续 表

序号	全国名中医	单位及职称
69	郑玉玲(女)	河南中医药大学第一附属医院主任医师、教授
70	赵文海	长春中医药大学附属医院主任医师
71	赵文霞(女)	河南中医药大学第一附属医院主任医师、教授
72	赵继福	长春市中医院主任医师
73	胡国俊	安徽中医药大学第一附属医院主任医师
74	俞　瑾(女)	复旦大学附属妇产科医院教授
75	姜惠中(女)	湖北省中医院主任医师
76	洛桑罗布(藏族)	西藏自治区藏医院主任医师
77	袁长津	湖南中医药大学第二附属医院主任医师
78	袁金声(女)	贵州中医药大学第二附属医院主任医师、教授
79	莫　蕙(女)	澳门卫生局社区医疗服务范畴主任医师、教授
80	贾英杰	天津中医药大学第一附属医院主任医师、教授
81	凌昌全	中国人民解放军海军军医大学主任医师、教授
82	凌湘力(女)	贵州医科大学附属医院主任医师、教授
83	高树中	山东中医药大学教授
84	高思华	北京中医药大学主任医师、教授
85	郭维琴(女)	北京中医药大学东直门医院主任医师、教授
86	唐蜀华	江苏省中医院主任医师、教授
87	黄　煌	南京中医药大学教授
88	黄汉儒(壮族)	广西国际壮医医院主任医师
89	黄光英(女)	华中科技大学同济医学院附属同济医院主任医师、教授
90	黄鼎坚(壮族)	广西中医药大学第一附属医院主任医师
91	萨　仁(女,蒙古族)	三亚市中医院主任医师
92	梅建强	河北中医学院第一附属医院主任医师、教授
93	曹利平(女,满族)	陕西省中医药研究院(陕西省中医医院)主任医师
94	曹恩泽	安徽中医药大学第一附属医院主任医师
95	龚千锋	江西中医药大学教授
96	崔应麟	河南省中医院主任医师

续 表

序号	全 国 名 中 医	单 位 及 职 称
97	阎小萍(女,回族)	中日友好医院主任医师、教授
98	童安荣	宁夏回族自治区中医医院暨中医研究院主任医师
99	蔡　钢	石河子大学医学院第一附属医院主任医师、教授
100	廖志峰	甘肃省中医院主任医师
101	熊大经	成都中医药大学教授
102	冀来喜	山西中医药大学教授

附录六
岐黄学者支持项目人选

根据《国家中医药管理局关于印发〈2021年岐黄学者支持项目实施方案〉的通知》(国中医药人教函〔2021〕203号)要求，经逐级推荐、专家遴选、公示等程序，确定50人为2021年岐黄学者支持项目人选，见表附-6(人选按姓氏笔画排序)。

表附-6　2021年岐黄学者支持项目人选

序号	岐　黄　学　者	单　　　位
1	丁　霞	北京中医药大学
2	王金贵	天津中医药大学第一附属医院
3	王振国	山东中医药大学
4	乌　兰	内蒙古医科大学
5	布仁巴图	内蒙古民族大学附属医院
6	白彦萍	中日友好医院
7	冯晓玲	黑龙江中医药大学附属第一医院
8	毕宏生	山东中医药大学
9	吕文良	中国中医科学院广安门医院
10	朱明军	河南中医药大学第一附属医院
11	刘中秋	广州中医药大学
12	刘存志	北京中医药大学
13	闫咏梅	陕西中医药大学
14	花宝金	中国中医科学院广安门医院

续 表

序号	岐 黄 学 者	单 位
15	苏友新	福建中医药大学
16	李 萍	中国药科大学
17	李廷荃	山西中医药大学附属医院
18	杨 明	江西中医药大学
19	杨 柱	贵州中医药大学
20	杨炳友	黑龙江中医药大学
21	肖 伟	江苏康缘药业股份有限公司
22	冷向阳	长春中医药大学
23	张卫东	中国人民解放军海军军医大学
24	张军平	天津中医药大学第一附属医院
25	张声生	首都医科大学附属北京中医医院
26	张忠德	广州中医药大学
27	张学智	北京大学第一医院
28	苗明三	河南中医药大学
29	林 谦	北京中医药大学东直门医院
30	林定坤	广州中医药大学第二附属医院
31	冼绍祥	广州中医药大学第一附属医院
32	房繫恭	中国中医科学院针灸研究所
33	赵 琰	北京中医药大学
34	荣培晶	中国中医科学院针灸研究所
35	战丽彬	辽宁中医药大学
36	贾立群	中日友好医院
37	徐云生	山东中医药大学第二附属医院
38	徐安龙	北京中医药大学
39	高月求	上海中医药大学附属曙光医院
40	郭 军	中国中医科学院西苑医院
41	唐志书	中国中医科学院研究生院
42	谈 勇	南京中医药大学附属医院

续　表

序号	岐黄学者	单　　位
43	商洪才	北京中医药大学东直门医院
44	梁爱华	中国中医科学院中药研究所
45	彭清华	湖南中医药大学
46	温成平	浙江中医药大学
47	谢　恬	杭州师范大学
48	谢春光	成都中医药大学附属医院
49	谢雁鸣	中国中医科学院中医临床基础医学研究所
50	熊　磊	云南中医药大学

附录七
2021 年度中国中药企业 TOP 100

2021 年度中国中药企业 TOP 100 见表附- 7。

表附- 7　2021 年度中国中药企业 TOP 100

序号	排名企业名称	序号	排名企业名称
1	广州医药集团有限公司	18	江西青峰药业有限公司
2	中国中药控股有限公司	19	广西梧州中恒集团股份有限公司
3	华润三九医药股份有限公司	20	神威药业集团有限公司
4	步长制药	21	漳州片仔癀药业股份有限公司
5	云南白药集团股份有限公司	22	东阿阿胶股份有限公司
6	石家庄以岭药业股份有限公司	23	广东众生药业股份有限公司
7	北京同仁堂股份有限公司	24	好医生药业集团有限公司
8	济川药业集团有限公司	25	华润江中制药集团有限责任公司
9	天士力医药集团股份有限公司	26	黑龙江珍宝岛药业股份有限公司
10	浙江康恩贝制药股份有限公司	27	亚宝药业集团股份有限公司
11	天津市医药集团有限公司	28	九芝堂股份有限公司
12	江苏康缘药业股份有限公司	29	康臣药业集团有限公司
13	太极集团有限公司	30	河南羚锐制药股份有限公司
14	仁和药业股份有限公司	31	贵州益佰制药股份有限公司
15	葵花药业集团股份有限公司	32	西藏奇正藏药股份有限公司
16	昆药集团股份有限公司	33	株洲千金药业股份有限公司
17	天津红日药业股份有限公司	34	北京中证万融医药投资集团有限公司

续表

序号	排名企业名称	序号	排名企业名称
35	苏中药业集团股份有限公司	65	湖南汉森制药股份有限公司
36	吉林万通药业集团有限公司	66	广东太安堂药业股份有限公司
37	上海和黄药业有限公司	67	南京同仁堂药业有限责任公司
38	京都念慈菴总厂有限公司	68	中山市中智药业集团有限公司
39	桂林三金药业股份有限公司	69	贵阳新天药业股份有限公司
40	李时珍医药集团有限公司	70	重庆华森制药股份有限公司
41	上海绿谷制药有限公司	71	湖南方盛制药股份有限公司
42	贵州百灵企业集团制药股份有限公司	72	贵州三力制药股份有限公司
43	成都百裕制药股份有限公司	73	广西金嗓子有限责任公司
44	雷允上药业集团有限公司	74	吉林华康药业股份有限公司
45	海南葫芦娃药业集团股份有限公司	75	北京汉典制药有限公司
46	健民药业集团股份有限公司	76	金诃藏药股份有限公司
47	马应龙药业集团股份有限公司	77	广东罗浮山国药股份有限公司
48	上海凯宝药业股份有限公司	78	金花企业(集团)股份有限公司西安金花制药厂
49	山东福牌阿胶股份有限公司	79	吉林省集安益盛药业股份有限公司
50	重庆希尔安药业有限公司	80	河南太龙药业股份有限公司
51	广州市香雪制药股份有限公司	81	兰州佛慈制药股份有限公司
52	吉林敖东药业集团股份有限公司	82	特一药业集团股份有限公司
53	山西广誉远国药有限公司	83	南京圣和药业股份有限公司
54	上海神奇制药投资管理股份有限公司	84	天地恒一制药股份有限公司
55	成都地奥制药集团有限公司	85	一力制药股份有限公司
56	浙江佐力药业股份有限公司	86	江西汇仁药业股份有限公司
57	万邦德医药控股集团股份有限公司	87	陕西盘龙药业集团股份有限公司
58	山东宏济堂制药集团股份有限公司	88	浙江永宁药业股份有限公司
59	精华制药集团股份有限公司	89	安徽九华华源药业有限公司
60	山东凤凰制药股份有限公司	90	江西百神药业股份有限公司
61	西安世纪盛康药业有限公司	91	浙江维康药业股份有限公司
62	深圳海王药业有限公司	92	西安千禾药业股份有限公司
63	哈尔滨市康隆药业有限责任公司	93	云南生物谷药业股份有限公司
64	九信中药集团有限公司	94	贵州威门药业股份有限公司

续表

序号	排名企业名称	序号	排名企业名称
95	华佗国药股份有限公司	98	广东嘉应制药股份有限公司
96	云南植物药业有限公司	99	颈复康药业集团有限公司
97	昆明龙津药业股份有限公司	100	陕西东泰制药有限公司

备注：① 华润医药集团、中国医药集团、远大集团以下属公司参与排名。② 修正集团、济民可信集团、长白山制药集团未报数据且为非上市公司，无从核实数据，故未入榜。③ 中药百强企业数据含饮片、配方颗粒及中药大健康产品如凉茶等收入。